国家社会科学基金一般项目"福利彩票公益金的社会责任研究"（批准号：17BSH129）部分成果

年金改革的
理论、实践与案例

Pension Reform: Theory, Practice and Cases

邵祥东 王海燕   著

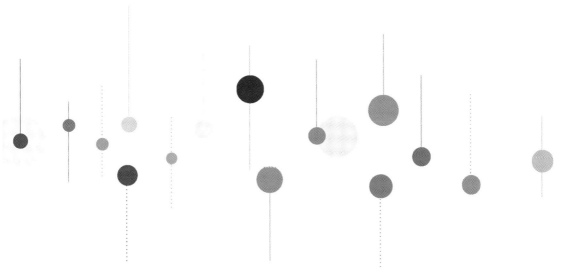

中国社会科学出版社

图书在版编目（CIP）数据

年金改革的理论、实践与案例/邵祥东，王海燕著 . —北京：
中国社会科学出版社，2020.12
ISBN 978 - 7 - 5203 - 8799 - 6

Ⅰ.①年… Ⅱ.①邵… ②王… Ⅲ.①企业—养老保险制度—
保险改革—研究—中国 Ⅳ.①F842.67

中国版本图书馆 CIP 数据核字（2021）第 148868 号

出 版 人	赵剑英
责任编辑	林 玲
责任校对	石建国
责任印制	李寡寡

出　　版	中国社会科学出版社
社　　址	北京鼓楼西大街甲 158 号
邮　　编	100720
网　　址	http://www.csspw.cn
发 行 部	010 - 84083685
门 市 部	010 - 84029450
经　　销	新华书店及其他书店

印　　刷	北京君升印刷有限公司
装　　订	廊坊市广阳区广增装订厂
版　　次	2020 年 12 月第 1 版
印　　次	2020 年 12 月第 1 次印刷

开　　本	710×1000　1/16
印　　张	20.25
字　　数	301 千字
定　　价	108.00 元

前　　言

在我国目前社会养老保险制度体系中，年金由企业年金和职业年金两部分构成。参加企业年金的组织主体是用人单位（主要是企业），参加企业年金的个人主体是用人单位职工（主要是企业职工）。参加职业年金的组织主体是机关单位和事业单位（含军队和武警部队）。参加职业年金的个人主体是机关事业单位的工作人员（含退役军人和退伍武警）。企业年金和职业年金的法律定性均为补充性养老保险制度。企业年金制度诞生于1991 年（1991—1999 年称"补充养老保险"），职业年金制度始建于2014 年。

从 1991 年到 2019 年的近三十年中，企业年金和职业年金的基础理论研究、法规制度建设、行业实践发展等方面可谓是成就与坎坷并存。在基础理论研究方面，科研工作者努力攻关，在企业年金和职业年金的制度设计、财务管理模式和基金投资收益等方面取得了很多丰硕成果。在法律法规建设方面，立法机构和政府主管部门兢兢业业工作，建立健全了企业年金基金和职业年金基金投资监管、参保者个人所得税征缴、企业年金和职业年金的待遇领取等规章制度体系。在年金基金投资收益方面，企业年金基金投资平稳运营，投资收益率稳定增长，基金管理机构遴选机制不断完善；中央国家机关及所属事业单位积累的首笔职业年金基金也于 2019 年 2 月份进入市场化投资运营轨道。然而，企业年金和职业年金的发展与改革仍然面临着很多需要深入研究解决的现实问题和理论问题，这些问题中既有学术思路不够聚焦、特色与创新性不足问题，也有职业年金个人账户做实难、企业年金个人账户权益归属纠纷问题；既有政府对基金金融市场风险管控滞后、企业年金基金和职业年金基金投资监管不到位问题，也有基本概念分歧问题。在实践发展方面，如何制定解决之策，学术界、行政管理部门、用人单位以及企业年金基金和职业年金基金的管理机构等各相关方仍是见仁见智。例如，有观点认为，我国的企业年金和职业年金发展速度慢，覆盖范围狭窄，应该加速提高企业年金和职业年金的参保率。有观点认为，企业年金和职业年金的养老保障水平低，企业年金待遇和职业年金待遇差距较大，应该提高缴费基数和缴费率，缩小两种年金待遇差距。这些观点虽然有一定道理，但现实的问题是，企业年金不具有强制性，企业和职工自愿参保，除了部分已经建立企业年金制度的国有大中型企业外，其他企业建立企业年金制度的意愿不强。目前，美国实行单边主义和贸易保护主义，全球经济不太景气，导致国有大中型企业的企业年金缴费压力增大，尚未实施企业年金计划的中型企业和其他经济组织也望而却步。在今后较长一段时期内，我国企业年金覆盖率不太可能迅速提高。职业年金虽然具有强制性，但它建立时间短且个人账户并非全都实账积累，职业年金基金活跃金融市场的功能仍有待进一步深入挖掘。

在基础理论概念界定和内涵解析方面，学术界对年金、企业年金和职业年金的定义及理解仍存在争议。在当前社会养老保险理论、立法和实务工作中，"年金"都不是一个完整的、独立的、专门的理论术语、法律术语和业务术语。企业年金和职业年金才是完整的、独立的、专门的理论术语、法律术语和业务术语。企业年金和职业年金概念具有学术分歧性和制度统一性。学术分歧性表现在，学术界对年金、企业年金和职业年金的理论概念及内涵解析存在争议。主要可归纳为四种代表性观点。一是职业人论。职业人论认为，年金是职业人的各类养老保险制度的综合体，包括基本养老保险制度和职业人养老保险制度。职业人论指出，职业人的养老保险制度有广义职业人养老保险制度和狭义职业人养老保险制度之分，前者泛指与职业人相关的各类养老保险制度；后者仅指由用人单位基于劳动关系建立的职业人养老保险制度①。职业人论主张的年金制度是针对"职业人"建立的养老保险制度，这与当前我国将法定年龄范围内的劳动者作为年金参保主体的做法不一致。"职业人"的范畴小于"劳动者"的范畴，两者的内涵也不同，这是职业人论的第一个不足之处。职业人论的第二个不足之处是，没有明确指出企业年金和职业年金是基本养老保险制度的补充制度。二是分立论。分立论认为，企业年金和职业年金分为公职人员年金和职业人年金。公职人员年金特指机关事业单位及其工作人员职业年金制度。职业人年金泛指包括机关事业单位公职人员和企业职工等各类职业人员及其用人单位建立的补充养老保险制度②。分立论在一定程度上认同职业人论，但又与职业人论有差异，其从参保人身份角度定义年金并划分年金类型的观点与我国主要依据单位性质划分年金类型的做法不同。三是一体论。一体论认为，面向机关事业单位及其工作人员建立的职业年金与面向企业及其职工建立的企业年金具有相同的法律属性，职业年金和企业年金都是针对不同部门和职业人群设立的补充性养老保险制度，因此职业年金

和企业年金可统称"职业年金"③。一体论在一定程度上认同职业人论，但其提法与我国目前施行的职业年金适用机关事业单位及其工作人员、企业年金适用企业及其职工的年金制度理念与体系均不一致。四是多元论。除了职业人论、分立论和一体论之外，学术界还从延迟工资、职工福利、年终分红、生命周期、激励机制、金融投资收益等角度定义企业年金和职业年金，这些观点虽然都有一定的道理，但是均与法律法规对企业年金和职业年金的定性不同。从时间结构上看，2008 年之前，学术界对企业年金和职业年金的概念界定与含义理解分歧较大。理论观点分歧透射出

---

① 参见杨燕绥、李学芳《职业养老金实务与立法》，中国劳动社会保障出版社 2009 年版，第 1—2 页。

② 参见张云野、刘婉华《职业年金制度研究》，清华大学出版社 2014 年版，第 1—2 页。

③ 参见龙玉其《英国职业年金制度的现状、改革及其启示》，《北京行政学院学报》2018 年第 6 期，第 93 页。

不同学者对劳动者人权评价、对企业年金制度设计是否符合国情的判断、职业分类标准、双轨制理解等方面的认知差异。在企业年金和职业年金探索性发展与改革进程中，学术界在不同阶段对企业年金和职业年金的概念有不同的理解也属正常现象。2008 年以后，国家探索机关事业单位及其工作人员职业年金改革，理论界对企业年金和职业年金的概念界定与含义理解分歧缩小。如今，学术界基本都认可了法律法规和政策性文件定义的企业年金概念和职业年金概念。

企业年金和职业年金的概念的制度统一性表现在，法律规章对企业年金和职业年金的定性是一贯的、明确的，在实践中不存在分歧。企业年金作为法规概念最早出现在 2004 年 5 月 1 日原劳动和社会保障部公布施行的《企业年金试行办法》中，《试行办法》定义的企业年金概念是："企业年金，是指企业及其职工在依法参加基本养老保险的基础上，自愿建立的补充养老保险制度。" 2000 年 12 月 25 日国务院印发的《关于完善城镇社会保障体系的试点方案》中虽然首次使用了"企业年金"一词，但并未界定其概念。2018 年 2 月 1 日施行的《企业年金办法》沿用了《企业年金试行办法》中的概念。职业年金作为法规概念最早出现在 2015 年 4 月 6 日国务院办公厅印发的《机关事业单位职业年金办法》中，《办法》定义的概念是："本办法所称职业年金，是指机关事业单位及其工作人员在参加机关事业单位基本养老保险的基础上，建立的补充养老保险制度。" 在此之前，职业年金作为制度术语最早出现在 2008 年 3 月 14 日国务院下发的《关于印发事业单位工作人员养老保险制度改革试点方案的通知》（国发［2008］10 号）中，但《通知》没有给出职业年金的制度性概念。2015 年 1 月 14 日，国务院发布的《关于机关事业单位工作人员养老保险制度改革的决定》（国发［2015］2 号）虽然也提及了职业年金，但也未给出职业年金的制度性概念。综上所述，尽管学术界对年金、企业年金和职业年金的概念及内涵理解存在分歧，但是主流观点认同制度性概念。企业年金和职业年金是制度，不应将其解释为用人单位的人力资源激励机制或职工福利，也不应被解释为一种方案或计划。

企业年金和职业年金是社会保障学科体系中的重要组成部分。近年来，由于社会保障、养老事业的发展和实际需要，企业年金和职业年金得到了广泛重视。本书正是应此之需提出选题并结合社会保障学发展现状展开写作，并尽量做到理论紧密联系实际。本书主要介绍企业年金和职业年金的发展与改革。全书共计分为年金研究文献挖掘、企业年金概述、职业年金概述、企业年金与职业年金辨析、年金的理论基础、企业年金发展历程与改革探索、职业年金发展历程与改革探索、企业年金和职业年金案例分析等八章，介绍了企业年金和职业年金（含退役军人和退伍武警的职业年金）的理论体系、发展历程、改革设计、立法建设、税收征管、典型问题剖析等内容。一些法律规章、政策文件、具体措施、学术文献经常使用"企业年金"和"职业年金"，在两个术语的后面省略"制度"两个字。如今，人们对企业年金制度日渐熟知，对职业年金制度的了解也逐渐加深。在"企业年金"和"职业年金"后面即便不加"制度"两个字也不影响理论研究、实践工作、制度建设和司法判决。故本书在措辞上根据论述内容和具体情况不同，分别使用"企业年金制度""企业年金"和"职业年金制度""职业年金"。企业年金制度和职业年金制度在参保单位性质、参保主体行为规范约束性、缴费资金来源、缴费机制等多个方面存在差异，本书在编写时除"年金的理论基础"之外，分别论述企业年金制度和职业年金制度。

本书力求内容扎实严谨、资料数据翔实新颖、体例结构科学实用，重点吸纳了企业年金与职业年金的改革、学术研究的最新成果。全书精选十五个典型案例，帮助读者深一步理解企业年金和职业年金的理论、法规、政策与实务工作。本书力求做到内容系统、新颖、理论与实践有机结合、语言精练、通俗易懂，使其既可作为企业年金与职业年金实际工作者研究和学习的参考书，也可作为高等院校经济类、管理类、人口与社会学类辅助教材使用。同时也适合所有希望了解企业年金与职业年金的理论、知识和政策的人士阅读。

本书的出版得到了中国社会科学出版社的大力支持和帮助。在拙著的编写过程中，硕士研究生胡永志、刘含琦、罗配彤、李继海参与了脚注文献和参考文献的收集与文字核对等工作，在此致以衷心感谢。本书在编写过程中，参考了国内外学者的有关论著及教材，未能一一标注，敬请谅解并致以谢意。本书虽经过多次审核、修改和征求意见，但因编写人员水平所限，不足之处在所难免，敬请批评指正。

目　　录

第一章　年金研究文献挖掘与学术声望

　　年金研究文献承载了很多历史信息和趋势性信息，是开展探索性研究的重要资源。20 世纪 80 年代中期以来，我国学术界对城镇企业补充性养老保险制度、企业年金制度和机关事业单位职业年金制度开展了大量研究，取得了很多颇有价值的科研成果，挖掘并整理这些科研成果有利于准确把握研究方向、研究重心和关键问题。本章从总量结构、学术贡献和资源分布三个方面分析 1986—2019 年间我国企业年金、职业年金、年金的研究热点、热点变迁、文献总量结构、年度增长趋势、知识产出影响力和资源分布等内容。总量结构主要分析研究方向、发展趋势、研究类型、贡献主体、资助基金等五个方面内容。学术贡献主要分析学术关注度、媒体关注度、学术传播度（被引用量）、用户关注度（下载量）等四个方面内容。资源分布主要分析资源类型、学科分类、文献来源、关键热词等四个方面内容①。

---

　　① 本章数据来源于中国知网数据库。考察的样本期为 1986—2019 年，其中 2019 年数据为预测值。检索词分别为"企业年金""职业年金""年金"。外文文献因数据库存储的数据有限，仅分析 1986—2019 年之间某一段时期的文献。数据采集时间截止到 2019 年 5 月 16 日。

第一节　企业年金研究文献挖掘与学术声望

一　总量结构

（一）研究方向

在分析的 18202 篇学术文献中，围绕"企业年金"开展学术研究的文献篇数占比为 56.21%。其中，综合性研究"企业年金"的学术文献篇数占比为 24.09%，研究企业年金基金市场投资管理的学术文献篇数占比为 20.46%，研究企业年金具体计划制定的学术文献篇数占比为 5.16%，研究企业年金法规制度建设的学术文献篇数占比为 5.06%，研究企业年金待遇发放的学术文献篇数占比为 1.44%。围绕"三支柱"养老保障体系建设开展研究的学术文献篇数占比 26.66%，它与围绕企业年金开展研究的学术文献篇数占比合计为 82.87%。围绕企业管理、财政税收、金融等方面开展研究的学术文献篇数占比为 17.13%。总体上看，国内学术界对企业年金的法律属性、目标和方向等把握准确，主要围绕着社会保险和养老保障体系建设开展学术研究，特色比较明显；从企业管理、人力资源激励机制、财税金融等角度开展研究的学术文献篇数占比不太高（见表 1 - 1）。

表 1 - 1　　　　　企业年金学术研究方向统计　　　　单位：篇；%

研究方向分组词	总数（篇）	占比（%）	研究方向分组词	总数（篇）	占比（%）
企业年金	4384	24.09	年金计划	298	1.64
企业年金基金	1502	8.25	企业管理	297	1.63
社会保险	792	4.35	养老保障	297	1.63
基本养老保险	762	4.19	替代率	278	1.53
企业年金制度	695	3.82	税收优惠	274	1.51
财政管理	683	3.75	养老保险体系	269	1.48
企业年金计划	640	3.52	年金基金	265	1.46
养老保险	616	3.38	年金支付准备金	263	1.44

续表

研究方向分组词	总数（篇）	占比（%）	研究方向分组词	总数（篇）	占比（%）
职业年金	576	3.16	第二支柱	256	1.41
中华人民共和国	573	3.15	北美洲	255	1.40
投资管理人	522	2.87	美利坚合众国	248	1.36
受托人	468	2.57	企业年金基金试行办法	226	1.24
养老保险制度	464	2.55	账户管理人	225	1.24
个人账户	387	2.13	税收优惠政策	223	1.23
企业年金市场	354	1.94	社会保险基金	217	1.19
养老基金	337	1.85	投资运营	217	1.19
养老保险基金	327	1.80	财政金融	202	1.11
税收政策	313	1.72	商业养老保险	197	1.08

注：资料来源于中国知网数据库。本书自行整理。

（二）发展趋势

在分析的 8012 篇学术文献中，1994 年、1997 年、2001—2003 年的学术文献篇数年度增长率较高（见表 1－2）。这与国家在 1991 年提出探索建立企业年金制度、1995 年提出完善企业年金制度、2000 年提出大力发展企业年金制度的改革时间点密切相关。1991—1999 年间我国企业年金制度建设处于初建探索阶段，法律不健全，推动企业年金发展的主要力量是行政决策，主要依据是行政规章、部门规章和政策性文件。学术研究对企业年金理论体系完善和实践发展的支撑作用比较明显。

表 1－2　　企业年金学术文献篇数年度增长率（1986—2018 年）单位：篇；%

年度	文献数量（篇）	年度增长率（%）	年度	文献数量（篇）	年度增长率（%）
1986	2	—	2000	2	1
1987	1	50	2001	23	1050
1989	1	0	2002	57	147.83
1993	1	0	2003	153	168.42
1994	2	100	2004	327	2
1996	1	50	2005	460	40.67
1997	2	100	2006	490	6.52

续表

年度	文献数量（篇）	年度增长率（%）	年度	文献数量（篇）	年度增长率（%）
2007	623	27.14	2014	642	4.05
2008	573	3	2015	576	10.28
2009	504	12.04	2016	443	5
2010	533	5.75	2017	389	12.19
2011	501	6	2018	328	15.68
2012	529	4	2019	232	29.27
2013	617	16.64			

注：资料来源于中国知网数据库。本书自行整理。

（三）研究类型

在分析的7642篇学术文献中，关于社会科学类行业指导、社会科学类基础研究和社会科学类政策研究的学术文献篇数最多，合计占比87.6%。在上述三类学术研究文献中，应用型学术研究文献篇数占比为55%（见表1-3）。

表1-3　　　　　　　　　企业年金学术研究类型统计　　　　　单位：篇；%

研究类型	数量（篇）	占比（%）	研究类型	数量（篇）	占比（%）
行业指导（社科）	2789	36.50	高等教育	6	0.08
基础研究（社科）	2490	32.58	高级科普（社科）	6	0.08
政策研究（社科）	1423	18.62	基础教育与中等职业教育	5	0.07
职业指导（社科）	686	8.98	行业技术指导（自科）	4	0.05
大众文化	88	1.15	大众科普	4	0.05
工程技术（自科）	65	0.85	政策研究（自科）	4	0.05
经济信息	62	0.81	专业实用技术（自科）	1	0.01
基础与应用基础研究（自科）	8	0.10	党的建设与党员教育	1	0.01

注：资料来源于中国知网数据库。本书自行整理。

（四）贡献主体

在分析的2407篇学术文献中，西南财经大学、武汉大学、首都经济贸易大学、中国人民大学、中央财经大学五所高校贡献较大，贡献的文献篇数合计占比约30%。行业养老保险公司只有三家，贡献的文献篇数合计占比7.5%。总体上看，92.5%的贡献力量来自普通高校和科研院所。从贡献主体覆盖范围方面分析，普通高校总数只有35所。截至2020年9月4日，全国普通高等学校3005所，据此估算，企业年金学术研究贡献最大的普通高等学校数量占比仅为1.2%（见表1-4）。这表明企业年金学术研究仍属于小众领域，暂未受到学术界普遍关注。

表1-4　　　　　　企业年金研究贡献主体结构统计　　　　单位：篇；%

作者单位	数量（篇）	占比（%）	作者单位	数量（篇）	占比（%）
西南财经大学	247	10.26	中国社会科学院社保研究中心	46	1.91
武汉大学	168	6.98	山东大学	44	1.83
首都经济贸易大学	123	5.11	上海工程技术大学	43	1.79
中国人民大学	120	4.99	四川大学	42	1.74
中央财经大学	116	4.82	同济大学	40	1.66
武汉科技大学	89	3.7	辽宁大学	38	1.58
对外经济贸易大学	76	3.16	华东师范大学	37	1.54
厦门大学	73	3.03	中国平安养老保险股份公司	36	1.5
复旦大学	71	2.95	北京大学	36	1.5
吉林大学	69	2.87	中国人寿养老保险股份公司	34	1.41
中南财经政法大学	66	2.74	河南大学	34	1.41
河北大学	66	2.74	苏州大学	34	1.41
长江养老保险股份公司	64	2.66	南开大学	33	1.37
东北财经大学	59	2.45	华中科技大学	33	1.37
清华大学	54	2.24	天津财经大学	29	1.2
上海财经大学	52	2.16	广西大学	29	1.2
江西财经大学	49	2.04	南京财经大学	29	1.2
西北大学	49	2.04	中国社会科学院拉美研究所	29	1.2
湖南大学	48	1.99	上海交通大学	28	1.16
山西财经大学	47	1.95	中南大学	27	1.12

注：资料来源于中国知网数据库。本书自行整理。

（五）资助基金

在分析的受到国家级科研基金项目资助和省级科研基金项目资助的266篇学术文献中，受到国家级科研基金项目资助的学术文献篇数占比最高，合计占比为69.94%。在受到国家级科研基金项目资助的学术文献篇数中，受到国家社会科学基金和国家自然科学基金资助的学术文献篇数占比为63.16%；受到省级科研基金项目资助的文献篇数占比为30.06%。这表明国家对企业年金发展还是比较重视的。从资助科研基金项目分省结构方面分析，设立企业年金科研基金项目的省份为16个，占全国31个省份的比重为51.6%。北京市（3项）、湖南省（3项）、山东省（3项）、广东省（2项）、四川省（2项）、河南省（2项）、安徽省（2项）七个省份的立项数位居全国前列（见表1-5）。

表1-5　　企业年金学术研究受助基金项目统计　　　单位：篇；%

基金	数量（篇）	占比（%）	基金	数量（篇）	占比（%）
国家社会科学基金	97	36.47	广东省软科学研究计划	2	0.75
国家自然科学基金	71	26.69	上海市教委曙光计划	2	0.75
中国博士后科学基金	12	4.51	湖南省科委基金	1	0.38
江苏省教育厅人文社科基金	10	3.76	全国教育科学规划	1	0.38
湖南省社会科学基金	8	3.01	湖北省教委科研基金	1	0.38
上海市重点学科建设基金	7	2.63	黑龙江省自然科学基金	1	0.38
北京市教委科技发展基金	7	2.63	高校博士学科点专项基金	1	0.38
湖南省教委科研基金	5	1.88	霍英东教育基金	1	0.38
北京市优秀人才基金	5	1.88	海南省教育厅科研基金	1	0.38
国家科技支撑计划	3	1.13	国家留学基金	1	0.38
河南省教委自然科学基金	3	1.13	教育部留学回国人员启动基金	1	0.38
联合国开发计划署基金	3	1.13	新疆自然科学基金	1	0.38
河南省软科学研究计划	3	1.13	四川省教育厅自然科学基金	1	0.38
辽宁省教育厅高校科研基金	2	0.75	四川省教委重点科研基金	1	0.38
广东省自然科学基金	2	0.75	陕西省教委基金	1	0.38

续表

基金	数量（篇）	占比（%）	基金	数量（篇）	占比（%）
福建省教委科研基金	2	0.75	安徽省教育厅科研基金	1	0.38
北京市自然科学基金	2	0.75	青岛市软科学研究计划	1	0.38
安徽省自然科学基金	2	0.75	山东省软科学研究计划	1	0.38
山东省自然科学基金	2	0.75			

注：资料来源于中国知网数据库。本书自行整理。

二 学术贡献

（一）学术关注度

1986—2018 年间，中文企业年金学术研究文献数量大于外文企业年金学术研究文献数量。2007—2010 年间，中文企业年金学术研究文献数量较大。1994—2004 年的中文企业年金学术研究文献数量环比增长率达到高峰期，2001 年的环比增长率最高。2001 年之后环比增长率呈现下降趋势。2008—2012 年间外文企业年金学术研究文献数量及外文文献环比增长率变化最明显（见表 1-6）。总体上看，中文企业年金学术研究文献数量及环比增长率、外文企业年金学术研究文献数量及环比增长率四个指标的变化与同时期国家推进企业年金改革直接相关。

表 1-6　　　企业年金研究学术关注度统计（1986—2018）　　单位：篇；%

年份	中文文献量（篇）	中文环比增长率（%）	外文文献量（篇）	外文环比增长率（%）
1986	2	0		
1987	1	-50		
1988	1	0		
1989	1	0		
1993	1	0		
1994	2	100		
1996	1	-50	1	0
1997	2	100		

续表

年份	中文文献量（篇）	中文环比增长率（%）	外文文献量（篇）	外文环比增长率（%）
2000	2	0	2	100
2001	2	900	1	－50
2002	51	155		
2003	126	147		
2004	287	128		
2005	363	26		
2006	379	4		
2007	493	30		
2008	418	－15	2	100
2009	376	－10	2	0
2010	408	9	4	100
2011	339	－17	2	－50
2012	327	－4	5	150
2013	322	－2		
2014	380	18		
2015	322	－15	1	－80
2016	265	－18	1	0
2017	234	－12	1	0
2018	218	－7	1	0

注：资料来源于中国知网数据库。本书自行整理。

（二）媒体关注度

采用"媒体相关文献量"作为测度媒体关注度的指标。从媒体刊发的学术文献数量上看，2001—2007 年间国内媒体对企业年金的关注度逐年提高，2007 年刊发的文稿数达到 845 篇，这是 2000—2018 年间刊发篇数最高的年份；2007 年以后各个年份刊发篇数开始减少，2012 年刊发篇数出现反弹，但此后的刊发篇数处于低迷徘徊期。从刊文篇数环比增长率看，2001 年的刊文篇数环比增长率达到历史峰值，为 2100%。此后，各个年份的刊文篇数持续下降，甚至有 7 个年份的刊文篇数出现负值（见表 1 - 7）。

总体上看，从 2005 年以后，国内媒体对企业年金的关注度持续低迷，活跃度不太高。

表 1-7　企业年金媒体关注度、被引量与下载量统计（2000—2018 年）

单位：篇；%

年份	媒体相关量（篇）	环比增长率（%）	被引量（篇）	环比增长率（%）	下载量（篇）	环比增长率（%）
2000	1	0				
2001	22	2100	2	0		
2002	63	186	2	0		
2003	154	144	21	950		
2004	309	101	54	157		
2005	471	52	112	107	804	0
2006	552	17	143	28	1367	70
2007	845	53	158	10	2846	108
2008	454	-46	191	21	3010	6
2009	295	-35	204	7	2075	-31
2010	190	-36	214	5	2495	20
2011	188	-1	172	-20	1972	-21
2012	260	38	184	7		
2013	310	19	171	-7		
2014	259	-16	167	-2		
2015	270	4	191	14		
2016	187	-31	184	-4		
2017	136	-27	181	-2		
2018	176	29	145	-20		

注：资料来源于中国知网数据库。本书自行整理。

（三）学术传播度

采用"文献被引量"作为测度学术传播度的指标。从文献被引量总数上看，2001—2010 年间文献被引量逐年增加，尤其是 2005—2010 年间文献被引量增长速度更快。2011—2018 年间文献被引量总体稳定在 145—190

篇之间，稳定程度优于 2002—2010 年。从文献被引量环比增长率看，2003年环比增长率达到历史峰值，为 950%。之后，各个年份的环比增长率快速下降，总体处于持续低迷阶段，有六个年份还出现负增长（见表 1-7）。这表明文献的学术贡献度不太高。

（四）用户关注度

采用"文献下载量"作为测度用户关注度的指标。从文献下载量总数上看，2005—2008 年间文献下载量逐渐增加，2008 年文献下载量达到历史峰值 3010 篇。之后，各个年份的文献下载量开始逐年下降。从环比增长率看，2006—2007 年间文献下载量环比增长率出现增长态势，2007 年的环比增长率达到历史峰值，为 108%。之后，各年的文献下载量环比增长率快速下降，甚至有两个年份出现负增长（见表 1-7）。

三　资源分布

（一）资源类型

在分析的 7642 篇学术文献中，期刊论文 5385 篇，硕士论文 1369 篇，报纸文章 693 篇，国内会议论文 173 篇，博士论文 138 篇，学术辑刊文章 42 篇，国际会议论文 35 篇。由此可知，学术资源主要来自于学术期刊（70.5%）[①]。

（二）学科分类

在分析的 7642 篇学术文献中，保险类文献 5041 篇，工商管理类文献 974 篇，金融类文献 734 篇，财政类文献 485 篇，社会类文献 259 篇，法学类文献 259 篇，数量经济类文献 183 篇，公共管理类文献 136 篇，工业经济类文献 136 篇，劳动经济类文献 124 篇、国民经济类文献 80 篇，政治类文献 67 篇，交通运输经济类文献 66 篇，区域经济类文献 49 篇，商业经

---

① 学位论文和会议论文等未刊文献占比 22.4%，虽然总数为 1715 篇，但平均分布到考察的样本期各个年份中，每年仅约 52 篇，产出量并不高，且硕士学位论文占比极高，博士学位论文占比极低。这些表明企业年金理论研究的层次和成果质量亟需提升。

济类文献 32 篇。总体上看，国内学术界对企业年金应归属于哪个学科仍存在分歧，一个主要原因是研究者基于自己所学专业跨学科交叉研究企业年金。企业年金无论是依法还是依理均应归属于社会保障学科。然而，很多研究将企业年金划入商业保险、工商管理、金融等相应学科。这表明企业年金的社会保障学科归属仍需进一步强化和传播。

（三）关键热词

在分析的 7642 篇学术文献中，热词"企业年金"分布在 2203 篇文献中，热词"养老保险"分布在 412 篇文献中，热词"税收优惠"分布在 220 篇文献中，热词"社会保障"分布在 117 篇文献中，热词"养老金"分布在 108 篇文献中，热词"企业年金基金"分布在 107 篇文献中，热词"替代率"分布在 106 篇文献中，热词"人口老龄化"分布在 99 篇文献中，热词"中小企业"分布在 88 篇文献中，热词"监管"分布在 88 篇文献中，热词"基本养老保险"分布在 88 篇文献中，热词"对策"分布在 86 篇文献中，热词"养老保险制度"分布在 82 篇文献中，热词"养老保障"分布在 75 篇文献中。其他热词分布在 118 篇文献中。总体上看，学术界关注的热词具有多元化特征，关于企业年金的综合性研究依然占据主体地位。与"学科分类"反映出的问题相比，关键热词指标反映出学术界能够聚焦企业年金及相关问题研究，研究者对企业年金归属于社会保障学科认知比较清晰。

（四）文献来源

在分析的 7642 篇学术文献中，《中国社会保障》杂志刊文 222 篇，《中国劳动保障报》刊文 151 篇，《上海国资》杂志刊文 147 篇，《山东劳动保障》杂志刊文 121 篇，《中国劳动保障》杂志刊文 121 篇，《西南财经大学学报》杂志刊文 113 篇，《上海保险》杂志刊文 80 篇，《中国保险报》刊文 75 篇，《中国保险》杂志刊文 72 篇，《首都经济贸易大学学报》杂志刊文 63 篇，《现代商业》杂志刊文 56 篇，《时代金融》杂志刊文 56 篇，《保险研究》杂志刊文 55 篇，《中国金融》杂志刊文 51 篇，《现代经济信息》杂志刊文 51 篇。总体上看，在上述 13 种期刊中，CSSCI 来源期刊占比 15.4%（不含中文核心期刊），中文核心期刊占比 31%（含 CSSCI 来源期刊），省级普通期刊占比约为 70%。这反映出我国学术界发表企业年金科研成果的期刊层级不太高，文献质量有待提升。

第二节　职业年金研究文献挖掘与学术声望

一　总量结构

（一）研究方向

在分析的 5648 篇学术文献中，围绕"职业年金"开展研究的学术文献篇数占比为 41.39%。其中，综合性研究职业年金的学术文献篇数占比为 23.99%，研究机关事业单位养老保险制度改革的学术文献篇数占比为 17.4%。围绕"三支柱"养老保障体系建设开展研究的学术文献篇数占比为 32.1%，它与围绕职业年金开展研究的学术文献篇数占比合计为 73.49%；围绕着养老保险待遇开展研究的学术文献篇数占比为 6.66%；围绕职业年金基金投资运营、财政管理开展研究的学术文献篇数占比为 5.79%（见表 1-8）。总体上看，国内学术界对职业年金的法律属性、目标和方向等把握基本准确，主要围绕着社会保险和养老保障体系建设开展学术研究，特征比较明显。

表 1-8　　　　　　　职业年金学术研究方向统计　　　　　单位：篇；%

研究方向分组词	总数（篇）	占比（%）	研究方向分组词	总数（篇）	占比（%）
职业年金	1355	23.99	中华人民共和国	72	1.27
企业年金	430	7.61	养老金待遇	70	1.24
养老保险制度	394	6.98	财政管理	70	1.24
社会保险	271	4.80	养老金替代率	65	1.15
事业单位	257	4.55	基本养老保险基金	65	1.15
机关事业单位养老保险	223	3.95	替代率	62	1.10

续表

研究方向分组词	总数（篇）	占比（%）	研究方向分组词	总数（篇）	占比（%）
机关事业单位	216	3.82	年金制度	59	1.04
基本养老保险	211	3.74	养老保险体系	59	1.04
养老保险	205	3.63	劳动保险费用	57	1.01
养老保险改革	129	2.28	养老保障	56	0.99
企业管理	108	1.91	养老基金	53	0.94
事业单位养老保险制度	105	1.86	养老待遇	52	0.92
个人账户	93	1.65	退休待遇	52	0.92
公务员	91	1.61	企业年金制度	52	0.92
事业单位工作人员	91	1.61	养老保险基金	52	0.92
服务人员	89	1.58	养老保险费	49	0.87
养老金并轨	77	1.36	双轨制	48	0.85
企业年金基金	75	1.33	投资运营	44	0.78
退休金	75	1.33	年金支付准备金	43	0.76
第二支柱	73	1.29			

注：资料来源于中国知网数据库。本书自行整理。

（二）发展趋势

在分析的1941篇职业年金学术文献中，2012年及以前，学术文献篇数虽然总体处于增长态势，但是篇数总量不多，2012年达到最高峰值时才69篇，这表明2012年之前，学术界对职业年金的讨论较少。2008年3月份，国家选取上海等五个省市开展事业单位分类试点改革，改革方向之一是探索建立事业单位及其工作人员职业年金制度，2009年的学术文献篇数出现明显增长特征，这一趋势延续到2012年。2013—2015年学术文献篇数迅速攀升，2013—2018年间学术文献篇数最少的2013年也有149篇，远高于2012年的69篇，2015年的学术文献篇数达到历史峰值432篇，2016—2018年间学术文献篇数开始逐步减少，总数位于167—248篇之间，这一特征和2014年国家在机关事业单位建立职业年金制度直接相关。不过，2016年之后学术文献篇数逐年下降，学术界研究热度也缓慢降低。

2008—2010 年间学术文献篇数年度增长率处于 63%—83% 之间，2011—2012 年间学术文献篇数的年度增长率急速下降，这和 2008—2010 年我国开展事业单位三年试点改革的时间长度有关。2013—2016 年间我国职业年金学术研究处于高位运行时期，2013 年的学术文献篇数年度增长率达到115.94%，2014 年、2015 年、2016 年的学术文献高位运行时期年度增长率分别为 69%、71%、42%，这表明我国学术界能够把握职业年金制度建设和行业最新发展趋势开展研究（见表 1-9）。

表 1-9　　职业年金学术文献篇数年度增长率统计（1980—2019 年）

单位：篇；%

年度	数量（篇）	年度增长率（%）	年度	数量（篇）	年度增长率（%）
1980	1		2005	12	33.33
1986	1	0.00	2006	10	16.67
1987	1	0.00	2007	11	3.00
1989	3	200.00	2008	18	63.64
1990	1	66.67	2009	33	83.33
1995	3	200.00	2010	58	75.76
1996	2	33.33	2011	61	5.17
1997	3	1.00	2012	69	4.00
1998	4	33.33	2013	149	115.94
1999	1	75.00	2014	252	69.13
2000	5	400.00	2015	432	71.43
2001	7	40.00	2016	248	42.59
2002	6	2.00	2017	213	5.00
2003	15	150.00	2018	167	21.60
2004	9	40.00	2019	146	12.57

注：资料来源于中国知网数据库。本书自行整理。

（三）研究类型

在分析的 1659 篇职业年金学术文献中，社会科学类行业指导文献篇数、社会科学类政策研究文献篇数和社会科学类基础研究文献篇数合计占比 89.34%，如果加上社会科学类职业指导文献篇数，则四类学术文献篇数合计占比高达 95.07% （见表 1-10）。这表明我国学术界能够聚焦职业年金的基础理论、政策制定和实践发展三个方面开展专题研究。

表 1-10　　　　　**职业年金学术文献研究类型统计**　　　　单位：篇；%

研究类型	数量（篇）	占比（%）	研究类型	数量（篇）	占比（%）
行业指导（社科）	563	33.94	高等教育	4	0.24
政策研究（社科）	467	28.15	基础与应用基础研究（自科）	3	0.18
基础研究（社科）	452	27.25	政策研究（自科）	2	0.12
职业指导（社科）	95	5.73	工程技术（自科）	2	0.12
大众文化	41	2.47	专业实用技术（自科）	1	0.06
经济信息	20	1.21	基础教育与中等职业教育	1	0.06
行业技术指导（自科）	7	0.42	党的建设与党员教育	1	0.06

注：资料来源于中国知网数据库。本书自行整理。

（四）贡献主体

在分析的 481 篇职业年金学术文献中，普通高等学校贡献的学术文献篇数占比 82.5%，专业科研机构贡献的学术文献篇数占比 12.5%，行业养老保险公司贡献的学术文献篇数占比 5%。北京地区的普通高等学校和专业科研院所贡献的学术文献篇数占比最高，为 30%（见表 1-11）。从学术文献贡献主体覆盖范围方面分析，普通高等学校只有 33 所。截至 2019年 6 月 15 日，全国普通高等学校 2688 所。据此估算，33 所普通高等学校占比仅为 1.2%。这表明职业年金学术研究仍属于小众科研领域，暂未受到国内学术界普遍关注，这或许和职业年金发展时间短有直接关系。

表 1-11　　　　**职业年金学术研究文献贡献主体统计**　　　　单位：篇；%

作者单位	数量（篇）	占比（%）	作者单位	数量（篇）	占比（%）
对外经济贸易大学	39	8.11	中国社会科学院拉美研究所	10	2.08
中国人民大学	31	6.44	广西大学	10	2.08
中央财经大学	27	5.61	中国社会科学院研究生院	10	2.08
武汉大学	20	4.16	哈尔滨商业大学	9	1.87

续表

作者单位	数量（篇）	占比（%）	作者单位	数量（篇）	占比（%）
上海工程技术大学	19	3.95	东北师范大学	8	1.66
首都经济贸易大学	18	3.74	河南大学	8	1.66
清华大学	17	3.53	首都师范大学	8	1.66
中国政法大学	16	3.33	南京大学	8	1.66
中国社会科学院社保研究中心	16	3.33	人社部社会保障研究所	8	1.66
厦门大学	15	3.12	山西财经大学	7	1.46
武汉科技大学	14	2.91	中国平安养老保险股份公司	7	1.46
河北大学	13	2.70	西北大学	7	1.46
西南财经大学	12	2.49	华东政法大学	6	1.25
东北财经大学	11	2.29	沈阳体育学院	6	1.25
长江养老保险股份公司	11	2.29	华东师范大学	6	1.25
甘肃政法学院	11	2.29	中国社会科学院美国研究所	6	1.25
辽宁大学	11	2.29	西南大学	6	1.25
浙江大学	11	2.29	华中科技大学	6	1.25
吉林大学	11	2.29	大连理工大学	6	1.25
安徽大学	10	2.08	山东财经大学	6	1.25

注：资料来源于中国知网数据库。本书自行整理。

（五）资助基金

在分析的 83 篇学术文献中，受到国家级基金项目资助的学术文献篇数占比为 85.54%。其中，受到国家社会科学基金和国家自然科学基金资助的学术文献篇数占比高达 73.49%。除了国家级基金项目之外，其他基金项目来自 9 个省（市），省（市）数占全国 31 个省（市）数的（不含港澳台）29%。在九个省（市）中，北京市资助的基金项目 3 项，上海市资助的基金项目 2 项，其他五个省（市）资助的基金项目合计 7 项。在 12 项基金项目中，东部省（市）资助的基金项目数为 10 项，占比 83.3%；中部省（市）资助的基金项目数为 2 项，占比 16.7%（见表 1-12）。总体上看，职业年金科研项目在省市级层面受资助力度仍有很大提升空间。

表 1 - 12 　　　　　　　职业年金学术文献受资助基金项目统计　　　　　单位：篇；%

基金	数量（篇）	占比（%）	基金	数量（篇）	占比（%）
国家社会科学基金	54	65.06	北京市优秀人才基金	1	1.20
国家自然科学基金	7	8.43	海南省自然科学基金	1	1.20
国家科技支撑计划	4	4.82	上海市重点学科建设基金	1	1.20
国家留学基金	2	2.41	江苏教育厅人文社科研究基地	1	1.20
跨世纪优秀人才培养计划	2	2.41	上海市教委曙光计划	1	1.20
中国博士后科学基金	2	2.41	辽宁省教育厅高校科研基金	1	1.20
湖南省社会科学基金	1	1.20	北京市教委科技发展基金	1	1.20
北京市自然科学基金	1	1.20	浙江省教委科研基金	1	1.20
吉林省软科学研究计划	1	1.20	河北省软科学研究计划	1	1.20

注：资料来源于中国知网数据库。本书自行整理。

二　学术贡献

（一）学术关注度

1996—2018 年间中文学术文献数量增减变化趋势可以大致划分为 1996—2007 年和 2008—2018 年两个阶段，前一个阶段的中文学术文献数量很少，数量最高年份也仅有 8 篇。2008—2018 年的中文学术文献数量远远高于第一个阶段，尤其是 2014—2018 年的中文学术文献数量是第一阶段的几十倍。从中文学术文献数的环比增长率看，2001 年、2009 年和 2014 年的文献篇数增幅最明显，这和 2000 年、2008 年、2013 年的当期政策调整有关（见表 1 - 13）。总体上看，国内学术界对职业年金的关注和同时期相关改革直接相关。不过，外文文献数和环比增长率并不高。

表 1 - 13 　　　　职业年金研究学术关注度统计（1996—2018）　　　单位：篇；%

年份	中文文献量（篇）	中文环比增长率（%）	外文文献量（篇）	外文环比增长率（%）
1996	1	0		
2000	3	200		

年份	中文文献量（篇）	中文环比增长率（%）	外文文献量（篇）	外文环比增长率（%）
2001	7	133		
2002	6	−14		
2003	8	33		
2004	5	−38		
2005	7	40	1	0
2006	4	−43	1	0
2007	6	50		
2008	10	67		
2009	23	130		
2010	45	96		
2011	33	−27	1	0
2012	37	12	1	0
2013	59	59		
2014	167	183		
2015	267	60		
2016	159	−40	1	0
2017	145	−9	1	0
2018	115	−21		

注：资料来源于中国知网数据库。本书自行整理。

（二）媒体关注度

使用"媒体相关文献量"和"媒体相关文献量环比增长率"两个指标测度媒体关注度。国内媒体刊发的职业年金学术文献主要集中在2012—2018年间，尤其是2015年。媒体相关文献量环比增长率在2002年、2008年、2012年表现地最为明显，这和学术关注度指标的演变趋势并不一致（见表1-14）。总体上看，2000—2018年间，"媒体相关文献量"和"媒体相关文献量环比增长率"呈现大起大落发展趋势。

表1-14　职业年金媒体关注度、被引量和下载量统计（2000—2018）

单位：篇；%

年份	媒体相关量（篇）	环比增长率（%）	被引量（篇）	环比增长率（%）	下载量（篇）	环比增长率（%）
2000	2	0				
2001	1	-50				
2002	3	200				
2003	2	-33				
2004	1	-50	1	0		
2005	1	0	1	0	166	0
2006					94	-43
2007	1	0	1	0	134	43
2008	8	400	2	100	268	100
2009	8	60	3	50	832	210
2010	8	0	16	433	1037	25
2011	7	-13	6	-63	1423	37
2012	33	371	6	0		
2013	113	242	17	183		
2014	106	-6	42	147		
2015	247	133	62	48		
2016	127	-49	60	-3		
2017	71	-44	55	-8		
2018	95	34	50	-9		

注：资料来源于中国知网数据库。本书自行整理。

（三）学术传播度

使用"文献被引量"和"文献被引量环比增长率"两个指标测度学术传播度。2013—2018年间文献被引量最多，2015年达到最高数62篇。不过，文献被引量环比增长率在2010年时达到最高值，为433%，远高于2013年的183%和2014年的147%。总体上看，2004—2018年间，"文献被引量"和"文献被引量环比增长率"呈现出大起大落发展趋势，这一特征和"媒体相关文献量"和"媒体相关文献量环比增长率"相似（见表 1 – 14）。这表明职业年金的学术研究受国家相关改革和同时期政策调整的影响很大，应用型研究相对较多，基础性研究并不稳固。

（四）用户关注度

使用"用户下载量"和"用户下载量环比增长率"两个指标测度用户关注度。2005—2011 年间的"用户下载量"总体呈稳步增长趋势；2008—2009 年间的"用户下载量环比增长率"达到历史最高值（见表 1 – 14）。

三　资源分布

（一）资源类型

在分析的 1659 篇学术文献中，期刊发表的文献篇数为 1131 篇，硕士论文 229 篇，报纸刊发的文献数为 307 篇，国内会议发表的文献篇数为 35 篇，博士论文 29 篇，学术辑刊刊发的文献篇数为 15 篇，国际会议发表的文献篇数为 3 篇。综上可知，学术期刊贡献的学术文献篇数最多，占比为 68.2% 。

（二）学科分类

在分析的 1659 篇学术文献中，被列入保险类的学术文献篇数为 1141 篇，被列入公共管理类的学术文献篇数为 148 篇，被列入社会类的学术文献篇数为 73 篇，被列入金融类的学术文献篇数为 69 篇，被列入财政类的学术文献篇数为 61 篇，被列入工商管理类的学术文献篇数为 43 篇，被列入法学类的学术文献篇数为 41 篇，被列入教育类的学术文献篇数为 34 篇，被列入政治类的学术文献篇数为 32 篇，被列入公共卫生与预防医学类的学术文献篇数为 14 篇，被列入军事类的学术文献篇数为 12 篇，被列入劳动经济类的学术文献篇数为 11 篇，被列入国民经济类的学术文献篇数为 10 篇，被列入工业经济类的学术文献篇数为 6 篇，被列入城市经济类的学术文献篇数为 6 篇。总体上看，国内学术界主要从养老保险和商业保险两个方面研究职业年金，学术文献总篇数占比 68.8% 。同时也可以看出，学术界研究职业年金的角度具有多元化特征，这一特征和学术界研究企业年金的特征相似，职业年金的学科归属仍需进一步明确和强化。

（三）关键热词

在分析的 1659 篇学术文献中，聚焦"职业年金"的文献数为 274 篇，聚焦"养老保险"的文献数为 228 篇，聚焦"事业单位"的文献数为 147 篇，聚焦"机关事业单位"的文献数为 143 篇，聚焦"改革"的文献数为 85 篇，聚焦"养老保险制度"的文献数为 62 篇，聚焦"公务员"的文献数为 31 篇，聚焦"替代率"的文献数为 27 篇，聚焦"并轨"的文献数为 26 篇，聚焦"双轨制"的文献数为 25 篇，聚焦"职业年金"制度的文献数为 25 篇，聚焦"养老金"的文献数为 25 篇，聚焦"制度改革"的文献数为 25 篇，聚焦"养老保险改革"的文献数为 25 篇。聚焦其他热词的文献数为 78 篇。总体上看，学术界关注的热词具有多元化特征，关于职业年金和机关事业单位养老保险制度改革的研究占据主体地位。这表明学术界对职业年金的制度定位、法律属性、目标和方向的把握更加准确，这一特征比学术界对企业年金的研究特征更加明显。

（四）文献来源

在分析的 1659 篇学术文献中，来源于《中国社会保障》杂志的学术文献数为 86 篇，来源于《中国劳动保障报》的学术文献数为 52 篇，来源于《劳动保障世界》杂志的学术文献数为 23 篇，来源于《中国劳动保障》杂志的学术文献数为 23 篇，来源于《人才资源开发》杂志的学术文献数为 23 篇，来源于《中国保险报》的学术文献数为 21 篇，来源于《经济参考报》的学术文献数为 20 篇，来源于《山东劳动保障》杂志的学术文献数为 15 篇，来源于《中国财政》杂志的学术文献数为 13 篇，来源于《天津社会保险》杂志的学术文献数为 12 篇，来源于《21 世纪经济报道》报纸的学术文献数为 12 篇。综上可知，国家级报刊占比 54.5%，来源于国家级报刊的文献数占比 71.7%。报纸占比 36%，期刊占比 64%。从期刊分类来源看，在上述的 7 种期刊中，CSSCI 来源期刊数占比 0，中文核心期刊数占比 14.3%，省级普通期刊数占比 85.7%。这表明职业年金学术文献来源层级较低，文献质量有待提高。

第三节　两种年金研究文献挖掘与学术声望

一　总量结构

（一）研究方向

在分析的 22419 篇学术文献中，围绕"企业年金"开展学术研究的文献篇数占比 58.27%，围绕"职业年金"开展学术研究的文献篇数占比 18.65%。研究国外年金的文献篇数占比 11.47%，综合研究"三支柱"养老保障体系、年金基金市场投资管理和年金待遇发放的学术文献篇数占比 11.61%（见表 1－15）。这表明学术界主要研究企业年金。这应该和企业年金发展历史较长直接有关。

表 1－15　　　　　　　　　　年金研究方向统计　　　　　　　　单位：篇；%

研究方向分组词	总数（篇）	占比（%）	研究方向分组词	总数（篇）	占比（%）
企业年金	4382	19.55	养老保障	370	6.03
职业年金	1353	6.04	养老基金	368	5.99
企业年金基金	1336	5.96	北美洲	364	5.93
社会保险	1113	4.96	养老保险基金	352	5.73
财政管理	916	4.09	美利坚合众国	340	5.54
基本养老保险	879	3.92	替代率	334	5.44
养老保险制度	852	3.80	年金基金	332	5.41
养老保险	830	3.70	税收政策	326	5.31
中华人民共和国	739	3.30	年金支付准备金	322	5.25
企业年金制度	568	2.53	国民年金	312	5.08
企业年金计划	562	2.51	企业年金市场	301	4.9
投资管理人	514	2.29	养老保险体系	293	4.77
受托人	477	2.13	税收优惠	288	4.69

续表

研究方向分组词	总数（篇）	占比（%）	研究方向分组词	总数（篇）	占比（%）
年金保险	473	2.11	第二支柱	269	4.38
个人账户	462	2.06	事业单位	264	4.3
企业管理	454	2.03	财政金融	259	4.22
年金制度	414	1.85	退休金	253	4.12
年金计划	378	1.69	养老保障	370	6.03

注：资料来源于中国知网数据库。本书自行整理。

（二）发表趋势

在 1986—2019 年间发表的 12822 篇学术文献中，1986—2015 年间发表的学术文献篇数总体呈现增长趋势，尤其是 2001—2015 年间发表的学术文献篇数远远高于 1986—2000 年间发表的学术文献篇数。2006 年以来，历年发表的学术文献篇数基本都在 600 篇以上，2013—2015 年间发表的学术文献篇数居于历史最高位，三个年份的学术文献篇数分别为 982 篇、1008 篇、1053 篇。从学术文献篇数年度增长率看，1987—1995 年间的年度增长率出现第一轮快速增长期，年度增长率平均值为 152.9%，峰谷差为 620.53%，1994 年的年度增长率达到历史最高值，为 660%。1999—2005 年出现第二轮较快增长期，年度增长率平均值为 42.31%，峰谷差为 51.02%，2004 年的年度增长率达到历史最高值，为 75.74%。2006 年以后进入第三轮低速发展期，除 2013 年（22.14%）和 2016 年（25.83%）出现较快增长外，其他年份的增长率和第一阶段、第二阶段的年度增长率相比明显降低，年度增长率平均值为 11.86%，峰谷差为 24.19%（见表 1－16）。总体看，三个阶段的年度增长率呈现依次降低的趋势。

表 1－16　　**年金文献数年增长率统计（1986—2019）**　　单位：篇；%

年度	数量（篇）	年度增长率（%）	年度	数量（篇）	年度增长率（%）
1986	17	——	1989	29	45.00
1987	9	47.06	1990	3	89.66
1988	20	122.22	1991	5	66.67

续表

年度	数量（篇）	年度增长率（%）	年度	数量（篇）	年度增长率（%）
2004	413	75.74	2007	707	17.05
2005	546	32.20	2008	779	10.18
2006	604	10.62	2009	703	9.76
1994	38	660.00	2010	824	17.21
1995	53	39.47	2011	791	4.00
1996	62	16.98	2012	804	1.64
1997	67	8.06	2013	982	22.14
1998	49	26.87	2014	1008	2.65
1999	66	34.69	2015	1053	4.46
2000	89	34.85	2016	781	25.83
2001	111	24.72	2017	716	8.32
2002	140	26.13	2018	614	14.25
2003	235	67.86	2019	504	17.92

注：资料来源于中国知网数据库。本书自行整理。

（三）研究类型

在分析的 11408 篇学术文献中，基础研究类文献篇数占比 36.37%，政策研究类文献篇数占比 18.02%，行业发展研究类文献篇数占比 40.78%，科普教育研究类文献篇数占比 0.82%（见表 1-17）。总体上看，学术界的研究内容主要是年金基础理论和实践应用。

表 1-17 　　　　　　　　年金研究类型统计　　　　　　　单位：篇；%

研究类型	数量（篇）	占比（%）	研究类型	数量（篇）	占比（%）
基础研究（社科）	4009	35.14	高等教育	31	0.27
行业指导（社科）	3673	32.20	基础教育与中等职业教育	26	0.23
政策研究（社科）	2048	17.95	高级科普（社科）	19	0.17
职业指导（社科）	902	7.91	专业实用技术（自科）	11	0.10
工程技术（自科）	196	1.72	政策研究（自科）	8	0.07
大众文化	142	1.24	文艺作品	7	0.06

研究类型	数量 （篇）	占比 （%）	研究类型	数量 （篇）	占比 （%）
基础与应用基础研究（自科）	140	1.23	大众科普	6	0.05
经济信息	110	0.96	高级科普（自科）	2	0.02
行业技术指导（自科）	76	0.67	党的建设与党员教育	2	0.02

注：资料来源于中国知网数据库。本书自行整理。

（四）贡献主体

在分析的 3332 篇学术文献中，普通高等学校贡献的文献篇数占比 90%，专业科研院所贡献的文献篇数占比 5%，行业养老保险公司贡献的文献篇数占比 5%。北京地区的普通高等学校和专业科研院所贡献的文献篇数最多，占比 22.5%。原"985 工程"大学和原"211 工程"大学贡献的文献篇数占比 70%（见表 1–18）。总体看，学术界针对年金实务工作开展的应用型研究相对不足。

表 1–18　　　　　　　　年金研究贡献主体统计　　　　　　　单位：篇；%

作者单位	数量 （篇）	占比 （%）	作者单位	数量 （篇）	占比 （%）
西南财经大学	303	9.09	上海工程技术大学	65	1.95
武汉大学	222	6.66	浙江大学	64	1.92
中国人民大学	182	5.46	西北大学	63	1.89
首都经济贸易大学	148	4.44	长江养老保险股份有限公司	63	1.89
中央财经大学	147	4.41	山东大学	61	1.83
吉林大学	113	3.39	华中科技大学	55	1.65
对外经济贸易大学	111	3.33	山西财经大学	54	1.62
河北大学	103	3.09	苏州大学	52	1.56
复旦大学	100	3.00	中国社会科学院劳动社会保障中心	52	1.56
武汉科技大学	95	2.85	大连理工大学	49	1.47
厦门大学	94	2.82	江西财经大学	48	1.44
东北财经大学	89	2.67	同济大学	44	1.32
中南财经政法大学	83	2.49	四川大学	42	1.26

续表

作者单位	数量 （篇）	占比 （%）	作者单位	数量 （篇）	占比 （%）
华东师范大学	83	2.49	中国社会科学院拉丁美洲研究所	42	1.26
湖南大学	81	2.43	天津财经大学	41	1.23
上海财经大学	81	2.43	河南大学	41	1.23
清华大学	80	2.40	南京大学	40	1.20
北京大学	77	2.31	中国政法大学	40	1.20
南开大学	76	2.28	中国平安养老保险股份有限公司	39	1.17
辽宁大学	72	2.16	中南大学	37	1.11

注：资料来源于中国知网数据库。本书自行整理。

（五）资助基金

在分析的 541 篇学术文献中，受到国家级基金项目资助的文献篇数占比为 80.75%，受到省（市）级基金项目资助的文献篇数占比 19.25%。在受到国家级基金项目资助的文献篇数中，受到国家社科基金和国家自然科学基金资助的篇数占比为 88.33%。从基金项目结构上分析，除了国家级基金项目之外，其他基金项目来源于 15 个省（市），山东省和湖南省的基金项目数位居第一位和第二位，分别为 4 项和 3 项。在全部 25 项省（市）级基金项目中，东部省（市）的基金项目数占比 52%，中部省（市）的基金项目数占比 36%，西部省（市）的基金项目数占比 12%（见表 1-19）。总体上看，国家层级的基金项目对年金学术研究的支持力度很大，约 50% 的省（市）对年金理论研究和行业发展给予了较大支持。

表 1-19　　　　　　　**年金研究资助基金统计**　　　　　　单位：篇；%

基金	数量 （篇）	占比 （%）	基金	数量 （篇）	占比 （%）
国家社会科学基金	207	38.26	山东省自然科学基金	3	0.55
国家自然科学基金	179	33.09	辽宁省教育厅高校科研基金	3	0.55
中国博士后科学基金	18	3.33	辽宁省科学技术基金	3	0.55
湖南省社会科学基金	14	2.59	河南省教委自然科学基金	3	0.55

续表

基金	数量（篇）	占比（%）	基金	数量（篇）	占比（%）
江苏省教育厅人文社科基金	11	2.03	广东省自然科学基金	3	0.55
北京市教委科技发展基金	7	1.29	国家重点基础研究发展计划	3	0.55
国家科技支撑计划	7	1.29	甘肃省教委科研基金	3	0.55
北京市优秀人才基金	6	1.11	重庆市教委科研基金	2	0.37
跨世纪优秀人才培养计划	6	1.11	山东省软科学研究计划	2	0.37
湖南省教委科研基金	6	1.11	吉林省软科学研究计划	2	0.37
高等学校博士学科点专项基金	5	0.92	安徽省自然科学基金	2	0.37
上海市重点学科建设基金	5	0.92	福建省教委科研基金	2	0.37
甘肃省自然科学基金	5	0.92	山西省软科学研究计划	2	0.37
河南省软科学研究计划	4	0.74	北京市自然科学基金	1	0.18
国家留学基金	4	0.74	安徽省教育厅科研基金	1	0.18
河北省软科学研究计划	4	0.74	全国教育科学规划	1	0.18
上海市教委曙光计划	4	0.74	地震科学联合基金	1	0.18
湖南省科委基金	4	0.74	青岛市软科学研究计划	1	0.18
教育部留学回国人员启动基金	3	0.55	澳大利亚国际农业中心基金	1	0.18
联合国开发计划署基金	3	0.55	山东省自然科学基金	3	0.55

注：资料来源于中国知网数据库。本书自行整理。

二　学术贡献

（一）学术关注度

使用"中文文献量""中文环比增长率""外文文献量""外文环比增长率"四个指标测度学术关注度。1986—2018 年间的"中文文献量"增减趋势可以大致划分为 1986—1999 年和 2000—2018 年两个阶段，第一个阶段的文献篇数总量很少；第二个阶段的文献篇数快速跃升，2005 年以后保持在 400 篇以上，2015 年达到历史最高值 615 篇。"中文环比增长率"总体呈现下降趋势，波动很大，有 10 个年份是负增长，1991—1996 年和 2000—2004 年是年金发展较好时期。尽管 2014 年我国实行职业年金制度，

"中文环比增长率"出现短暂的回升势头，但对年金总体趋势的影响有限。由此可见，在考察的 33 个年份中，学术界对年金的关注度总体呈下降趋势。1996—2004 年间的"外文文献量"总篇数不多，最高值的 2000 年也不过 10 篇，2005—2018 年间的外文文献篇数明显增多，稳定在 26—60 篇之间，2016 年达到历史峰值 59 篇；"外文环比增长率"总体呈现大起大落的发展趋势，有 13 个年份为负增长，2005 年以前的波动幅度大于 2005 年以后的波动幅度，2005 年以前的峰谷差高达 267%，平均值 47.9%；2006 年以后的峰谷差为 130%，平均值为 7.46%。2016 年的"外文环比增长率"从低迷趋势中回升，达到 90%，但并没有对总体上处于下降趋势的年金研究发挥多大的促进作用（见表 1－20）。

表 1－20　　　年金研究学术关注度统计（1986—2018）　　单位：篇；%

年份	中文文献量（篇）	中文环比增长率（%）	外文文献量（篇）	外文环比增长率（%）
1986	16	45		
1987	9	－44		
1988	17	89	1	0
1989	24	41	3	200
1990	12	－50	6	100
1991	14	17	3	－50
1992	16	14		
1993	23	44	1	－67
1994	36	57	1	0
1995	48	33	3	200
1996	56	17	8	167
1997	55	－2	7	－13
1998	42	－24	4	－43
1999	51	21	8	100
2000	75	47	10	25
2001	92	23	8	－20
2002	119	29	7	－13
2003	172	45	16	129

年份	中文文献量（篇）	中文环比增长率（％）	外文文献量（篇）	外文环比增长率（％）
2004	336	95	8	−50
2005	400	19	20	150
2006	436	9	26	30
2007	523	20	23	−12
2008	502	−4	34	48
2009	484	−4	37	9
2010	573	18	48	30
2011	482	−16	55	15
2012	475	−1	33	−40
2013	484	2	30	−9
2014	583	20	34	13
2015	615	5	31	−9
2016	434	−29	59	90
2017	433	0	38	−36
2018	399	−8	26	−32

注：资料来源于中国知网数据库。本书自行整理。

（二）媒体关注度

使用"媒体相关文献量"和"媒体相关文献量环比增长率"两个指标测度媒体关注度。2000—2007 年间的"媒体相关文献量"持续增长，2007年达到最高值898 篇。2008—2018 年间的"媒体相关文献量"总体比较稳定，文献量大致在300—440 篇之间。2000—2002 年间的"媒体相关文献量环比增长率"持续增长，2003—2007 年间持续下降，2008—2010 年间竟然出现下降趋势，这和同时期的改革政策步调不一致，2008—2018 年间竟然有6 个年份是负增长，占比54.5％，囊括了2000—2018 年间所有的6 个负增长年份，尽管2016 年出现了正增长，但这一期间的总体状况仍不景气（见表1–21）。

表1-21　　年金的媒体关注度、被引量与下载量统计（2000—2018）

单位：篇；%

年份	媒体相关文献量	环比增长率	文献被引量	环比增长率	用户下载量	环比增长率
2000	21	0	11	22		
2001	39	86	20	82		
2002	89	128	21	5		
2003	175	97	38	81		
2004	338	93	98	158		
2005	495	46	156	59	804	0
2006	592	20	188	21	1848	130
2007	898	52	214	14	3116	69
2008	509	−43	270	26	3142	1
2009	340	−33	264	−2	2722	−13
2010	247	−27	312	18	2286	−16
2011	313	27	255	−18	1696	−14
2012	344	10	287	13		
2013	429	25	294	2		
2014	369	−14	333	13		
2015	437	18	383	15		
2016	294	−33	368	−4		
2017	266	−10	353	−4		
2018	330	24	306	−13		

注：资料来源于中国知网数据库。本书自行整理。

（三）学术传播度

使用"文献被引量"和"文献被引量环比增长率"两个指标测度学术传播度。2000—2018年间的"文献被引量"总体稳定增长，2008—2018年间的"文献被引量"稳定在255—385篇之间。2000—2005年间的"文献被引量环比增长率"波动较大，峰谷差为153%，平均值为67.8%；2006—2018年波动幅度较小，峰谷差为44%，平均值为11.5%（见表1-21）。

（四）用户关注度

使用"用户下载量"和"用户下载量环比增长率"两个指标测度用户关注度。2005—2008 年间的"用户下载量"上升；2009—2011 年间的"用户下载量"下降。2006—2007 年间的"用户下载量环比增长率"波动很大，峰谷差为 61%；2008 年的"用户下载量环比增长率"仅为 1.0%，2009—2011 年间均为负增长，三个年份的增长率分别为 −13%、−16%、−14%（见表 1 −21）。

三　资源分布

（一）资源类型

在分析的 11408 篇学术文献中，来源于期刊的文献数 8307 篇，硕士学位论文 1871 篇，来源于报纸的文献数 993 篇，来源于国内会议的文献数 213 篇，博士学位论文 230 篇，来源于学术辑刊的文献数 113 篇，来源于国际会议的文献数 59 篇。由此可知，来源于学术期刊的文献数最多，占比 72.8%。

（二）学科分类

在分析的 11408 篇学术文献中，被归入保险类的文献数 6625 篇，被归入工商管理类的文献数 1223 篇，被归入金融类的文献数 926 篇，被归入财政类的文献数 546 篇，被归入社会类的文献数 534 篇，被归入数量经济类的文献数 450 篇，被归入法学类的文献数 326 篇，被归入政治类的文献数 309 篇，被归入公共管理类的文献数 273 篇，被归入工业经济类的文献数 249 篇，被归入城市经济类的文献数 149 篇，被归入农业经济类的文献数 147 篇，被归入劳动经济类的文献数 134 篇，被归入教育类的文献数 113 篇，被归入国民经济类的文献数 93 篇。总体上看，年金被归入保险类的比重最大，为 58.1%。

（三）关键热词

在分析的 11408 篇学术文献中，聚焦"企业年金"的文献数 2113 篇，聚焦"养老保险"的文献数 600 篇，聚焦"职业年金"的文献数 273 篇，聚焦"税收优惠"的文献数 224 篇，聚焦"年金"的文献数 199 篇，聚焦"社会保障"的文献数 161 篇，聚焦"养老保险制度"的文献数 139 篇，聚焦"事业单位"的文献数 137 篇，聚焦"人口老龄化"的文献数 136 篇，聚焦"改革"的文献数 136 篇，聚焦"机关事业单位"的文献数 135 篇，聚焦"养老金"的文献数 122 篇，聚焦"替代率"的文献数 120 篇，聚焦"日本研究"的文献数 109 篇，聚焦"对策"的文献数 104 篇。总体上看，国内学术界直接以年金为主题开展学术研究的文献篇数占比最高，为 22.7%。其余文献主要从养老保险改革和养老金待遇制度设计方面开展研究。这些说明学术界能够聚焦年金领域热点问题开展研究。

（四）文献来源

在分析的 11408 篇学术文献中，来源于《中国社会保障》杂志的文献数为 299 篇，来源于《中国劳动保障报》的文献数为 185 篇，来源于《西南财经大学学报》的文献数为 140 篇，来源于《上海国资》杂志的文献数为 139 篇，来源于《上海保险》杂志的文献数为 133 篇，来源于《中国保险报》的文献数为 127 篇，来源于《山东劳动保障》杂志的文献数为 127 篇，来源于《中国劳动保障》杂志的文献数为 119 篇，来源于《大众理财顾问》杂志的文献数为 113 篇，来源于《保险研究》杂志的文献数为 110 篇，来源于《中国保险》杂志的文献数为 88 篇，来源于《财会月刊》杂志的文献数为 68 篇，来源于《首都经济贸易大学学报》的文献数为 65 篇，来源于《现代商业》杂志的文献数为 65 篇。从报刊级别看，国家级报刊占比 50%，贡献的文献篇数占比 58.5%。总体上看，文献主要来源于行业报刊，来源于普通高等学校学报的文献数很少。从学术期刊分类来源看，在上述 12 种期刊中，CSSCI 来源期刊占比 16.7%（不含中文核心期刊），中文核心期刊占比 25%（含 CSSCI 来源期刊）。这表明来源于高质量学术期刊的文献篇数很少，文献质量有待提高。

第四节 年金研究文献挖掘与学术声望简评

以上从总量结构、学术贡献和资源分布三个方面分析了1986—2019年间我国企业年金、职业年金、年金的研究热点、热点变迁、文献总量结构、增长趋势和学术贡献。总体看，学术界的研究主要有以下几个特点。

一 总体热度

学术界关于企业年金和职业年金的研究热度较高，科研成果累积量较大，普通高等学校和专业科研院所的贡献显著，尤其是北京地区的普通高等学校和中国社会科学院相关研究所的贡献更大。研究企业年金和职业年金的普通高等学校和专业科研院所的数量少，占比低，企业年金和职业年金研究暂未受到学术界高度关注。

二 基金项目

企业年金和职业年金研究受到以国家社会科学基金项目和国家自然科学基金项目为主的国家级基金项目资助；有些研究受到省级政府设立的企业年金和职业年金科研基金项目资助，但省份数占比约在50%及以下。东部地区省级政府设立的企业年金和职业年金科研基金项目数量多于中西部地区省份设立的企业年金和职业年金科研基金项目数量，空间差异较为明显。

三 研究类型

学术界对企业年金和职业年金的法律属性、方向、目标等把握较为准确，研究内容主要侧重综合性论述、养老保障体系构建、企业年金基金和职业年金基金的市场化投资运营管理。已有研究多侧重基础理论研究，基于行业实践发展的应用型研究总体较好，但仍有很多不足。

四　发展趋势

无论是企业年金研究还是职业年金研究，均与法规制度建设和政策调整基本同步，紧跟前沿趋势开展研究的特征较为明显，这一特征在1991—1995年、2001—2005年、2008—2011年、2013—2015年四个改革力度最大的历史时期表现地最为突出。2008年以后，学术界的研究热度较之前迅速提高。

五　学术偏好

企业年金研究多于职业年金研究，这与两者发展历史长短不同有关。但学术界对职业年金的研究热度并不弱于对企业年金的研究热度。近几年来，学术界比较关注企业年金基金和职业年金基金的市场化投资运营收益。

六　成果质量

学术研究文献主要来自于期刊，来源于 CSSCI 收录期刊和中文核心期刊的文献数占比并不高，文献质量有待快速提高。普通高等学校社科类学报贡献的文献数比重不大，行业报刊刊发的文献数占比却较高。经验、体会、感悟等内容较多，科学研究相对较少。有些科研团队误将经验当成科学知识，误将个案研究结论当成科学研究结论。

七　社会贡献

文献下载量和文献被引量总体呈现增长趋势，但两者的年度增长率波动幅度较大。外文文献较少，国际传播力较弱。知识产出贡献覆盖面和学术影响力仍有待进一步提高。

第二章 企业年金概述

自从国家于 1991 年提出探索性建立企业年金制度以来，学术界对企业年金的框架、参保对象和缴费机制等内容开展了卓有成效的基础研究，取得了很多丰硕的科研成果。但企业年金研究中仍存在一些需要明晰的理论问题，例如企业年金与商业保险（如各种商业性年金保险）有何区别；职工福利论、激励优化论、延期工资论、长期契约论、年终分红论、职工补贴论、养老保障论等关于企业年金性质的学术观点哪一种是正确的；企业年金缴费如何计算等等。本章尝试分析这些理论问题，为后文研究企业年金发展与改革历程奠定基础。

第一节 企业年金的基本概念、法律属性和主要特征

一 企业年金的基本概念

目前，国内学术界对企业年金的基本概念仍存在分歧。归纳而言，企业年金的基本概念可分为学术概念和制度概念。

（一）学术概念

学术概念指学术界开展基础理论研究所定义的概念。2000 年国家首次将"企业补充养老保险"更名为"企业年金"。学术界遂开始思考如何准

确定义企业年金。虽然国家在此前的十年探索中已经明晰了企业补充养老保险的含义，也初步构建起了企业补充养老保险的框架体系和运作机制，但从"企业补充养老保险"到"企业年金"的转变仍给学术界提出了一个基本问题，毕竟"企业年金"是新生事物，如何定义仍需斟酌。从那时到现在，学术界对企业年金的理解仍是见仁见智，定义的企业年金概念也是多种多样（见表2－1）。在企业年金研究过程中，学术界给出不同的学术概念也是正常的。不过，国内理论界对企业年金学术概念的基本逻辑和主要思想等已基本达成共识。主流观点可以表述为：企业年金是指国家和政府在依法强制实施的基本养老保险制度外，鼓励和指导企业根据自身经济实力和经济状况建立的，为职工提供一定程度退休收入保障的补充性养老保险制度。

表2－1　　　　国内学术界差异化企业年金学术概念简要统计

	企业年金概念表述	作者（年份）
1	从本质上看，企业年金是企业员工、领导、企业之间的一种契约，契约主体包括股东、企业经营者、职工	袁树军（2005）①
2	企业年金是以员工薪酬为基础，个人和企业分别按比例提取一定金额统放在个人账户下，由金融机构托管，并指定专业投资机构管理的补充养老保险制度	国家发改委（2006）②
3	企业年金是企业在国家政策指导下，根据其自身经济状况和管理策略的需要而建立，旨在提高员工退休收入水平的一种员工福利制度	文太林（2011）③
4	企业年金是企业在政府强制实施的养老保险制度之外，以国家政策作为指导，从自身的经济实力与经济状况出发所构建起的一种养老保障制度	洪霞（2016）④

---

① 参见袁树军《企业年金的核心：契约性》，《中国社会保障》2005年第4期，第62页。
② 参见国家发展和改革委员会《我国企业年金发展情况概述》2006年10月，国家发展和改革委员会官网（http://www.ndrc.gov.cn/fzgggz/jyysr/zhdt/200610/t20061024_89530.html）。
③ 参见文太林《我国企业年金20年发展的历程、现状及趋势分析》，《海南金融》2011年第11期，第15页。
④ 参见洪霞《企业年金实施问题研究》，《现代国企研究》2016年第2期，第32页。

续表

	企业年金概念表述	作者（年份）
5	企业年金是企业为提高员工退休后生活保障能力而由企业员工和企业共同出资设立的一种福利基金	孙健夫（2017）①
6	企业年金是具有税收减免的特征的、特定的补偿方式	马群（2017）②
7	企业年金是企业及其职工在依法参加基本养老保险的基础上，依据国家政策和本企业经济状况，经过必要的民主决策程序建立的享受国家税收优惠支持的养老保障计划	曹伟（2017）③
8	企业年金是企业在国家宏观指导下自愿实施的一种不强制、非营利性质、不属于社会保险、也不属于商业保险的养老保障行为	李伟（2018）④
9	企业年金是享受国家税收支持的补充养老保险制度	黄一丹（2019）⑤

注：本表中列出的差异化概念由本书著者自行整理。为了体现学术性概念多元化现状，本书尊重提出者的学术思想，未对原概念进行编改。读者如想进一步了解这些概念，可通过脚注中的参考文献查阅。

（二）制度概念

制度概念指的是国家或政府在企业年金法律规章中定义的概念。在我国现行的企业年金法律法规体系中，部门规章是最高层级的规章制度。2004年5月1日起正式施行的《企业年金试行办法》第二条规定"本办法所称企业年金，是指企业及其职工在依法参加基本养老保险的基础上，自愿建立的补充养老保险制度。"这是我国第一个以部门规章形式发布的企业年金概念。2018年2月1日起正式施行的《企业年金办法》基本承袭了《企业年金试行办法》中的"企业年金"概念。《试行办法》和《办法》

---

① 参见孙健夫、李孟亚《我国企业年金发展的现状及其制约因素》，《劳动保障世界》2017年第3期，第54页。

② 参见马群《企业年金制度对养老保险体系的完善作用》，《企业改革与管理》2017年第3期，第118页。

③ 参见曹伟、丁阅越《商业银行企业年金业务发展展望》，《新金融》2017年第8期，第56页。

④ 参见李伟《关于建立与完善企业年金制度的观点综述》，《经济研究参考》2018年第18期，第50—56页。

⑤ 参见黄一丹《企业年金制度研究》，《中国集体经济》2019年第1期，第19页。

定义的企业年金概念是目前最权威的制度概念①。对比《办法》和《试行办法》两个部门规章中的"企业年金"概念可知，2018 年的"企业年金"概念和 2004 年的"企业年金"概念只有一字之差，前者的措辞是"自主"；后者的措辞是"自愿"。"自愿"到"自主"的措辞变化虽然表明了国家对企业年金的态度发生了微妙的变化，但是并没有改变企业年金的法律属性、目的使命、责任分担机制和制度框架，同时也表明了国家对企业年金的定义是准确的，立场是坚定的，目的是明确的。

截至目前，企业年金的理论概念具有高度统一性。尽管企业年金学术概念存在分歧，但主流学术概念还是和制度概念趋于一致。因此，无论在基础理论研究中，还是在法规制度建设乃至实务工作中，学术界对企业年金理论概念的分歧越来越小，受到主流观点认可的、并指导企业年金实践发展的理论概念就是上述阐述的两个制度性的概念。本书采用制度性概念。

二　企业年金的法律属性

我国现行的企业年金法律法规将企业年金定性为补充性养老保险制度。企业年金既不是企业职工的经济性福利，也不是企业年底分红制度；既不是企业人力资源激励机制，也不是和金融有关的企业投融资方式；既不是具有养老功能的商业保险，也不是具有强制性的社会养老保险制度。理解企业年金的法律属性不应忽略"企业年金"四个字的后面还有"制度"两个字，也需明确企业年金是国家引导企业为本单位职工养老而设计的远期社会保障制度。概言之，理解企业年金的法律属性需要掌握以下五层含义：

---

①　两个部门规章定义企业年金概念时用词均为"企业"，即将建立企业年金的组织主体限定为"企业"。关于主体值得商榷。除了企业外，社会团体、基金会、民办非企业单位等组织也可以建立企业年金制度，工作人员较少的社会组织还可参加企业年金集合计划。即，凡是非财政供养的组织都应被允许建立企业年金制度。我国立法和政策措施不应将建立企业年金制度的用人单位的性质仅限于"企业"。但由于两个部门规章定义企业年金概念时用词均为"企业"，故本书讨论的企业年金组织主体也限定为"企业"，不包括其他以营利为目的组织以及不以营利为目的组织。

（一）企业年金是制度

企业年金是集体合同制度，不应将其解释为具体方案、具体计划，也不应将其解释为职工个体与用人单位签订的协议或劳动合同组成部分。

（二）企业年金的建设主体是企业和职工，责任主体是企业

国家和政府只是引导、鼓励、指导、监管企业年金发展，不是建设主体和责任主体。职工和企业之间发生争议适用于民事诉讼而非行政诉讼。

（三）企业年金和养老密不可分

企业年金缴费与参保人退休后的企业年金待遇不应被割裂看待，应在劳动者生命周期内理解企业年金的价值，不能仅在劳动年龄内讨论企业年金权益。

（四）企业年金不是商业保险

商业保险公司销售的养老型年金保险虽然也是补充性的年金产品，但是它和企业年金不同。企业年金虽然不是社会保险险种之一，但其应被视为社会保险制度体系的组成部分，从计划设立、行政备案、缴费机制、变更与中止到基金投资、权益划分、待遇领取等环节都带有明显的行政管理特征。企业年金具有"半市场化、半行政化"特征。商业性年金养老产品受市场机制调节，市场灵活性高于企业年金。

（五）企业年金不是金融项目

企业年金基金虽然被一部分学者视为金融资本，但企业年金不应被视为与金融、投资、

定期等额系列收支等有关的短期行为、事件、活动，而应被视为保障企业职工养老水平的长期存储资金。因此，学术界不应将企业年金归入金融学、投资学和商业保险学等与金融资本投资收益相关的学科领域。

三　企业年金的主要特征

（一）非强制性

企业年金不具有法定强制性，这是其首要特征和根本特征。企业年金

的非强制性指企业建立企业年金、职工参加企业年金都具有自主性和自愿性，国家和政府不强制企业必须建立企业年金、职工必须参加企业年金。按照现行的法规层级最高的部门规章的相关规定，企业年金的非强制性具有以下几层含义：

1. 企业建立、变更、终止企业年金具有自主性和自愿性。国家和政府不强制要求企业必须建立企业年金，而是鼓励、支持、引导企业建立企业年金；国家和政府也不强制企业变更、终止企业年金方案。但是，企业在建立、变更、终止企业年金方案时应依法向当地的人力资源和社会保障行政部门备案、重新备案和报告。

2. 职工参加企业年金具有自主性和自愿性。国家、政府和企业尊重职工个人的意愿，不强迫职工必须参加企业年金。不过，除了特殊约定外，职工一旦参加了企业年金计划，则不可以随意退出企业年金计划，因为企业年金方案是集体合同，不是职工个人和企业签订的协议或劳动合同组成部分。职工参加企业年金具有自主性和自愿性也是有条件限制的。

3. 企业缴费部分计入职工企业年金个人账户的比例究竟是多少，由两方集体协商确定。国家没有强制设定具体的归属比例。

4. 企业缴费部分计入职工个人账户的最高额是多少，由企业在国家规定的约束条件下自行确定。现行规章制度仅规定企业当期缴费计入职工个人账户的最高额不得超过本单位所有职工平均额5倍，企业可以在5倍以内自由设定倍数。

5. 企业缴费及投资收益归属于职工个人的方式和年限，由企业和职工在国家规定的约束条件下自行协商约定。国家规定企业缴费及投资收益归属于职工个人的期限最长不超过8年。国家规定了两种归属方式，一种归属方式为起点归属，即企业可以与职工约定，企业缴费及投资收益自始归属于职工个人。另一种归属方式为递进归属，即归属权益和职工在本企业的工作年限呈正相关关系，两者可以协商确定具体办法。无论是哪种归属方式，企业只要在8年以内将企业缴费及投资收益划入职工个人账户即可，具体时间是几年由两方自行约定。

6. 企业可以自行选择具有企业年金管理资格的账户管理人、投资管理人和托管人，负责企业年金基金的账户管理、投资运营和托管。国家只是要求企业必须将企业年金基金委托给账户管理人、投资管理人、托管人，具体的选择权归属企业。

7. 职工领取企业年金待遇的方式具有自由选择性。职工在达到法定退休年龄或完全丧失劳动能力时，可以通过四种方式之一领取个人账户内的企业年金：一是按月领取，即每个月份领取一次。二是分次数领取，具体分几次，国家没有强制规定。实践中，有的职工一年领取四次，即为按季度领取。三是一次性全额领取。四是间接领取。将个人账户资金全部或部分购买商业养老保险产品。

（二）实行个人账户完全积累制

企业年金采取职工个人账户完全积累的制度模式。企业为每一个参加企业年金的职工建立个人账户，个人账户下面再分设企业缴费子账户和职工个人缴费子账户。企业缴费子账户记录事项为企业缴费划归职工个人账户部分及其投资收益。职工个人缴费子账户记录事项为职工本人缴费部分及其投资收益。职工个人账户完全积累制度如同给职工建立一个独立账号，账号内的资金都归职工个人所有，资金产权具有私有性。这一点和基本养老保险制度不同，基本养老保险制度采取的是统筹账户和个人账户相结合的制度模式，企业年金则没有统筹账户。

（三）建立主体是企业及职工

建立企业年金的组织主体是法人企业及其职工。个体工商户和民办非企业单位不是企业年金建立主体。因为，根据《个体工商户条例》规定，个体工商户是公民，是自然人，不是企业，自然也就不是企业年金制度的建立主体。民办非企业单位是不以营利为目的的社会组织，不是企业，这一点从名称上可以明确看出来。职工指的是参加企业年金的本单位在岗在编劳动者，职工需与单位存在劳动关系。理解企业年金的这一个特征需要明晰两层含义：一是企业法人单位是企业年金的建立主体、实施主体和责任主体。二是职工是企业年金的建立主体和保障对象，但不是责任主体。

（四）基金管理主体多元

除了委托人之外，企业年金基金的管理机构主要有账户管理人、投资管理人、托管人和受托机构，这些机构基本都是金融企业。

1. 账户管理人。账户管理人是指接受受托人委托，管理企业年金基金账户的专业机构。账户管理人主要是以银行为主的金融机构，还有商业养老保险公司和投资公司。例如，新华人寿保险公司、中国人寿保险公司、中国太平洋人寿保险公司、泰康人寿保险公司中信信托投资公司、华宝信托投资公司等机构也是账户管理人。

2. 投资管理人。投资管理人是指接受受托人委托，投资管理企业年金基金财产的专业机构。投资管理人主要是基金管理公司。例如，海富通基金、华夏基金、南方基金、易方达基金、嘉实基金、招商基金、富国基金、博时基金、银华基金、中国国际金融、中信证券、中国人寿、华泰资产、平安养老保险、太平养老保险。需明确的是，投资管理人与托管人不可以为同一人，且与托管人不可以相互出资，持有股份。

3. 托管人。托管人是指接受受托人委托，保管企业年金基金财产的商业银行。例如，四大国有银行、招商银行、光大银行。托管人与投资管理人不可以为同一人，且与投资管理人不可以相互出资，持有股份。

4. 受托人。受托人是指受托管理企业年金基金的符合国家规定的养老金管理公司等法人受托机构或者企业年金理事会。受托人主要是信托公司和保险公司。例如，华宝信托、中信信托、中诚信托、平安养老保险、太平养老保险。

（五）基金可以市场化投资运营

企业年金基金可以实行市场化投资运营，但同时也受到严格限制。一方面，基金投资范围比较广泛，可以用于银行存款、国债、中央银行票据、万能保险产品、投资连结保险产品、证券投资基金、股票、各种债券等金融产品。另一方面，基金投资空间范围和项目结构受到严格限制。空间范围仅限于境内投资。项目结构受限更为严格。例如，债券回购比例不低于投资组合基金财产净值 5%；投资股票比例不高于 30%；不得直接投资于限定的权证。诸如此类的限制还有很多，本章不再细述①。

（六）实行延迟纳税征管制度

我国企业年金实行的是 EET 延迟税收征管模式，是目前全球企业年金税收征管八种模式之中的一种。E 是英文单词 Exempting，代表免税；T 是英文单词 Taxing，代表征税。EET 分别指代三个环节，第一个 E 指的是企业年金的缴费环节，第二个 E 指的是企业年金基金的投资环节，T 指的是企业年金待遇领取环节。EET 延迟税收征管制度是指参加企业年金的职工个人在缴费环节、企业使用年金基金投资环节均享受免税优惠政策，而参加企业年金的职工个人在领取企业年金待遇时需缴纳个人所得税。按照《关于企业年金职业年金个人所得税有关问题的通知》（财税〔2013〕103号）规定，三个环节的税收政策如下：在企业年金缴费环节，企业缴费部分划归职工企业年金个人账户时，职工个人不需要缴纳个人所得税。职工个人缴费部分可以享受一定比例的免税额，免税标准是职工本人缴费工资计税基数的 4%；如果超过了 4%，则必须依法缴纳个人所得税。在企业年金基金投资收益环节，投资收益计入职工个人账户时，职工免税。在企业年金待遇领取环节，在职工个人达到退休年龄等可以领取企业年金的法定条件并实际领取企业年金时，实际领取的企业年金要依法缴税。按照月份领取的企业年金要按照"工资、薪金所得"项目适用税率计税。按年或按季领取的企业年金要均摊到各个月份，每个月领取的全额均按和应税率计税。

从 2019 年 1 月 1 日起，新《中华人民共和国个人所得税法》正式实施，国家财政部在 2018 年制定实施了《关于个人所得税法修改后有关优

---

①　具体可参阅 2017 年 5 月 1 日施行的新《企业年金基金管理办法》。第四十七条到第六十一条规定非常细致和明确。

惠政策衔接问题的通知》（财税〔2018〕164号），参保职工领取的企业年金个人所得税扣减计算应依据164号文件规定，而不再依据财税〔2013〕103号规定。财税〔2018〕164号文件规定，职工个人依法领取的企业年金，符合《关于企业年金职业年金个人所得税有关问题的通知》规定的，不再并入当期综合所得，全额单独计算应纳税款。根据领取方式不同，则适用的税率也不同。归纳而言，适用的税率分为月度税率和综合所得税率。月度税率适用三种情况，一是按月领取。二是按季领取，但须将领取额平均分摊计入各月。三是除上述两种情况外，职工个人一次性领取企业年金个人账户资金或余额。综合所得税率适用三种情况，一是按年领取。二是职工个人因出境定居而一次性领取企业年金个人账户资金。三是职工个人死亡后，指定受益人或法定继承人一次性领取企业年金个人账户余额。和2013年的103号文件相比，2018年的164号文件规定了更加优惠的税收政策，更多参保人因此受益，或者无须缴纳个人所得税或者少缴了一部分个人所得税。

（七）政府不承担直接责任

政府在企业年金的建立和日常管理中不承担直接责任，政府的主要职责是对其进行严格的监管，这一点和基本养老保险制度不同。在基本养老保险制度中，政府则需要承担养老金不足时的补贴责任、制度转型成本支付责任（视同缴费年限的缴费支出）、社会保险经办机构运行经费出资责任和养老金发放无限兜底责任，这些责任都是政府承担的直接责任。

第二节　企业年金与相关概念辨析

在企业年金探索性发展与改革过程中，有的研究团队曾提出过商业保险模式，主张使用企业补充保险资金购买商业保险公司的寿险。尤其在20世纪90年代，商业保险模式一度受到热捧。有些研究误将企业年金视为商业保险。目前，有的商业保险公司仍销售养老年金保险产品。这种商业保险模式不是真正意义上的企业年金发展模式。由于企业年金和商业保险在历史进程中存在一定的关联性，加上我国现行企业年金法律法规也鼓励企业年金和商业保险的融合发展，有些人分不清企业年金和商业保险的区别。2018 年 2 月 1 日施行的《企业年金办法》第二十四条规定，职工领取企业年金时可将个人账户资金全部或者部分购买商业养老保险产品，本条再次将企业年金和商业保险相关联，这又让一些人厘不清企业年金和商业保险之间的细微区别。此外，有的研究混淆了企业年金和企业福利的区别，有的研究甚至还混淆了企业年金和基本养老保险的区别。基于此，本章特分析企业年金与商业保险的异同，以及企业年金与基本养老保险的异同。

一　企业年金与商业养老保险

商业保险的定义没有企业年金定义那样具有高度的统一性，理论界给出的商业保险的定义较多。为了更好辨析企业年金和商业保险，本章采用《中华人民共和国保险法》第二条定义的商业保险概念①。据此可知，商业保险包括人身类保险和财产类保险，其中只有人身类保险和企业年金有关；故辨析企业年金和商业保险的区别指的是比较人身类保险中的部分寿险和企业年金的差异②。概言之，企业年金和商业保险的主要区别可以归纳为以下几点：

---

　　①　我国在 2015 年 4 月份发布的修订后新版《中华人民共和国保险法》第二条规定 "本法所称保险，是指投保人根据合同约定，向保险人支付保险费，保险人对于合同约定的可能发生的事故因其发生所造成的财产损失承担赔偿保险金责任，或者当被保险人死亡、伤残、疾病或者达到合同约定的年龄、期限等条件时承担给付保险金责任的商业保险行为"。这是最权威的制度性概念。

　　②　年金保险指投保人或被保险人一次或按期交纳保险费，保险人以被保险人生存为条件，按年、半年、季或月给付保险金，直至被保险人死亡或保险合同期满，是人寿保险的一种，保障被保险人在年老或丧失劳动能力时能获得经济收益。国内常见的年金保险分为两类：一是个人养老年金保险（终身年金保险）。年金受领人在年轻时投保，按期交纳保险费，直到被保险人到达约定领取年龄，保险公司在约定领取年龄一次给付或分期给付相应的年金，当被保险人死亡或已一次给付全部年金后，保险责任终止。二是定期年金保险。按保险合同规定，投保人在合同约定缴费期内交纳保险费，保险公司以被保险人在合同规定的期限内生存为条件，承担给付保险金的责任，规定的期限届满或被保险人死亡，保险终止。

（一）目的不同

1. 在企业年金中，国家和企业由于出发点和立场不同，对建立企业年金的目的并非高度一致。国家目的是构建多层次养老保障体系，以期提高职工退休后的养老保障水平，遵循不以营利为目的原则，强调公共性和公平性。企业的目的主要是通过企业年金激励职工，留住人才，将企业年金视为单位职工福利，遵循效率原则，强调私有产权属性和职工的贡献度。

2. 在商业保险中，商业保险公司以盈利为目的销售保险产品，除了交通强制险等具有政策性功能的险种以外，所有的险种都以盈利为第一功能，商业保险遵循的是利润最大化原则，并不强调公共服务和社会责任。在商业保险中，与养老保障相关的寿险产品主要有定期死亡人寿保险、终身死亡人寿保险、生存保险、生死两全保险、养老保险和年金保险，无论哪一种保险产品都是以营利为目的的商业保险产品，商业保险公司只需要对保险合同负责、对被保险人或受益人负责，不需要对合同当事人以外的自然人、组织或社会承担责任。

（二）行为主体性质不同

1. 在企业年金中，从企业年金制度设计、计划设计与计划运行的行为特征方面看，企业年金是一种企业法人组织行为，是一种集体行为，并非只是职工个人行为，也不应将其理解为职工个人行为。企业在建立企业年金时需考虑自身的承受能力。由于企业和职工个人的缴费基数和比例等受法规硬性约束，因此企业年金的养老保障水平有一定限制。

2. 在商业保险中，投保人投保人寿类保险是一种自然人行为，不是法人组织行为，遵循的是多投多保原则，保障水平一般无限制，但要受到保险产品本身约束、缴费档次和保险合同约定条款等因素限制。

（三）约束强度不同

1. 在企业年金中，国家和政府并非强制要求每个企业都必须建立企业年金制度，而是鼓励、引导、支持有条件的企业建立企业年金制度。从现行的法规、政策和措施中可以知晓，企业建立企业年金制度与否完全取决于自身，职工个人是否参加单位的企业年金也完全取决于自己，也就是说，无论是企业还是职工都是本着自主和自愿的原则决定自身的行为。但是，需要强调的是，国家和政府对企业年金并非完全不干预，而是具有一定的强制性。目前，国家已经制定实施了一系列监管企业年金设立、计划变更与终止、发展运行、基金投资、参与资格、权益分配、待遇领取、个人所得税缴纳等事项。例如，企业年金基金投资范围受到严格约束，企业年金待遇条件和领取方式也有硬性规定。

2. 在商业保险中，现行法律法规强调投保人、被保险人和保险人之间的平等民事关系。在自然人投保的商业保险关系中，投保的自然人是分散的公民，双方的契约关系主要受民法、合同法等法律法规调节和约束。这一点和企业年金不同，因为企业年金属于社会保障领域的制度，主要受社会法调节和约束。现行法律法规对商业保险并非没有强制约束性，只是和企业年金相比，商业保险受到的约束相对更为宽松一些。

（四）税收政策不同

1. 在企业年金中，国家为鼓励企业年金发展，建立了 EET 税收优惠制度。企业可以享受限定比例内的税前扣除税收优惠政策，职工个人可以享受一定比例的个人所得税税前扣除税收优惠政策。主要表现在企业及职工缴费、基金投资收益分配、企业年金领取个人所得税等方面。对此，前文已有论述。

2. 在商业保险中，企业和参保职工享受到的税收优惠政策与措施没有企业年金那么具有普遍性。企业为职工购买商业养老保险产品，可以享受的税收扣除待遇只有两种法定情况：一是企业依规为特殊工种职工支付的人身安全保险费；二是依法可以扣除的商业保险费。这些规定在《企业所得税法实施条例》和《中华人民共和国个人所得税法》等法律法规中都有明确规定。除此之外，企业给职工购买商业保险支出的费用，应按"工资、薪金所得"项目计征个人所得税，税款由企业代扣代缴。即使计入企业职工福利费、职工本人工资并且为职工本人代扣代缴了个人所得税，也不得在税前扣除。职工本人向保险人购买寿险产品，属于自然人行为，消费支出由职工自己承担，不得由所在单位报销。

（五）产品规范化程度不同

1. 在企业年金中，企业年金不是标准化的产品。不同企业的企业年金方案都会有一些差异，只要企业和职工代表依法协商达成共识即可。企业可根据企业的情况随时变更、终止企业年金方案。

2. 在商业保险中，保单是格式化的合同。保险人提供的是标准化的、格式化的商业产品。保险人可以按照份数向投保人销售保险产品。保险合同一经生效，双方均不得随意更改、中止、终止、废除。投保人必须按照合同约定，向投保人支付投保费，保险人必须按照合同约定向投保人给付或赔偿保险金。

（六）经办机构不同

1. 在企业年金中，企业年金领域法规层次最高的《企业年金办法》和《企业年金基金管理办法》两部部门规章均未明确规定企业年金的经办机构。企业年金备案等业务经办部门是地县级人力资源和社会保障行政部门。企业年金基金业务经办机构是具备资格的企业年金基金管理机构。

2. 在商业保险中，寿险只能由取得法定资格的商业人寿保险公司经办，社会保险经办部门不能经办寿险。目前，我国商业保险市场上具有法定资格、市场份额高、影响力大的商业寿险公司有中国人寿、中国平安、太平洋保险、中国人保、招商信诺、国寿财险、中华联合财险。

二　企业年金与基本养老保险

企业年金和企业基本养老保险是我国多支柱养老保险体系的两大主体，后者为主，前者为辅。两者既有一些相同点，也有很多不同点。

（一）企业年金与基本养老保险的相同点

1. 两者都是养老保险制度。1991 年国务院第 33 号文件《关于企业职工养老保险制度改革的决定》明确提出，国家提倡和鼓励企业实行"补充养老保险"，并在政策上给予指导。尽管《决定》中的用词为"补充养老保险"，而非"企业年金"，但这并不影响其法律地位和性质，"补充"性质的养老保险也是养老保险。两者是我国养老保障制度体系中的主要制度。

2. 两者的缴费基数相同。无论在企业年金制度中还是在基本养老保险制度中，企业缴费基数都是本单位职工工资总额，在实践工作使用本单位上一个年度职工工资总额。职工个人缴费基数都是职工本人工资额，在实践中使用职工本人上一个年度月平均工资。如果是新进职工，按其上个月工资总额为缴费基数。《社会保险法》第十二条对基本养老保险中的企业缴费基数和职工个人缴费基数有明确规定，学术界对此也无异议。不过，企业年金中的企业缴费基数和职工个人缴费基数却存在理论分歧。有一种观点认为，企业年金不是强制性的养老保险制度，因此没有缴费基数，只有缴费上限，依据是《企业年金办法》第十五条规定"企业缴费每年不超过本企业职工工资总额的8%。企业和职工个人缴费合计不超过本企业职工工资总额的12%。"然而，本条恰恰规定了企业的缴费基数是"职工工资总额"。对于职工个人缴费基数，《企业年金办法》第十五条的确没有明确表述，那么职工个人缴费部分真的没有基数吗？2014年1月1日起执行的《关于企业年金、职业年金个人所得税有关问题的通知》（财税〔2013〕103号）第一条第四点明确规定"企业年金个人缴费工资计税基数为本人上一年度月平均工资"。综上所述，在企业年金中，企业缴费和职工个人缴费都有对应的基数，并非没有缴费基数。理解企业年金和基本养老保险的缴费基数还需要明晰两点：一是职工本人的月平均工资额必须按照1990年国家统计局发布的《关于工资总额组成的规定》第二章第四条规定执行①。缴费基数的具体构成项目，企业一般都会在企业年金方案中明确规定。例如，中国平安集团的企业年金缴费基数构成项目为：实发薪酬＋实发岗位职务津贴＋专业技术津贴＋委派津

---

① 《关于工资总额组成的规定》规定，"工资总额指企业在一定时期内直接支付给本企业全部职工的劳动报酬的总额，由计时工资、计件工资、奖金、津贴和补贴、加班加点工资、特殊情况下支付的工资六个部分组成。"第三章还明确规定了工资总额不包括的项目。

贴＋交通补贴＋加班费＋评优奖＋考核加扣款＋基本工资调整＋住房公积金补贴（深圳地区）＋其他津贴（旧系统）＋特殊津贴（旧系统）＋内勤其他奖金＋内勤季度绩效奖＋超额利润奖＋超计划奖①。有些企业在企业年金方案还规定了工资总额不包含的项目。二是职工本人月平均工资额超过职工工作所在地上一年度职工月平均工资额300%以上部分，不计入职工个人的缴费基数。

（二）企业年金与基本养老保险的不同点

1. 法律地位不同。在我国目前的养老保障制度体系中，基本养老保险制度是第一支柱，企业年金是第二支柱。1991年国务院第33号文件《关于企业职工养老保险制度改革的决定》首次提出并确定基本养老保险制度的主体地位和补充养老保险的辅助地位。直至今日，现行的法律法规仍采用这一框架体系。

2. 建设主体不同。企业年金的建设主体和责任主体是企业，而非国家和政府，政府是企业年金的监管主体。基本养老保险制度的建设主体是国家，责任主体和监管主体是政府，企业及其职工是缴费主体。

3. 缴费机制不同。企业年金是企业与职工个人两方缴费，国家给予税收优惠政策支持，但财政不给予资金补贴。基本养老保险制度是国家、企业和职工个人三方共同缴费。国家和政府还承担了国有企业职工视同缴费年限费用补贴责任。

4. 参与原则不同。在企业年金中，企业和职工都遵循自主原则和自愿原则。即企业自主、自愿建立企业年金，企业职工自主、自愿参与企业年金。在基本养老保险制度中，既遵循自愿参与原则，又遵循强制参与原则。对于无雇工的个体工商户、未在用人单位参加基本养老保险的非全日制从业人员以及其他灵活就业人员采取的是自愿原则；对于城镇企业及其

---

① 此处的企业年金缴费基数构成项目是中国平安集团2008年企业年金方案中的规定，本书介绍该集团企业年金中缴费基数构成的目的旨在说明缴费基数的构成项目、细致性、独特性及复杂性。读者如想拓展学习，请自行收集该集团最新的企业年金方案。

职工，则采取强制参保原则。需要说明的是，农村地区的乡镇企业及其职工是自愿参保还是强制参保，国家没有明确规定，主要原因有两个：一个原因是乡镇企业职工具有"半工半农"特征，乡镇企业职工既有承包土地获取的收入，又有在乡镇企业工作挣取得工资性收入。另一个原因是具有此类身份的农村居民不可以同时参加城乡居民社会养老保险和城镇企业职工基本养老保险，只能二选一①。

5. 制度模式不同。企业年金采用个人账户完全积累制度模式，没有统筹账户，个人账户里的资金尽归职工个人所有，资金具有私有产权特征，可以继承或赠予。基本养老保险制度采取"统筹账户＋个人账户"相结合的统账结合制度模式，个人账户里的资金尽归职工个人所有，资金具有私有产权特征，可以继承或赠予，但是统筹账户内的资金具有公共性，不归属于职工，当职工转移基本养老保险关系时也只能转走个人账户内的资金，统筹账户内的资金无法转移。

6. 基金投资运营机制不同。企业年金基金可以多元化、市场化投资，投资收益需按照企业年金方案规定计入职工个人账户，企业年金基金投资受一些法规条款约束，不过受约束强度低于基本养老保险基金。基本养老保险基金投资受到严格监管，投资遵循审慎原则。主要原因是两个：一是目前我国多数省份的基本养老保险基金不足，根本没有多少结余资金用于投资，只有广东省等少数几个省份有结余基金用于投资。二是基本养老保险基金投资收益不尽如人意。广东省和山东省曾委托全国社会保障基金理事会投资运营本省结余的基本养老保险基金，但由于受国际经济形势不稳定变化等诸多因素干扰，投资收益并不可观。

7. 缴费比例不同。在企业年金中，企业缴费比例和职工个人缴费比例是一个弹性区间值，充分体现了自主性和自愿性。企业缴费比例封顶线为8%，企业和职工个人缴费比例封顶线为12%，企业缴费比例和职工个人

---

① 此处关于农村地区的乡镇企业及其职工是自愿参保还是强制参保的主要原因的解释仅为本书作者的思考，并非国家规定或有关部门的权威解释。

缴费比例究竟定为多少，可由企业和职工协商确定，假如企业缴费比例确定为封顶线8%，那么职工个人缴费比例可以是1%、2%、3%、4%或其他值。在基本养老保险制度中，企业缴费比例和职工缴费比例都是固定值，不存在弹性区间。在2019年5月1日之前，企业缴费比例主体为20%（浙江省和广东省除外）。2019年4月1日，国务院办公厅印发的《降低社会保险费率综合方案的通知》（国办发〔2019〕13号）规定，从2019年5月1日起，全国城镇企业职工基本养老保险单位缴费比例高于16%的可降至16%，目前低于16%的需制定过渡办法。参保职工缴费比例仍是8%。用人单位不得擅改单位缴费比例，用人单位和参保职工也不得私自协商擅改职工的缴费比例。

8. 产品属性不同。企业年金采取职工个人账户完全积累制度模式，提供的是私人产品，职工个人缴费及其投资收益归属于职工个人所有，具有私有产权属性。企业缴费及其投资收益归属于单位和职工共同所有，企业按照企业年金方案规定将部分投资收益划给职工个人，职工可以获得多少投资收益还取决于自己在本单位的工龄长短、贡献大小、职级高低、职务类型等因素。国家和政府并不参与企业年金权益分配。基本养老保险采取统账结合制度模式，国家和政府掌控社会统筹基金分配，社会统筹基金不归职工个人所有，属于公共产品，不具有私有产权属性①。

9. 制度的侧重点不同。企业年金侧重效率，企业缴费及基金投资收益按照什么比例和标准划归职工个人账户取决于职工对单位的贡献大小、层级高低、工龄长短、岗位重要性等因素。基本养老保险制度偏重公平，是社会财富的第二次分配，公平性体现在：一是统筹账户基金权益分享体现了公平性。企业缴费部分计入统筹账户，当任何一个参保职工达到法定条件时就可以从统筹账户基金中分享一部分权益。二是养老金代际转移体现了公平性。目前，我国由于转制成本过高等因素导致基本养老金代际转移

---

① 虽然职工个人账户资金具有私有产权属性，但基本养老保险侧重统筹账户，而非个人账户。因此，统筹账户资金是主体，个人账户资金不是主体。

问题突出，公平性体现地尤为明显。三是基本养老保险基金区域调剂制度体现了公平性。2018 年 7 月 1 日起，国家启动了养老保险基金中央调剂制度（3%）就是公平性的体现①。

10. 约束机制不同。企业年金不具有强制性，基本养老保险具有强制性，这是两者的根本区别。两者约束机制不同的主要表现有以下几点：

（1）城镇企业职工基本养老保险制度具有完全强制性。城镇企业职工基本养老保险制度是国家依法强制建立的、全民性的养老保障制度。这种完全强制性主要表现有：一是城镇企业及其职工必须无条件地参加职工基本养老保险制度。二是参保企业及其职工必须按时、足额缴费，不得延期缴费，不得不足额缴费。三是参保企业及其职工不得私自签订不参保、不缴费、不按时足额缴费的协议，即便签订，也是无效的协议。四是参保企业及其职工不得主动放弃参保。五是参保企业不可以不给职工参保，也不得与职工个人讨价还价。六是国家和政府必须健全各项法律法规制度，做好城镇企业职工基本养老保险业务经办、服务、监管、基金投资、行业指导等各项工作。七是政府必须依法承担无限责任和兜底责任等法定责任，确保基本养老金按时、足额发放。

（2）企业年金具有部分强制性。企业年金制度是企业自主建立的、补充性的养老保险制度；企业职工自愿参与企业年金。企业年金自主性和自愿性的主要表现有：一是企业年金不具有强制性的表现。国家只是引导、鼓励、指导企业自主建立企业年金制度，并没有强制企业必须建立企业年金制度，也没有强迫职工必须参加企业年金制度。主要依据为以下几项制度，第一项制度是《关于企业职工养老保险制度改革的决定》，《决定》提出"国家提倡、鼓励企业实行补充养老保险，并在政策上给予指导"，措辞为"提倡、鼓励"。第二项制度是 1994 年颁布的《中华人民共和国劳动法》，《劳动法》第五十七条规定，国家鼓励企业建立补充保险，措辞为

---

① 2019 年 4 月 1 日，国务院办公厅印发了《降低社会保险费率综合方案的通知》，规定将调剂比例提高到 3.5%。2019 年 7 月份，国务院召开会议，提出要逐步提高调剂比例。

"鼓励"。第三项制度是 1997 年《国务院关于建立统一的企业职工基本养老保险制度的决定》（国发［1997］26 号），该《决定》提出要在国家政策指导下大力发展企业补充养老保险，措辞为"指导"，也未使用强制性的词汇。第四项制度是 2004 年 5 月 1 日施行的《企业年金试行办法》中的用词为"自愿"。第五项制度是 2018 年 2 月 1 日施行的《企业年金办法》中的用词也是"自愿"。从上述五项制度的用词足可看出企业年金不具有强制性。二是企业年金具有一定强制性的表现。企业年金并非完全自主和自愿，它具有一定程度强制性，具体表现在前文论述企业年金特征以及企业年金与商业保险区别时已经介绍过，此处不再赘述。

第三节　企业年金性质的学术分歧

一　职工福利论

职工福利论核心观点认为，企业年金是企业为本单位职工建立的一种福利制度。"企业年金是中国第一个员工福利计划"[①]。这种观点备受企业认可，在学术界同样也享有很高的认可度。但是，这种观点和企业年金法规关于企业年金的定性不一致。企业年金不是企业职工福利，两者的差异可以归纳为以下几点：

（一）福利形式不同

企业福利通常是指企业为改善职工及家庭成员生活质量，以非货币工资为主要形式向职工提供的各种补充性报酬和服务。例如，免费通勤车、法定节假日发放的物品、餐费补贴、北方地区冬季的采暖费补贴等。福利一般均为免费提供，职工无须先履行义务，福利可以主要形式的非货币工资和非主要形式的货币体现。企业年金是以资金形式向职工提供，不是以

---

① 参见杨燕绥《我国企业年金仍处在初创期》，《中国人力资源社会保障》2017 年第 6 期，第 56 页。

非货币工资形式提供，也不得以服务等非资金形式提供，职工在达到法定条件享受企业年金待遇时领取的必须是货币，如果职工用领取的企业年金转而购买商业寿险，则属于个人行为，不能将其解释为企业年金制度的一般性规定。

（二）待遇享受时间点不同

企业发放福利主要是当期行为和短期行为，不是远期行为。企业年金则是远期行为，而非近期行为和当期行为。企业年金权益发生时间点在职工退休并办理了退休手续以后。

（三）关键原则不同

企业福利遵循公平原则，强调一视同仁。不过，不同级别和不同身份的职工在具体福利待遇上会存在一些差异。企业年金遵循效率原则，企业缴费划入职工个人账户比例高低取决于该职工的行政级别、对本单位的贡献大小、在本单位工龄长短等因素，对单位贡献越大的职工，企业给予其的待遇就会越高。

（四）分配调节机制不同

企业福利属于再分配范畴，企业会在工资初次分配基础上，通过各种措施对职工收入进行再次调节分配。企业年金则属于初次分配，企业会根据职工对单位的贡献大小等因素给予其不同比例的企业缴费部分。

综上所述，企业年金和企业福利不同。理解职工福利论时需明确企业立场和国家立场的差异。

二　激励优化论

激励优化论核心观点认为，企业在制定企业年金方案时会充分考虑职工对本单位的贡献，让职工的企业年金待遇呈现出一定的差异性，这样有利于建立公平合理的权益分配格局和激励机制，吸引人才，激发职工的潜能，进而提高企业的市场竞争力。激励优化论使用美国学者 Victor H. Vroom（1964）的激励期望理论解释企业年金的激励过程和作用，该理论使用激励力量、期望值和效价三个变量解释个体的需要和目标之间的逻辑关系，其逻辑路径可以表示为：职工努力工作→取得绩效→年金激励→需要得到满足。其中，激励力量是指激发职工潜能的因素；期望值指的是职工根据自己的职业经历和工作经验来判断自己达到预期目标的掌控程度；效价是指预期目标对满足自己需要的价值①。激励优化论主张，企业年金具有这样的激励作用，它可以激励职工勤奋工作，让职工感觉到自己能实现目标，实现目标概率越高，职工的动力就越强。企业建立企业年金制度目的旨在打破权益分配的平均主义，通过差异化的企业年金方案，为不同工龄、不同学历、不同贡献度、不同岗位、不同级别的职工提供不同的企业年金待遇，偏重于激励在本企业工作时间长、贡献大、级别高、岗位技术含量高的职工，目的是在企业内部形成健康的激励环境，优化职工队伍，留住关键人才。

三　延期工资论

延期工资论核心观点认为，我国的企业年金制度是一种补充性质的劳动报酬，先从职工的工资中提取出一定比例的资金，当职工达到法定退休年龄后方可领取待遇。延期工资论把职工的工资分成两个部分：即期领取的工资和延迟到退休后领取的远期工资。这相当于职工在工作期间应领的工资延迟到退休后领取，从时间上具有延迟领取特征，所以就其性质而言，企业年金如同延期支付的职工本人工资。延期工资论并不认同企业年金是职工福利的观点，也不认同企业年金是职工的长期储蓄。

四　长期契约论

长期契约论核心观点认为，在企业年金制度健全的国家或地区，企业年金、股票、期权被誉为企业吸纳优秀人才的三件法宝。企业年金待遇的

---

① 参见 Victor H. *Vroom*, *Work and Motivation*, San Francisco：Jossey-Bass Publishers, 1964, pp. 610 – 630。

领取具有远期特征，职工在参加企业年金时如同和企业签订了一份长期契约，这样的制度设计可以稳定人才队伍，增加企业对职工的长期人力资源投资，减少部分职工短期化服务行为。企业年金的长期契约特征主要体现在以下几个方面：一是国家、政府与企业之间存在契约关系。无论是《企业年金试行办法》还是《企业年金办法》以及相关的政策文件都强调只鼓励有条件的企业建立企业年金制度，并可享受税收优惠政策，这是国家、政府与企业之间建立的契约，企业缴费计入成本受契约条件限制。二是企业和职工之间就基金投资存在契约关系。企业年金由企业和职工个人共同缴纳，两方之间形成了一种契约关系，并将共同积累的企业年金基金用于投资收益。三是企业和职工之间就权益分配存在契约关系。企业缴费部分计入职工个人账户的比例受职工贡献大小、工龄长短、遵守规章制度优劣等因素约束，即职工从企业获益有前提和约束条件，这些都以契约形式体现。四是职工达到法定退休年龄后领取企业年金待遇多少与企业经济效益关联，这是一种契约①。

五　年终分红论

年终分红论核心观点认为，企业年金具有业绩奖金属性，是企业在年终时给予职工奖励性工资的一种分红制度。企业年金方案是企业为激励职工努力工作而设计的、激励性的年度报酬方案。企业年金是一种短期的激励机制，目的旨在提高职工绩效，属于一种临时性工资发放行为。

六　职工补贴论

职工补贴论核心观点认为，企业年金是企业向职工提供一定比例资金的补贴制度。企业按照月份从职工的工资中扣去一定比例的资金，企业再给予一定的补贴，将所有资金交由具有法定资质的投资公司运作，当职工在达到法定退休年龄时可以连本带利一同领取。

---

① 参见袁树军《企业年金的核心：契约性》，《中国社会保障》2005 年第 4 期，第 62 页。

七　养老保障论

养老保障论核心观点认为，企业年金是我国养老保险体系中三大支柱之一。它是基本养老保险制度的配套制度，是多支柱、多层次养老保险框架的重要组成部分，可以减轻政府承担的单一支柱养老金支付压力，完善社会化的养老保障制度体系，有利于实现社会公平，提高职工退休后的养老保障水平。

八　概要性简评

理解上述各种代表性的学术观点时，需要厘清以下几个问题：

（一）职工福利论和激励优化论在企业界和学术界备受关注，尽管相关法规明确规定了企业年金法定属性，但仍有很多企业将企业年金视为激励制度和福利制度，有的法院在诉讼判决时也将企业年金视为企业内部职工福利。

（二）延期工资论在现行企业年金制度建设中和学术界也具有较为广泛的影响力。例如，我国的企业年金税收制度为递延纳税制度，递延纳税的本意是为了鼓励企业建立企业年金制度，但其也含有将即期工资延期的意蕴。在理解延期工资论时需要着重厘清两个问题：一是企业年金不等于延期工资，只是如同延期工资，不能将两者混同。二是企业年金不同于企业递延工资。递延工资的一般性叫法是职工长期服务奖金或职工保留奖金计划。通常做法是，企业将其视为职工薪酬组成部分。

（三）年终分红论错误解读了国家关于企业年金的定性，也严重偏离了主流学术观点。

（四）养老保障论与国家目前倡导的企业年金建设思路一致，也是目前学术界主流观点。

（五）职工补贴论存在两种不同看法，除了上述介绍的看法外，还有一种看法认为所谓的"补贴"指职工参加企业年金是对自己基本养老保险的补贴。这两种不同的看法究竟哪个正确呢？从逻辑严谨性角度评判，第一种看法是正确的，即企业将自己缴纳的企业年金费用按照一定比例和相关规定划入职工个人账户，这是对参加企业年金的职工的补贴。第二种看法不够准确，因为职工参加企业年金不是对自己基本养老保险的"补贴"，而应是"补充"。

（六）长期契约论的视角不是偏重未来的养老保障，而是偏重当前合同的空间长度，而且还错误地将企业年金和股票、期权相提并论。

（七）企业年金是一项多功能混合的制度。由于它具有养老保障、激励职工、降低企业成本等多种功能，这些功能同时存在，缺一不可，故不能片面地认为上述各种代表性观点中的哪一种观点是唯一正确的观点。既要把企业年金视为养老保障方式，又要将其视为企业的激励制度。

尽管关于企业年金性质存在分歧，但理论必须服务于现实国情，在目前的法规制度和企业年金发展实践框架下，养老保障论必须是多种理论观点中唯一正确的理论观点。

第四节　企业年金缴费计算方法

企业年金缴费计算方法因各个企业的企业年金方案不同而有所差异。归纳而言，我国目前企业年金缴费计算方法主要有以下几种①：

一　效益工龄计算法

（一）方法含义

效益工龄计算法即为"效益＋工龄"双指标计算法。效益工龄计算法是企业按照月度为职工缴纳企业年金费用，在计算实际缴费额时依据企业的实际经济效益和职工的工龄两个关键指标，这种计算法由此得名。计算

---

① 关于企业年金缴费计算方法可参见牟达泉《企业年金方案如何设计》，《社会保障制度》2002 年第 1 期，第 48—50 页。还可参见劳动工资研究所内参《劳动工资动态》2004 年第 12 期刊发的《我国企业年金的六种缴费形式》。

公式为：$W = a + b \cdot p$。其中，W 是企业的月度企业年金缴费额。企业的月度企业年金缴费额与个人储蓄保险金额的比例为 1 : 1。如果职工个人自愿多缴费，则缴费额没有限制，但是企业只按照标准额缴纳企业年金费用。a 是缴费基数，其大小取决于企业的经济效益，缴费基数可以上下浮动，具体如何浮动由企业自主确定。在实践中，企业通常将一段年份区间的缴费基数设定为一个浮动区间，例如 2010 年到 2020 年的缴费基数为 150 元到 250 元，则 2010 年的缴费基数是 150 元，2020 年的缴费基数是 250 元。b 是职工的工龄系数。工龄系数的设定原理是，工龄系数和职工的工作时间成正比关系。职工的工作时间越长，则工龄系数就越大。在实践中，企业通常将一段年份区间的工龄系数设定为一个浮动区间，例如将工龄系数设定为 0.8 到 3.2，对应的年份是 2010 年到 2020 年，则 2010 年的工龄系数是 0.8，2020 年的工龄系数是 3.2。企业将工龄系数设定为一个浮动区间的目的主要是激发职工的工作积极性。p 是职工的工龄。

在"效益 + 工龄"双指标计算法中，企业的缴费比例和实际数额取决于职工自愿参加的个人储蓄性保险，即企业将个人储蓄性保险金额设定为基数，按照个人储蓄性保险金额的一定比例计算出缴纳的企业年金费用，由于个人储蓄性保险是职工的自愿行为，投保金额由职工自主确定，投保金额可以超过企业缴费标准限额。企业将企业年金缴费金额与职工的个人储蓄型保险结合考虑的做法，既遵循了自愿原则，又增强了职工的养老保障意识。

（二）举例说明

假设职工甲某工龄 30 年，缴费基数 250 元，工龄系数 3.2，甲某所在单位的月企业年金缴费额为 250 元 + 3.2 × 30 年 = 346 元。如果甲某想要全额享受企业年金权益，那么甲某需要按照 1 : 1 缴纳个人储蓄性保险费 346 元。职工缴纳个人储蓄性保险的数额虽然没有上线，但是企业只能按照 346 元的标准额度为甲某职工缴纳企业年金费用。

二　工龄岗位计算法

（一）方法含义

工龄岗位计算法即为"工龄＋岗位"补充金计算法。工龄岗位计算法使用两个关键指标，一个指标是职工工龄补充金，另一个指标是职工岗位补充金，这种计算法由此得名。职工工龄补充金和岗位补充金在企业年金中的结构性占比关系为两个指标各占50%。工龄补充金的数额大小取决于职工的工龄长短，工龄补充金通常被分为不同档位，计算时采用工龄补充金系数作为变量，工龄补充金系数是一个区间，例如从1.0到3.0，系数的个数究竟设置为多少个则没有统一的国家标准和行业标准，企业自行设定具体个数。企业在设定工龄补充金系数时主要考虑职工为本单位效力的时间长度、业绩大小、日常表现等因素，进而确定企业缴费部分归属职工个人账户的比例和倍数。

职工岗位补充金的计算方法与工龄补充金的计算方法不同。企业通常采用分段计算法，将职工在本单位的工作年限（有的企业把服兵役计入工作年限）分为若干个区间，每个区间对应一个企业的月度缴费定额，职工在本单位的工作的年限越长，月度缴费定额就越高。职工在本单位的工作年限乘以对应区间的企业月度缴费定额得出的积就是企业为职工缴纳的月度企业年金数额。计算公式为：

企业为职工缴纳的月度企业年金数额＝第一阶段职工工作年限×第一阶段月缴费定额＋第二阶段职工工作年限×第二阶段月缴费定额＋……第 n 阶段职工工作年限×第 n 阶段月缴费定额

（二）举例说明

某个企业的企业年金方案规定，如果职工在本单位连续工作的时间满1年、不满10年，则月度缴费定额为20元；如果职工在本单位连续工作的时间满10年，则月度缴费定额为30元。职工甲某在本单位连续工作年限8年，则单位每个月为职工甲某缴纳的企业年金费用是 8×20 元＝160

元；职工乙某在单位连续工作年限为 15 年，则单位每个月为乙某缴纳的企业年金费用为 10 年以内的月缴费额与超过 10 年的月缴费额之和，即为：$(10 \times 20) + (15 - 10) \times 30 = 350$ 元。本例题只设置了 10 年以内和 10 年以上两个阶段，如果企业设置了三个及以上的阶段，则同理分段计算。

三　缴存基值计算法

（一）方法含义

缴存基值计算法将职工的工龄、岗位、职务、业绩、突出贡献、年龄等设置为关键指标，以确定企业缴费部分计入职工个人账户的标准。职工个人账户的企业年金月度缴存数额 = 企业缴费部分计入职工个人账户缴存数额 + 职工个人缴费数额。其中，企业缴费部分计入职工个人账户缴存数额 =（企业缴存数额基值 × 职工个人综合缴存系数）+ 老龄补贴金，职工个人缴费数额 = 企业缴存数额 ÷ 2（或 ÷ 3）。

企业缴存数额基值按照企业当年核定的企业年金缴存水平确定。职工个人综合缴存系数 = 职务系数 + 工龄系数 + 奖励系数 + 岗位系数。其中，职务系数是按照职工的职务确定的系数；工龄系数是将连续工龄和企业工龄合并后计算得出的系数。在实践中，企业通常会适度增加职工在本单位工作的工龄的比重；奖励系数主要适用于劳动模范和有突出贡献的少数职工。老龄补贴金指标主要是针对接近退休年龄的职工设立的指标，其核定标准是以本单位建立企业年金制度的时间为基准点，根据职工距离退休年龄的时间长短设置若干个档，每个档都一次性设置相应的调剂标准。

（二）举例说明

贵州省公路工程集团总公司的企业年金缴费计算方法比较细致、实用。一是设定了四个系数。计算公式为：企业年金缴费额 = 缴费基数 ×（企龄系数 + 工龄系数）× 职务系数 × 职称系数。二是设立了四个激励指标。领导层的个人企业年金缴费部分除了按照上述计算方法所得企业缴费额对应比例缴纳之外，还加入了工资浮动系数、质量指标（绩效考核扣减系数1）、安全指标（绩效考核扣减系数2）等四个关键绩效考核指标。计算公式为：企业年金缴费额＝［缴费基数×（企龄系数＋工龄系数）×职务系数×职称系数］×（1＋工资浮动系数）×绩效考核扣减系数1×绩效考核扣减系数2。三是设置了五档老龄补贴金。凡是年龄距离法定退休年龄在5年以内的职工，其个人缴费部分仍然按照规定缴纳，总公司对单位缴纳计入职工个人账户部分给予补贴。补贴标准为：职工年龄距离法定退休时间为1年、2年、3年、4年、5年的，总公司缴纳部分以原正常缴费为基数，依次乘以2.0倍、1.8倍、1.6倍、1.4倍、1.2倍[①]。

四　补充基值计算法

（一）原理和计算程序

先确定一个基准值，再引入若干个关键指标，并设定系数，进而计算得出企业月度缴费部分计入职工个人账户的具体数额。基准值是以该企业当年的月度企业年金的人均基本值为基数，若干个关键指标主要是职工工龄、业绩贡献、日常工作表现、岗位类别。

（二）计算公式

每月企业缴费计入职工个人账户的月企业年金数额＝行业当年月补充年金基值×个人保险系数×工龄系数。其中，行业当年月补充年金基值是由当年各个行业的企业缴纳的企业年金加总计算得出，个人保险系数依据企业统　规定的若干个岗位工资等级确定。

五　工资比例计算法

（一）方法含义

工资比例计算法的原理和计算程序是：以职工本人一定时期内的实发

---

① 参见贵州省公路工程集团总公司：《关于印发〈贵州省公路工程集团总公司企业年金方案实施细则〉的通知》，2012 年4 月，百度文库（https://wenku.baidu.com/view/7221dd24bcd1-26fff7050bb1.html）。

工资总额为基数，用这一基数乘以一定比例得出的乘积，就是每个月企业缴费计入职工个人账户的金额。在实践中，有的企业还设置了激励调节机制，即在工资比例法的基础上再以设定的系数值，目的是鼓励职工提高工作业绩。这种激励调节机制的做法是，先根据职工个人缴纳养老保险费的年限和职工本人指数化月平均工资计算得出职工的月度企业年金缴费额，当职工的企业年金缴费每满一年时，企业便给其增加一定额度的奖励性资金，这笔奖励性资金计入职工的企业年金个人账户，具体额度等于职工本人的指数化月平均工资乘以一个调节激励系数；当职工在本单位的工龄每满一定年份时，企业还会给予其第二笔奖励性资金，第二笔奖励性资金的数额等于职工本人的指数化月平均工资乘以第一次的调节激励系数、再乘以第二次的调节激励系数之后的乘积。

职工每个年度的企业年金个人账户缴费总额 = (企业月缴费额计入职工个人账户的数额 + 职工个人月缴费额) × 12 (月)。其中，企业月缴费额计入职工个人账户的数额 = 上一年末职工个人的企业年金缴费基数 × 企业每年用于企业年金缴费比例 × 系数 1 × 系数 2 ÷ 12 (月)，上一年末职工个人企业年金缴费基数等于职工个人工资收入中的基本工资与岗位津贴之和[①]。职工个人月企业年金缴费额 = 企业月企业年金缴费额 ÷ 某个设定值。

（二）举例说明

假设职工甲某的指数化月平均工资是 100 元，第一次激励调节系数为 0.6，第二次激励调节系数为 0.3，甲某在本企业的工龄为 10 年，甲某的企业年金缴费年限为 10 年，当甲某的企业年金缴费满 11 年的时候，企业会给甲某增加一笔奖励性资金，这笔奖励性资金数额等于 100 元乘以 0.6，即 60 元；当甲某在本单位的工龄满 11 年的时候，企业给予甲某的第二笔奖励性资金数额等于 60 元乘以 0.3，即 18 元。无论是 60 元还是 18 元均按月计入甲某个人账户。

---

① 参见邓大松等：《中国企业年金制度研究》，人民出版社 2004 年版，第 106 页。

六 贡献梯次计算法

贡献梯次计算法主要分为三种类型，第一种类型是按照职工的服务年限确定企业缴费计入职工个人账户的数额，第二种类型是按照职工的工作业绩确定企业缴费计入职工个人账户的数额，第三种类型是按照职工的突出贡献确定企业缴费计入职工个人账户的数额。三种类型均为独立类型。

（一）服务年限确定法

服务年限确定法分为两种情况，一种情况是定额补贴算法，另一种是递进式比例算法。定额补贴算法的做法是，企业根据本单位职工的年龄结构和经济实力情况，设定若干个服务年限档，每个服务年限档均对应一个定额补贴值，职工的服务年限属于哪一个服务年限档，就享受哪一个档对应的补贴定额。举例说明：A 企业将服务年限设置为 8 档：5 年及以下、5—10 年、11—15 年、16—20 年、21—25 年、26—30 年、31—35 年、36 年以上，这 8 个档对应的年补贴定额依次为：10 元、20 元、30 元、40 元、50 元、60 元、70 元、80 元。递进式比例算法的做法是，企业根据本单位职工的年龄结构和经济实力情况，设定若干个服务年限档，每个服务年限档均对应一个归属比例，职工的服务年限属于哪一个服务年限档，就享受哪一个档对应的归属比例。举例说明：中国国际展览中心集团公司将服务年限设置为 9 档：满 5 年、满 6 年、满 7 年、满 8 年、满 9 年、满 10 年、满 11 年、满 12 年、满 13 年及以上，这 9 个档对应的归属比例依次为：20%、30%、40%、50%、60%、70%、80%、90%、100%。

（二）工作业绩确定法

企业根据本单位职工的工龄结构和职工的业绩贡献情况，设定若干个工龄档，每个工龄档均对应 2 个定额补贴标准，一个标准是普通业绩职工的定额补贴标准，另一个是特殊业绩贡献的定额补贴标准，职工对应享受定额补贴，补贴额计入职工的企业年金个人账户。举例说明：A 企业将工龄设置为 5 档：5 年及以下、6—10 年、11—15 年、16—20 年、20 年及以上，这 5 个档对应的普通业绩职工月定额补贴标准依次为：10 元、15 元、20 元、25 元、30 元；5 个档对应的特殊业绩职工月定额补贴标准依次为：15 元、20 元、25 元、30 元、35 元。

（三）突出贡献确定法

突出贡献确定法覆盖的对象是为企业做出杰出贡献的职工，例如职工被授予"全国劳动模范"或"全国五一劳动奖章"、获国家科学技术奖、入选政府设立的高端人才计划。对做出突出贡献的职工，企业在将企业年金缴费部分计入其企业年金个人账户的基础上，再给予其一次性奖励，奖励金计入职工的企业年金个人账户。奖励标准为定额，通常是本企业上一年度职工月平均工资额与奖励月数的乘积。

以上介绍的"效益 + 工龄"双指标计算法、"工龄 + 岗位"补充金计算法、缴存基值计算法、补充基值计算法、工资比例计算法、贡献梯次计算法等六种企业年金缴费计算方法均各有利弊。企业在确定企业年金缴费水平和计算方法时仍应注意以下两个问题。一是无论选择哪一种计算方法都应充分考虑本企业的实际情况，广泛征求职工意见和建议。二是制定补充标准或奖励标准时应遵循公平性原则，不同档之间的标准差不宜过大。

第三章 职业年金概述

2014 年 10 月 1 日起，我国全面建立机关事业单位及其工作人员职业年金制度。学术界开展了卓有成效的研究，取得了很多颇有价值的科研成果。但对国家实施职业年金目的和职业年金性质等内容仍存在不同看法。本章尝试分析机关事业单位及其工作人员（含军队和退役军人）职业年金的理论概念、法律属性、主要特征、性质等基础理论问题，为后文研究职业年金发展与改革历程奠定基础。

第一节 职业年金的基本概念、法律属性和主要特征

一 职业年金的基本概念

目前，国内学术界对职业年金的基本概念仍存在分歧。归纳而言，职业年金的基本概念可分为学术概念和制度概念。学术概念分歧较大，制度概念则具有高度统一性。

（一）学术概念

学术概念指学术界开展基础性研究定义的理论概念。学术界关于职业年金的学术概念存在分歧。有研究认为，职业年金是行政单位和事业单位为公职人员或职工提供的补充性养老保险的总称。具体而言，职业年金就是在国家统一监督、指导下，仅限于事业单位及政府机关依据自

身实际情况，由公职人员和事业单位共同缴费组成养老保险费，以符合事业单位工作性质、公职人员的职业特点，为公职人员提供退休收入保障的养老金保险制度①。有的研究认为，职业年金是针对机关事业单位工作人员建立的社会保险项目。也有观点认为，职业年金是养老保险第二支柱。还有学者认为，职业年金是和企业年金相同的企事业职工补充养老保险制度。此外，有的一些科研团队认同我国机关事业单位职业年金改革办法中提出的制度性职业年金概念（见表 3－1）。综上所述，我国学术界对职业年金的定义上存在分歧。不过，主流观点认同制度性职业年金概念。

表 3－1 国内学术界部分职业年金学术概念简要统计

	职业年金概念表述	作者（年份）
1	职业年金是用人单位在参加国家基本养老保险的基础上，为进一步提高职工退休后的生活水平，在国家政策指导和监督下实施的一种具有一定程度互济性和强制性的社会保险项目，是基本养老保险的补充和辅助。职业年金在我国是指公职人员的补充养老保险（目前主要为事业单位人员），在国外它简称企业补充养老保险	王珊珊（2010）②
2	职业年金是现代社会养老保险体系"三支柱"之一。在国外，职业年金也称为企业年金，主要指企事业单位公职人员的补充养老保险。在我国，职业年金是特指机关事业单位公职人员参与基本养老保险之外，在国家政策引导下自主建立的补充养老保险。从其实质上来讲，职业年金就是延期支付的员工薪酬，是一种长期薪酬安排	刘艺戈（2014）③
3	职业年金是指公职人员（包括公务员和事业单位工作人员）基本养老保险之外的补充养老保险，与企业年金同属养老保险三支柱模式中的第二支柱	曾蓉（2014）④

---

① 参见吕学静、康蕊《我国机关事业单位建立职业年金的几点思考》，《社会保障研究》2015 年第 1 期，第 108—114 页。

② 参见王珊珊《上海市事业单位职业年金制度初探》，《劳动保障世界》2010 年第 2 期，第 6 页。

③ 参见刘艺戈《建立中国特色的职业年金制度研究》，博士学位论文，武汉大学，2014 年，第 24 页。

④ 参见曾蓉《我国事业单位职业年金制度发展困境与改革思路》，《中山大学研究生学刊》2014 年第 2 期，第 119 页。

续表

	职业年金概念表述	作者（年份）
4	职业年金是我国公共部门养老的第二支柱	林东海（2014）①
5	职业年金是指根据国家相关政策规定，机关事业单位及其职工在依法参加基本养老保险的基础上，建立的补充养老保险制度	郑伟（2015）②
6	职业年金是指在社会基本养老保险保障的基础之上，为弥补基本养老保障的不足，提高机关事业单位职工的养老保障水平而建立的一项补充养老保险制度	袁少杰，韩鸿蕊（2015）③
7	职业年金是机关事业单位在参加国家基本养老保险的基础上，为进一步提高职工退休后的生活水平，在国家政策指导和监督下实施的一种具有一定程度互济性和强制性的社会保险项目	张学斌（2017）④
8	职业年金是机关事业单位养老保险的补充性制度安排，由单位和个人分别按缴费基数的8%和4%缴费，实行缴费确定型的待遇给付方式	张盈华（2017）⑤
9	机关事业单位职业年金是针对不同部门和职业人群设立的补充养老保险制度	龙玉其（2018）⑥
10	职业年金是我国养老体系的第二支柱，是针对机关事业单位及其职工的强制性补充养老保险制度	贾倩（2019）⑦

注：本表中列出的部分学术概念由本书著者自行整理。为了体现学术性概念现状，本书尊重提出者的学术思想，原则上未对原概念重新编写。读者如想进一步了解这些概念，可通过脚注中的参考文献查阅。

---

① 参见林东海《试论公共部门职业年金和廉洁年金的一体化——国际经验和中国的现实》，《中国软科学》2014 年第 9 期，第 46 页。

② 参见郑伟《美国 TSP 计划及其对中国机关事业单位职业年金制度的借鉴启示》，《经济社会体制比较》2015 年第 3 期，第 1 页。

③ 参见袁少杰、韩鸿蕊《浅析构建我国事业单位职业年金制度》，《法制与社会》2015 年第 7 期，第 151 页。

④ 参见张学斌《职业年金记账制度下的财政负担及替代率测算——以北京市为例》，《中国物价》2017 年第 12 期，第 42 页。

⑤ 参见张盈华《中国职业年金制度的财政负担预测与"实账运行"必要性》，《开发研究》2017 年第 4 期，第 27 页。

⑥ 参见龙玉其《英国职业年金制度的现状、改革及其启示》，《北京行政学院学报》2018 年第 6 期，第 93 页。

⑦ 参见贾倩《基层职业年金制度运行初探——以晋北 A 人社局为例》，《经济研究导刊》2019 年第 1 期，第 124 页。

（二）制度概念

制度概念指的是国家或政府在职业年金法律规章中定义的概念。2014年10月1日起施行的《机关事业单位职业年金办法》第二条规定"本办法所称职业年金，是指机关事业单位及其工作人员在参加机关事业单位基本养老保险的基础上，建立的补充养老保险制度。"这个制度概念是目前我国最权威的、最新的制度概念。本书采用这个制度概念。

（三）职业年金概念解析

1. 参加职业年金的组织主体。参加职业年金的组织主体是各级国家机关（含军队）和事业单位。

（1）国家机关。参加职业年金的国家机关可以分为两大类：一类是行使国家权力、管理国家事务的机关，包括国家权力机关、国家行政机关、审判机关、检察机关、监察机关、军事机关等。例如，全国人民代表大会、国务院、地方各级人民代表大会和人民政府、各级人民法院、各级检察院、军队、武警部队①。另一类是除了行使国家权力、管理国家事务的机关之外的法人组织，包括人民团体、民主党派等组织。

（2）事业单位。参加职业年金的事业单位指的是公益性事业单位和行政管理性事业单位，不包括生产经营性事业单位。

2. 参加职业年金的个人主体。参加职业年金的个人主体指在编在岗的公职人员和政府职工，不含编制外人员②。参加职业年金的个人主体指的是以下五类公职人员：

（1）政府公务员。2019年6月1日施行的新《中华人民共和国公务员法》第二条规定"本法所称公务员，是指依法履行公职、纳入国家行政编

---

① 由于军队和武警部队的特殊性，有些研究忽略了军队和武警部队，未将其列入机关单位。目前，军队及退役军人、武警部队及武警也依法参加职业年金。

② 我国法律法规中的"公职人员"指的是哪些人员？《中华人民共和国县处级以上公职人员财产申报公布法（草案）》第二条规定"本法所称公职人员，是指依法履行公共职务的国家立法机关、司法机关、行政机关、中国共产党和各个民主党派的党务机关、各人民团体以及国有企业的工作人员。"《公布法（草案）》中的公职人员都是参加职业年金的个人主体吗？当然不是，我国现行法律法规中的"公职人员"和参加职业年金的"公职人员"并不完全相同。

制、由国家财政负担工资福利的工作人员。"按照新《公务员法》规定，从事综合管理类、专业技术类、行政执法类工作的领导职务层次人员和非领导职务类职级序列人员都是公务员。

（2）国家机关工作人员。国家机关工作人员和公务员并不等同。公务员特指各级人民政府的公职人员，国家机关工作人员是指除了人民政府公务员以外的公职人员。在实践中，很多人将国家机关工作人员视为公务员，这是不准确的，例如民主党派公职人员是国家机关工作人员，但是不应被视为公务员。

（3）事业单位的在编在岗工作人员。我国的事业单位分为三种类型，参加职业年金的公职人员只能是公益性事业单位和行政管理性事业单位的公职人员。生产经营性事业单位的在编在岗工作人员不是参加职业年金的个人主体。

（4）政府雇员。政府雇员是指与政府机关签订合同的雇用制专业技术人员。政府雇员虽然没有行政编制，没有行政职务和行政权力，但政府雇员是职业年金的个人主体。

（5）工勤人员。机关事业单位中的在编在岗工勤人员是参加职业年金的个人主体。机关事业单位中的工勤人员包括占有编制工勤人员和非在编工勤人员两类，非在编工勤人员不可以参加职业年金。

需要进一步明确，国有企业不是参加职业年金的组织主体，国有企业工作人员也不是参加职业年金的个人主体。尽管《公布法（草案）》将国有企业人员定义为公职人员，但是国有企业工作人员不能参加职业年金，只能参加企业年金。对此，有的研究团队持反对观点，认为国有企业依法履行国有资产保值增值工作、管理和使用公有财产，工作人员是公职人员，也应该是参加职业年金的个人主体。这种观点是错误的，主要原因有两个：一是我国的《机关事业单位职业年金办法》并没有规定国有企业及其工作人员可以参加职业年金。二是国有企业及其工作人员不具备参加职业年金的条件。即便不考虑《机关事业单位职业年金办法》中的规定，国有企业及其工作人员也须同时具备以下四个条件才可以参加职业年金：单位是公有性质、职工为在编在岗人员、财政负担其工资福利、依法履行公共服务职能。国有企业及其工作人员具备上述四个条件中的三个条件，但是却不具备"财政负担其工资福利"这个条件，所以国有企业及其工作人员不是参加职业年金的组织主体和个人主体。

3. 建设前提。《机关事业单位职业年金办法》第二条明确规定，机关单位和事业单位建立职业年金制度的前提是必须先建立基本养老保险制度。

4. 法律地位。职业年金制度是一种补充性质、辅助性质的养老保险制度。《国务院关于机关事业单位工作人员养老保险制度改革的决定》和《机关事业单位职业年金办法》等制度都有规定。

二　职业年金的法律属性

职业年金的法律属性是一种强制实施的补充养老保险制度。这种强制性体现在很多方面，例如机关事业单位及其职工必须参加职业年金。理解职业年金的法律属性需厘清的是，职业年金不是商业保险，不是机关事业单位的一种公职人员福利制度，也是公职人员的当期激励制度，也不是"养廉金"。

三　职业年金的主要特点

（一）职业年金制度具有强制性

强制性是职业年金根本特性。2014 年 10 月 1 日施行的《国务院关于机关事业单位工作人员养老保险制度改革的决定》和《机关事业单位职业年金办法》都要求各级机关事业单位必须依法建立职业年金制度，强制性非常明显。《决定》使用的措辞为"应当"，《办法》使用的措辞也是"命令性规范"用词。

（二）职业年金缴费由机关事业单位及其工作人员共同承担

《关于机关事业单位工作人员养老保险制度改革的决定》第八条规定，

机关事业单位及其工作人员参加职业年金，需要按照各自的缴费基数和缴费比例缴费。《机关事业单位职业年金办法》第四条规定，职业年金缴费由机关事业单位及其工作人员共同承担。机关事业单位需将本单位缴费依法划入个人账户，划转基数是个人缴费基数，划转比例是8%。个人缴费实行积累制，全部计入个人账户。

（三）职业年金基金可以市场化投资运营

职业年金基金由四部分构成：单位缴费、个人缴费、基金投资收益他以及其收入。其他收入是兜底项目，一般指民间捐款等收入。《机关事业单位职业年金办法》和《职业年金基金管理办法》均规定，职业年金基金可以市场化投资收益。明晰基金投资收益规定，需要厘清三层含义：一是基金投资权利和基金来源。我国职业年金实行实账和虚账结合制度模式。实账管理指参保单位及其工作人员按月实际缴费，形成基金，这种管理方式适用于非财政全额拨款单位。基金投资收益指的是这笔实账积累基金的投资收益。记账管理指参保单位及其工作人员不实际缴费，没有积累任何基金，自然也就无法投资收益。这种管理方式适用于财政全额拨款单位[①]。二是基金投资原则。基金管理机构应遵循谨慎原则和分散风险原则，依法管理和运营基金，确保基金安全收益。基金投资范围和投资比例，基金管理办法已有明确规定。三是基金投资收益分配。参保单位和基金管理机构需依规将基金投资收益划入个人账户。

（四）职业/年金享受税收优惠政策

目前，我国层级最高的两项制度是财政部、人力资源和社会保障部、国家税务总局在2013年12月6日发布、2014年1月1日生效的《关于企业年金职业年金个人所得税有关问题的通知》（103号文件）和财政部、国家税务总局在2018年12月27日发布、2019年1月1日起实施的《关于个人所得税法修改后有关优惠政策衔接问题的通知》（164号文件）。

[①]　根据单位提供的信息采取记账方式，每年按照国家统一公布的记账利率计算利息，工作人员退休前，本人职业年金账户的累计储存额由同级财政拨付资金记实。

1. 103 号文件的税收优惠政策。第 103 号文件规定的个人所得税优惠政策体现在三个环节。

（1）缴费环节。参保个人可以享受的个人所得税优惠政策主要体现在以下几个方面。一是参保单位将本单位缴费划入参保工作人员个人账户时，本人免税。二是参保个人缴费可以享受 4% 免税额，计算基数为本人缴费工资计税基数。三是参保个人在"岗位工资＋薪级工资"不超过本地区上一年度职工月平均工资 300% 以内部分免税。

（2）投资收益环节。基金投资收益计入个人账户时，个人免缴个人所得税。

（3）待遇领取环节。参保人可以享受的个人所得税优惠政策分为过渡优惠措施和优惠政策实施后措施两种情况。如果参保人符合第一种情况，即在 2014 年 1 月 1 日以前缴费而在 1 月 1 日以后领取年金，则允许减除政策实施前已缴税额。如果参保人符合第二种情况，究竟如何缴纳个人所得税，还需要看其选择的是哪一种领取方式。具体缴税方式分为以下几种：一是按月缴税。即按月领取的年金应计入当月收入总额，按月税率缴纳个人所得税。二是按月分摊缴税。即按年领取、按季领取、参保人因为出境定居一次性领取以及参保人死亡后，指定受益人或法定继承人一次性领取等四种方式领取的年金余额应平均分摊计入各月（总额除以 12 个月或 3 个月），按月税率缴纳个人所得税。三是不分摊按月缴税。除按月分摊缴税规定的四种情况外，所有一次性领取的年金或余额，均不得分摊到各月，应将一次性领取的年金总额单独作为一个月工资薪金所得，缴纳个人所得税。

针对 103 号文件中规定的税收优惠政策，需要说明两点：一是 103 号文件中规定的税收政策同样适用于机关单位及其公职人员。103 号文件正式生效时间是 2014 年 1 月 1 日，当时国家尚未出台于 2014 年 10 月 1 日施行的《国务院关于机关事业单位工作人员养老保险制度改革的决定》和《机关事业单位职业年金办法》。因此，103 号文件只提到了"事业单位"，并未提到"机关"。《机关事业单位职业年金办法》第十条规定，职业年金税收政策按国家有关法律法规和政策规定执行。因此，103 号文件中的税收优惠政策应适用于机关单位及其公职人员（含军队和退役军人）。二是 164 号文件实施后，103 号文件中关于职业年金待遇领取时的个人所得税征缴政策被废止，因此本处不再论述。职业年金待遇领取个人所得税征缴政策在下文介绍 164 号文件时论述。

2. 164 号文件的税收优惠政策。164 号文件没有对 103 号文件中的职业年金缴费和基金投资收益环节税收政策做出修订，只对职业年金领取个人所得税做出修订，规定凡符合 103 号文件规定领取的职业年金，不再并入参保人当期综合收入，而是单独计税。参保人如果按照月领取职业年金，则适用月度税率计税；参保人如果按照季领取职业年金，平均分摊计入各月（除以 3），按月税率计税；参保人如果按年领取职业年金，则按综合所得税率计税。参保人因出境定居而一次性领取的职业年金或职工个人死亡后，指定受益人或法定继承人一次性领取的职业年金余额，按综合税率计税。对参保人除上述特殊原因外一次性领取的职业年金，按月税率计税。和 103 号文件相比，164 号文件规定的税收政策更加优惠，参保人在领取职业年金时少缴税或者不需要缴税。

（五）虚实结合基金管理方式

职业年金基金个人账户管理方式采用个人实账积累制，即采取"个人实账积累＋单位实账积累＋单位记账积累"结合模式。凡是财政全额供款单位，均采取记账方式，参保人退休前，本级财政部门将个人账户累计额和历年利息合并支付给参保人。非财政全额供款单位，均采取实账积累方式管理，依靠基金投资取得收益。

（六）职业年金基金产权属性

职业年金基金具有私人产权属性。这种属性主要体现在以下两个方面：一是在缴费环节，参保单位按照规定将本单位缴费一部分划入职工个人账户，划转标准为个人缴费基数的 8%；个人缴费部分归入个人账户。这说明职业年金具有私人产权属性。二是在基金投资收益分配环节，职业年金基金投资收益需要按照规定计入职工个人账户。这也体现了职业年金具有私人产权属性。

第二节 职业年金性质的学术分歧

关于职业年金的性质，我国学术界存在不同看法。尤其在机关事业单位全面建立职业年金制度前后，有些学者对国家实施职业年金目的、缴费渠道、年金双轨制、待遇水平等持批评态度，认为职业年金拉大了机关事业单位工作人员与企业职工的养老保险待遇差距。目前，学术界仍对职业年金的性质存在分歧。归纳而言，学术界对职业年金性质的看法主要有以下几种代表性观点：

一 国家减负论

国家减负论核心观点认为，职业年金的使命是帮助国家和政府分担基本养老保险责任，减轻国家和政府的压力。主要体现有：一是国家和政府为了鼓励职业年金的发展，实行 EET 税收优惠政策。二是参保人员实际缴费可减轻财政压力。三是我国机关事业单位退休人员养老金替代率过高，建立职业年金给国家和政府提供了下调养老金替代率的操作空间。四是我国机关事业单位养老金实行"国家无限责任制"，建立职业年金可健全多层次的养老保障体系，在一定程度上转移了国家和政府的无限兜底责任。五是建立职业年金可减轻改革阻力。一个典型的事件是，2008 年 3 月 14日，国务院下发了《关于机关事业单位工作人员养老保险制度改革的决定》，选取山西省、上海市、浙江省、重庆市、广东省开展事业单位养老保险制度并轨改革试点。但是，历经三年的试点改革最终失败，主要原因是利益难以协调。因此，建立职业年金可减轻改革阻力。六是在养老保障制度中，职业年金基金通过市场化投资，减轻了基本养老保险的财政支付压力，使得市场在资源配置中发挥决定性作用，让政府集中资源承担保障责任和保障水平。

二　健全体系论

健全体系论核心观点认为，建立职业年金制度是由于我国要建立多层次的养老保障制度体系，改革的要点和方向是构建"基本养老保险制度＋补充养老保险制度"框架体系，补充养老保险制度中包括职业年金。职业年金已是被国际经验普遍证明的规范、透明、公平的养老金制度。

三　并轨补偿论

并轨补偿论核心观点认为，在机关事业单位养老保险制度并轨制改革中，公职人员担心自己的养老保障水平降低，进而抵制改革。国家和政府为了保持机关事业单位职工的养老金待遇不变方才建立职业年金制度。职业年金的补偿机制指的是其对养老保险并轨改革的补偿机制，如同给机关事业单位公职人员增加了一项远期待遇。

四　社会公平论

社会公平论核心观点认为，养老保险双轨制引发了很多社会问题，社会争议很大，矛盾也较多。企业职工抱怨的主要表现有：一是自己实际缴费，养老金替代率却很低，机关事业单位不实际缴费，养老金替代率却很高，大约相当于企业职工养老金替代率的二倍。二是社会进步的主要表现是人人平等，企业职工的贡献也很多，不应该被歧视性对待。养老保险制度改革应注重人权，消除不公平问题。面对这些问题，社会公平论认为，建立机关事业单位职业年金制度后，机关事业单位工作人员实际缴费，履行了缴费义务，这有利于缓解社会矛盾，有利于促进社会公平。

五　职工福利论

职工福利论核心观点认为，对于养老保障双轨制而言，建立职业年金实质上是换汤不换药。机关事业单位建立职业年金如同给本单位公职人员增加了一项福利待遇。另一方面，国家和政府为职业年金提供了税收优惠政策，而且各级财政还给予多种补贴，故职业年金或许可能演变成为机关事业单位退休人员的变相福利。

六　勤政养廉论

养廉论核心观点认为，职业年金如同香港的廉洁年金制度。机关事业单位的公职人员在职业生涯中廉洁勤政，未犯重大错误或未发现腐败行为，在退休后可按照自己的工作年限、职务等一次性领取一笔退休金。之所以如此设计制度是因为目前我国机关事业单位的公职人员薪酬较低，很多腐败均为需求性腐败，职业年金制度可促进机关事业单位公职人员在职业生涯中廉洁勤政。不过，有观点持反对态度，指出职业年金并不能遏制机关事业单位的公职人员的腐败问题。

七　概要性评述

国家减负论、健全体系论、并轨补偿论、社会公平论、职工福利论、勤政养廉论从不同视角阐述了自己的观点。国家减负论、健全体系论、并轨补偿论和社会公平论主张的学术观点虽有一些道理，但不完全正确。职工福利论和勤政养廉论主张的学术观点与国家立法精神和政策主张皆不符。2014 年以来，关于职业年金改革的各项规章制度都将职业年金定性为机关事业单位及其工作人员（含军队和退役军人）的补充性养老保险制度，这一点是明确的、一贯的。

第四章 企业年金与职业年金辨析

企业年金和职业年金是分别针对不同性质法人单位和不同身份人群设计的两种补充性养老保险制度。企业年金和职业年金尽管存在很多区别，但两者之间也存在一些共同点。辨析企业年金和职业年金之间存在的异同，有利于提高人们对两种递延型养老保险制度的认识，有利于国家调整发展方向和改革重心，有利于政府进一步完善养老保险制度体系和创新管理模式。

第一节 企业年金与职业年金的区别

两者在产生背景、建立目的、缴费资金来源、行为规范约束机制、缴费比例限值、单位缴费基金权益分配等很多方面都存在差异。概言之，企业年金和职业年金的主要区别有以下几点。

一 产生背景

（一）企业年金制度产生背景

1. 经济改革方向和发展道路面临重大抉择。1987—1990 年，我国的政治、经济、社会形势比较严峻。在经济方面，1987—1988 年我国出现了1978 年以来第一个最严重的通货膨胀。和 1985 年相比，1986—1988 年的物价指数分别上涨 6%、13.7%、34.8%。主要原因是社会固定资产投资对资金猛增与政府财政补贴额快速增加之间的矛盾关系未得到科学协调，政府为解决财政赤字问题，超量发行货币，1988 年 8 月全国出现抢购风潮和挤兑银行存款的现象。为整顿严重的通货膨胀，国家以前所未有的举措历时三年对经济实行全面治理整顿。在政治方面，党和国家面临着究竟走计划经济道路还是走市场经济道路的重大抉择问题。走市场经济道路是大势所趋，但会导致计划体制对要素的调节作用减弱，企业发展、职工就业、保障制度建设等受市场机制调节和约束将进一步增强，如何处理好市场经济改革与企业职工保障权益之间的关系成为一个重要的社会问题。在此复杂的背景下，我国探索建立城镇企业职工补充性养老保险制度成为应对措施之一。

2. 国企改革力度不断加大和社会保障体系不断健全。社会保障体系不断健全与国企改革力度不断加大密不可分。1969—1977 年我国养老保险制度的组织主体单一，主要是国有企业办养老保险。1978 年以后国有企业经济效益总体下滑，养老保障支出压力增大，我国部分地区开始探索企业保障向社会保障转型，主要方向是探索建立养老保险"统账结合"制度模式，职工个人开始缴纳基本养老保险费。1985 年和 1986 年前后，国有企业为了转制和减轻养老保险支出压力，改革用工制度，引入劳动合同制，加上"三角债"等经济因素干扰，全国失业人数增多，社会保障开始受到高度重视。地方政府的积极探索积累了宝贵经验，国家在多种力量推动下于 1991 年下发了 33 号文件，正式确立"基本养老保险 + 企业年金 + 个人储蓄养老保险"多层次三支柱框架体系。

（二）职业年金制度产生背景

1. 双轨制并轨改革缔造了职业年金制度。这需要考虑两方面原因。一是机关事业单位退休人员养老金替代率远高于企业退休人员养老金替代率，社会各界意见很大，双轨制并轨改革势在必行，这为职业年金诞生预设了伏笔。1997 年国务院下发了《关于建立统一的企业职工基本养老保险制度的决定》，将城镇企业职工基本养老保险金预期平均替代率设置为58.5%。1999 年平均替代率上升到 69.18%，2002 年下降到 59.28%，

2005 年降到 47.94%，之后一直徘徊在 45% 上下。2011 年以来平均替代率降至 40% 到 42.9% 左右，远低于我国预期目标的 58.5%，也低于国际警戒线 50%①。这表明我国的养老金替代率低于国际水平②。1997—2011 年企业职工养老金替代率从 76% 下降到 44%，大大低于制度设计目标 60%③。2006—2012 年我国养老金平均替代率总体持续下降，企业职工养老金替代率从 2006 年的 49.2% 下降到 2012 年的 43.9%；机关事业单位职工养老金替代率从 2006 年的 72.2% 下降到 2012 年的 60.9%，尽管其处于下降趋势，但还是高出企业职工养老金替代率约 20 个百分点④。总体上看，1999—2013 年间我国机关事业单位养老金替代率大大高出企业职工养老金替代率⑤。对此，企业退休职工意见很大。社会各界主张应提高企业退休职工的养老金替代率，降低机关事业单位职工的养老金替代率，缩小两者差距，使差值保持在一个合理区间。在此背景下，我国最终决定开展并轨改革，职业年金与之同时诞生。二是机关事业单位工作人员担心并轨制改革会导致养老保障水平下降，对建立具有补充性质的职业年金制度意愿强烈。由于在双轨制并轨后，参加基本养老保险制度的机关事业单位工作人员需要实际缴费，他们认为自己的即期收入较少，对并轨制改革也有一些抵触情绪。为此，我国在并轨改革同时建立职业年金制度，以保障参保人退休后的生活水平。综上两点可知，职业年金制度是并轨制改革产物。

2. 机关事业单位抵制基本养老保险制度改革促使职业年金制度最终实

---

① 参见褚福灵《我国企业养老金替代率已跌破国际警戒线退休差距有扩大之势（3）》，2013 年 11 月，人民网，（http://politics.people.com.cn/n/2013/1101/c1001-23394210-3.html）。

② 国际劳工组织制定的《社会保障（最低标准）公约》（1952）规定，养老金最低替代率为 55%。按照国际经验，养老金替代率大于 70%，即可维持退休前现有的生活水平；如果达到 60%—70%，即可维持基本生活水平；如果低于 50%，则生活水平较退休前会有大幅下降。

③ 参见李珍《养老金替代水平下降的制度因素分析及对策》，《中国软科学》2013 年第 4 期，第 51 页。

④ 参见朱恒鹏等《与国际趋势一致的改革思路——中国机关事业单位养老金制度改革述》，《国际经济评论》2015 年第 2 期，第 22 页。

⑤ 实际上，机关事业单位离退休职工的养老金替代率在 80%—100% 的占比较高。

施，这需要考虑两方面原因。

（1）政府改革决心不足，改革进程摇摆不定，使得机关事业单位工作人员无法明确知晓利益预期。1986年国家在推进企业基本养老保险制度社会化改革同时下发了《关于发布改革劳动制度四个规定的通知》，提出了改革机关事业单位退休金制度，改革方向是建立基本养老保险制度。1991年国务院发布了《关于企业职工养老保险制度改革的决定》，规定由国家人事部和国家民政部制定具体办法。1992年国家人事部下发了《关于机关、事业单位养老保险制度改革有关问题的通知》，指出了养老保险改革面临的主要问题，明确了改革方向和改革方案制定进度。但此后的改革工作并无实质性进展，改革力度远不如企业职工基本养老保险改革力度。直到1994年前后，一些省份才自行探索事业单位养老保险改革，但参与改革的事业单位数量占比不高。2000年时，国家和中央政府的改革出现动摇。一方面规定机关事业单位工作人员依然执行退休养老制度，另一方面要求已经开展改革的省市保留改革成果，继续深化改革。这种做法无异于叫停了改革。综上所述，改革进程摇摆不定，使得机关事业单位工作人员无法明确知晓利益预期。机关事业单位工作人员并非不想改革，只是希望改革后自己的利益有增无减，职业年金成为一个很好的备选制度。

（2）政府改革措施不当，改革阻力大，职业年金成为平衡利益的政策工具。2008年3月份，国务院下发了《事业单位工作人员养老保险制度改革试点方案》，确定广东等5个省市开展改革试点，这次重启的改革引发广东省一些义务教育阶段学校停课和大学教授集中申请提前退休等问题，其余四个省市也在观望中拖延至试点结束，本轮为期三年的改革以失败而告终。2011年党中央国务院出台《关于分类推进事业单位改革的指导意见》（中发［2011］5号），但是养老保险改革并不顺利。2014年黑龙江省肇庆市和辽宁省盘锦市等地区的中小学教师停课、上访、游行，抵制养老保险改革。为什么我国的机关事业单位养老保险制度改革如此艰难？主要原因有：一是有的地区将事业单位分类改革将学校划为生产经营型事业单位，遭到教师抵制。二是一些地区的中小学教师的工资水平低，担心自己缴纳养老保险费以后，即期收入水平下降。三是机关单位不愿意缴费参保，突出表现是国家层面的机关单位改革积极性不高，地方机关单位仿效，导致全国机关单位改革滞缓。四是改革需要财政额外安排大量资金，各地区迫于财政资金约束压力，只好放弃。五是事业单位数量多、人员多、体系庞杂、牵涉面广，且事业单位改革需和机关单位改革联动，改革需要统筹考虑、把握时机、整体推进。此外，改革还受到公职人员观念和人员编制等问题制约。2014年党和国家终于排除万难，正式推行机关事业单位养老保险制度改革，职业年金在此背景和趋势下应运而生。

二　目的使命

（一）企业年金目的和使命

国家、政府行政管理部门、企业、金融机构等法人单位对建立企业年金目的和使命看法不同。国家高度重视社会稳定，政府人力资源和社会保障部门偏重健全多层次养老保障体系，提高养老保障水平。多数企业把企业年金当作职工福利和激励机制。金融机构把企业年金视为资金和财富的来源。

（二）职业年金目的和使命

国家和政府建立职业年金制度旨在确保机关事业单位养老保险制度并轨改革能够顺利推进，并确保机关事业单位公职人员的养老保障水平不因并轨而降低。同时也为了减轻财政压力，分担政府责任。

三　覆盖范围

（一）企业年金的覆盖范围

企业年金的参保主体是各类企业、生产经营型事业单位、社会团体、基金会、民办非企业单位、社会组织及其在岗在册职工。

（二）职业年金的覆盖范围

从组织主体角度看，职业年金的参保主体是各级机关、按照公务员法管理的单位、参公管理单位、行政管理型事业单位、公益型事业单位。从个人主体角度看，职业年金的参保主体是上述各类单位的在编在岗工作人员，包括公务员、国家机关工作人员、办事员、政府职工、工勤人员。编制外人员或劳务派遣人员不可以参保职业年金。

四 约束强度

（一）企业年金的制度约束强度

从参保企业及其职工的行为规范约束性角度看，企业年金具有一定的强制性，既不具有完全的强制性，又不具有完全的自由性。这一方面表明企业建立年金和职工参保都具有自主性和自愿性，企业可以自己组建企业年金基金理事会，可以自己选择账户管理人和投资人。国家和政府主要是从宏观上引导、指导、鼓励，从税收政策上给予扶持。另一方面，企业缴费部分划入职工个人账户的比例、企业年金基金的投资运行及权益分配、基金投资范围、个人所得税纳税基数等方面仍受到法律法规严格限制和政府严格监管，对此，企业不再有完全的自主性、自愿性和自由性。

（二）职业年金的制度约束强度

和企业年金相比，职业年金具有完全的强制性。这种强制性表现在很多方面，例如机关事业单位及其符合条件的在编在岗职工必须参加职业年金，按时足额缴费。再例如，职业年金基金投资范围、个人所得税纳税基数、职业年金待遇的领取条件等也受到法律法规严格限制和政府严格监管。

五 资金来源

（一）企业年金的缴费资金来源

企业年金的缴费资金来源于企业利润和职工个人扣款，财政不给予任何补贴。需要明确的是，企业年金的缴费资金来源和企业年金基金来源不同，后者还有一条资金来源渠道，即企业和职工参保缴费的投资收益。

（二）职业年金的缴费资金来源

职业年金的缴费资金来源是参保单位缴费、参保工作人员缴费、财政拨款，以及其他合法渠道。"其他合法渠道"是兜底性规定。参保单位和参保人员的缴费是主体。财政拨款渠道限于实账积累管理方式；记账管理方式暂无财政拨款，直到参保人退休前才记实拨付。

六 缴费比例

（一）企业年金的缴费比例

在企业年金中，无论是企业缴费比例还是职工个人缴费比例都不是一个固定的数值，而是一个区间值，国家只是规定了企业缴费封顶比例8%，企业和职工个人缴费合计封顶比例12%。至于实际的缴费比例是多少，由企业和职工协商确定。

（二）职业年金的缴费比例

在职业年金中，单位及职工个人的缴费比例都是一个固定数值，而不是一个区间值。单位缴纳比例为本单位工资总额8%，个人为本人缴费工资4%。

七 计税基数

在企业年金中，个人缴费工资计税基数为本人上年月平均工资。在职业年金中，个人缴费工资计税基数（月）＝职工岗位工资＋薪级工资。岗位工资加上薪级工资并非职工全部月收入，因为除了这两项收入项之外还有基础性绩效、岗位津贴和其他津贴等收入项。

八 账户虚实

（一）企业年金的账户虚实

在企业年金中，参保职工个人账户全部是实账积累，不存在也不允许实行记账式虚账管理。

（二）职业年金的账户虚实

职业年金基金实行虚实账户相结合的个人积累制度模式。财政全额拨款的机关事业单位缴费部分采取记账式管理，以适当减轻当期财政负担。在参保人退休前，本地财政部门将个人账户本息记实拨付。实账积累管理方式适用于非财政全额拨款的机关事业单位，收益来源于实账积累基金的市场化投资。

九　经办机构

（一）企业年金经办机构

在业务管理方面，企业内部的业务经办机构是基金理事会或相应部门，负责企业年金方案制定与修改、中止与终止、负责选择基金管理人。在转移接续方面，管理机构和受托机构负责具体业务。社保经办机构不参与上述两类企业年金业务。

（二）职业年金经办机构

在业务经办方面，社保机构（如养老保险中心）负责参保登记、核定缴费、个人账户、基金归积、转移接续、待遇领取等业务。和企业年金不同，社保经办机构参与职业年金业务。

十　调节法规

（一）企业年金调节法规

企业年金主要受《企业年金办法》《企业年金基金管理办法》《关于企业年金、职业年金个人所得税有关问题的通知》《关于做好企业年金职业年金个人所得税征收管理工作的通知》《关于个人所得税法修改后有关优惠政策衔接问题的通知》《中华人民共和国个人所得税法》等法规及政策文件调整和约束。概言之，企业年金主要受民法、社会法和行政法调节。

（二）职业年金调节法规

职业年金主要受《事业单位职业年金试行办法》《机关事业单位职业年金办法》《关于机关事业单位工作人员养老保险制度改革的决定》《职业年金基金管理暂行办法》《关于企业年金、职业年金个人所得税有关问题的通知》《关于做好企业年金职业年金个人所得税征收管理工作的通知》《在京中央国家机关事业单位工作人员养老保险制度改革实施办法》《关于个人所得税法修改后有关优惠政策衔接问题的通知》《中华人民共和国个人所得税法》等法规及政策文件调整和约束。概言之，职业年金主要受社会法和行政法调节。

十一　领取方式

（一）企业年金领取方式

和职业年金待遇领取方式相比，企业年金待遇领取方式比较灵活一些，合法具体领取方式有以下四种，其中前三种方式为直接领取方式，第三种方式为间接领取方式。

1. 按月领取企业年金待遇。规定按月领取方式的目的是，切实发挥企业年金的长期、稳定的养老保险功能。

2. 分次领取企业年金待遇。规定分次领取方式的目的是，便于企业年金待遇实际领取人综合考虑个人账户余额、个人所得税规定以及家庭实际需要等三个主要因素，做出最有利于自己的选择。

3. 一次性领取企业年金待遇。规定一次性领取方式的目的是，体现人性化制度内涵，为企业年金待遇实际领取人提供更多选择机会。出国（境）定居的企业年金参保人采取这种领取方式。

4. 间接领取企业年金待遇。间接领取方式是指，企业年金参保人将个人账户中累计的资金全部或部分购买商业养老保险产品。规定这种领取方式的目的是，进一步丰富补充养老保险方式。

企业年金待遇实际领取人可在四种领取方式中任选一种领取方式。当企业年金待遇实际领取人在确定某一种领取方式后是否可以更换领取方式，《企业年金办法》没有做出禁止性规定。也就是说，企业年金待遇实际领取人可以变更领取方式。不过，在实践中社保经办部门不允许企业年金待遇实际领取人变更领取方式。

（二）职业年金领取方式

和企业年金待遇领取方式相比，职业年金领取方式没有企业年金待遇领取方式多，也没有企业年金待遇领取方式灵活。职业年金待遇只有两种合法领取方式。

1. 间接领取职业年金待遇。实际领取人可将领取的年金一次性购买商业养老保险产品，依保险合同约定领取待遇并享有继承权。

2. 按月领取职业年金待遇。实际领取人可按计发月数计领月待遇标准，直到领取完所有待遇。

需要明确两点。一是参保人"本人"不可以变更领取方式，即当参保人选定两种方式中的任意一种方式后不得更换另一种领取方式。对此，《机关事业单位职业年金办法》第九条第一款做出了明确规定。二是职业年金的参保人在达到法定退休年龄后不可以一次性领取职业年金待遇。如此规定的目的是，切实保障参保人退休后的生活质量。如果参保人一次性领取职业年金待遇，则必须购买商业保险的寿险，目的还是保障参保人退休后的基本生活，防止参保人一次性领取职业年金待遇后将其全部消费，则参保人退休后的基本生活无法得到保障，有违职业年金制度建设初衷。如果参保人一次性领取职业年金待遇，则职业年金就成为一种零存整取的储蓄方式，丧失了社会保险的功能。

十二　统筹层级

（一）企业年金统筹层次

和职业年金制度不同，企业年金制度不具有法定强制性。企业年金由建立企业年金制度的企业依法在民主协商基础上独立、自主、自愿建立。

企业年金实行完全积累的个人账户制度模式。因此，企业年金不涉及"统筹"问题，也不存在"统筹层次"问题。

（二）职业年金统筹层次

和企业年金制度不同，职业年金具有法定强制性，必须由政府社保经办部门依法严格管理，所以职业年金涉及统筹层级问题。然而，职业年金统筹层次究竟是省级、市级还是区县级，《机关事业单位职业年金办法》并无明确规定。《机关事业单位职业年金办法》第十一条规定，职业年金的经办管理工作由各级社会保险经办机构负责。"各级"的起始层级指的是哪一级呢？《机关事业单位职业年金办法》第十四条规定，"县级以上"人力资源和社会保障部门、财政部门负责本地区职业年金执行情况监督检查。综上分析，现行法规并没有明确职业年金统筹层次是否为"省级"。因此，暂时还不能因为基本养老保险制度的统筹层次是"省级"，便将基本养老保险补充制度的职业年金的统筹层次推断为"省级"。有学者认为，很多地区和单位都是记账管理，个人账户没有资金积累，谈不上"统筹"和"统筹层次"问题，这种观点不正确。因为无论是实账积累管理方式，还是记账管理方式都是法律法规明确规定的个人账户管理方式。即便采取虚账管理方式也是合法的管理方式，也存在"统筹"和"统筹层次"问题。

十三　权益约束

（一）企业年金权益分配约束机制

企业年金权益分配的含义是建立企业年金制度的企业将企业缴费部分以及投资收益部分按照怎样的标准、渠道和方式划入参保职工的个人账户。《企业年金办法》规定，企业当期缴费计入职工个人账户的最高额与平均额不得超过5倍。此处提到的"平均额"指的是本单位所有参保职工的当期缴费额平均值。国家如此设定"封顶倍数"的目的是防止企业将企业年金权益给了特殊群体，例如领导层或某些"关系户"。《企业年金办法》规定，企业缴费及投资收益完全归属于职工个人的期限最长不超过 8 年。国家如此设定"封顶期限"的目的是鼓励职工合法流动。

（二）职业年金权益分配约束机制

和企业年金制度不同，职业年金制度没有企业年金制度中那些权益归属倍数和权益归属年限等限制性规定。在职业年金缴费环节，单位需将缴费按个人缴费基数 8% 划转个人账户。在职业年金基金投资运营收益环节，所在单位应按"规定"将本单位缴费投资收益计入参保工作人员的职业年金个人账户。但是，《机关事业单位职业年金办法》没有明确"规定"指的是什么法律法规或政策性文件。

十四　转移接续

《企业年金办法》和《机关事业单位职业年金办法》虽然都规定了企业年金和职业年金之间个人账户权益相互转移接续机制。但是，企业年金和职业年金的个人账户管理方式仍存在两点主要差别。

（一）个人账户过渡性管理方式数量不同

职业年金个人账户过渡性管理方式只有一种，即当个人账户无法转移时仍由原管理机构继续管理运营。企业年金个人账户过渡性管理方式有两种，一种是由原管理机构继续管理运营；另一种是由法人受托机构发起的集合计划设置的保留账户暂时管理。

（二）个人账户权益转移口径和标准不同

职业年金个人账户转移接续强调的是"资金"，企业年金个人账户转移接续强调的是"权益"。"权益"指公民受法律保护的权利和利益，"资金"的表现形式是货币。主要原因是两个：一是企业年金个人账户是完全实账积累，存在缴费资金和缴费资金市场化投资收益构成的"权益"。职业年金个人账户有实账积累和虚账管理两种方式。虚账管理的个人账户不存在缴费资金和缴费资金市场化投资收益构成的"权益"；实账积累的个人账户资金如果没有市场化投资运营，也不存在市场化投资获取的"权益"，仍是"资金"。二是各地区财政在用人单位统筹部分的补贴额度并不一致。因此，国家才暂时规定只可以转移职业年金中的个人账户资金。以后，随着我国社会保险制度的不断完善，职业年金中的单位缴费部分也可能允许转移。

以上对机关事业单位及其工作人员参保的职业年金制度和企业及其职工参保的企业年金制度进行了辨析，但没有辨析军队及退役军人的职业年金和企业年金的区别。退役军人的职业年金和机关事业单位的职业年金框架虽基本相同。但由于军队和退役军人的特殊性，退役军人的职业年金和机关事业单位的职业年金在缴费基数算法、补贴标准、补贴时间节点、补贴资金处理、转移接续等方面仍存在差别。因此，上述关于职业年金和企业年金辨析中没有包括军队及退役军人职业年金。军队及退役军人职业年金在后文的军人职业年金改革与发展历程一节中论述。

第二节　企业年金与职业年金的相同点

企业年金和职业年金均是单位为职工建立的补充性养老保险制度。概言之，企业年金制度和职业年金制度的相同点主要表现在以下几个方面。

一　法律地位

我国目前为机关企事业单位职工构建的是多层次、三支柱养老保险体系。无论在企业职工养老保险体系中，还是在机关事业单位工作人员养老保险体系中，企业年金和职业年金都是第二位、补充性的养老保险制度。

二　缴费机制

（一）企业年金和职业年金缴费主体数量相同

企业年金缴费主体是企业及其参保职工两方；职业年金缴费主体是机关事业单位及其参保工作人员两方。

（二）企业年金和职业年金的缴费基数相同

企业年金单位缴费基数是职工工资总额，一般是以上一年度的职工工资总额为准；职工缴费基数是本人缴费工资，一般是以职工本人上一年度月均工资额为准。职业年金中对应的两个缴费基数也是如此。企业年金、职业年金中的单位缴费基数、职工本人缴费基数都与基本养老保险制度中的单位缴费基数、职工本人缴费基数相同。

（三）企业年金和职业年金的计税基数上限相同

无论在企业年金中，还是在职业年金中，个人缴费工资计税基数超过本地区上年职工月平均工资300％以上部分，不计入计税基数。

三　经办机构

（一）企业年金经办机构

在政府监管方面，企业所在地县级以上人力资源和社会保障行政部门是企业年金方案报送备案经办部门，负责企业年金审查管理工作。在基金投资方面，企业年金基金的经办机构有委托人、受托人、账户管理人、投资管理人、托管人和其他为企业年金基金管理提供服务的自然人、法人或者其他组织，这些单位负责企业年金基金的投资运行收益与服务工作。

（二）职业年金经办机构

在行政监管方面，所在地县级以上人力资源和社会保障行政部门是职业年金业务经办部门。在基金投资方面，管理机构负责基金的投资运营，和企业年金不同，社保经办机构参与职业年金业务。

四　基金运营

企业年金基金和职业年金基金都可依法进行市场化投资运营，投资收益也均需按规定计入职工个人账户。企业年金基金和职业年金基金的管理机构及其遴选机制也基本相同。企业年金基金和职业年金基金对金融市场的促进作用虽仍存一些差别，但职业年金基金市场化投资运营步伐加快，作用逐渐显现。近年来，有的地方政府已将本地区实账积累的职业年金基金进行市场化投资运营。例如，2018 年 1 月，海南省印发了《海南省机关事业单位职业年金实施办法》，委托投资管理人职业年金基金市场化投资运营。2019 年 2 月末，中央国家机关及其直管事业单位实账积累的首笔职业年金基金开始市场化投资运营。

五 税收政策

我国对企业年金参保职工和职业年金参保工作人员都建立了 EET 个人所得税递延纳税制度。

（一）年金缴费环节个人所得税

1. 在税收优惠标准内免缴个人所得税。企业和机关事业单位的单位缴费部分，在计入企业职工和机关事业单位工作人员的年金个人账户时，个人免税。个人缴费部分可以享受 4% 税前扣除额，计税基数为本人缴费工资。

2. 超过税收优惠标准部分缴纳个人所得税。无论是单位缴费还是个人缴费，凡是超过上述允许扣税标准的部分，均需与个人当期的工资、薪金合并，依法缴税。

3. 封顶线以上部分不需要缴纳个人所得税。在企业年金中，职工缴费工资计税基数超过本地区上年职工月平均工资 300% 以上部分享受免税待遇。在职业年金中，个人缴费工资计税基数超过本地区上年职工月平均工资 300% 以上部分也享受免税待遇。

（二）基金投资环节个人所得税

企业年金基金和职业年金基金的市场化投资收益，在划入参保人个人账户时，参保人享受免税待遇。

（三）待遇领取环节个人所得税

无论是企业年金还是职业年金，参保人在退休后实际领取年金待遇时都需要依法缴纳个人所得税。虽然在缴费环节和投资环节可以享受税收优惠政策，但是在领取年金待遇时必须缴税。我国的 EET 制度是"暂时"不缴税，并非一直不缴税，不过是将缴税义务递延到个人实际领取年金待遇环节。2014 年 1 月 1 日施行的财税 103 号文件规定企业年金和职业年金参保人在实际领取年金待遇时，无论是按年领取还是按季度领取都需要并入综合所得，分摊到各月，然后按月税率计税。2019 年 1 月 1 日施行的财税 164 号文件取消了并入综合所得，施行全额单独计算应纳税款。这样一来，除了按年领取年金待遇适用综合税率计税外，按月和按季度领取年金待遇适用月度税率表纳税。也就是说，和 103 号文件相比，164 号文件给予参加企业年金的职工和参加职业年金的工作人员更优惠税收待遇。有些领取企业年金待遇和职业年金待遇的参保人就不用缴纳个人所得税或少缴税了。这是企业年金和职业年金的共同点。

六　个人账户

（一）转接权利

企业年金和职业年金的个人账户都可以转移接续。参保人职业流动时，个人账户内累计的全部资金或年金权益可一并转移。如果参保人升学、参军、失业、新入职单位没有建立年金，其个人账户仍由原来的管理机构管理运营。新单位已建立年金，原个人账户资金或权益随同转移。个人账户资金或权益可依法继承或赠予。

（二）对接办法

企业年金和职业年金之间可以相互转接机制。当企业年金的参保人的职业发生变化，具备参加职业年金的条件时，其原来参加的企业年金可以和职业年金对接。反过来，当职业年金的参保人职业发生变化，需要参加企业年金时，其职业年金也可以转为企业年金。2018—2019 年度全国部分省市出台了企业年金和职业年金转接的对接措施，对不同情况的对接办法做出了具体规定。例如，某公务员从机关流动到企业，再从企业流回到机关，之后又从机关流动到企业，再从企业流回到机关。这部分内容在后文介绍职业年金发展与改革历程时论述。

（三）账户资金

企业年金参保人在转移接续企业年金关系时可以转移个人账户所有权益。职业年金参保人在转移接续职业年金关系时只能转移个人缴费部分，不可以转移用人单位缴纳的部分，这主要是因为各地区财政在用人单位统筹部分的补贴额度并不一致。因此，国家才明确只可以转移职业年金中的个人账户资金。以后随着我国社会保险制度的不断完善，职业年金中的单位缴费部分也可能允许转移。

第五章　年金的理论基础

　　企业年金和职业年金均属于社会保障学范畴。在企业年金和职业年金发展进程中，经济学、社会学、政治学、管理学和法学等学科领域的很多研究者基于本学科或基于自己的研究方向跨学科研究企业年金和职业年金，形成了多元化的年金理论体系。概言之，年金理论主要有持久收入理论、储蓄生命周期理论、商业权益理论、人力资本折旧理论、延期工资理论、企业父爱制理论、效率工资理论、国家责任理论和国家限度理论。

第一节　持久收入理论

　　持久收入理论原本是经济学理论①，并非直接解释年金的基础理论。由于该理论阐述的暂时收入转化为长期收入可提高人们长期消费水平等观点适合解释老年生活水平，因此被学术界视为年金的基础理论之一。

一　持久收入理论的主要内容

　　1957 年美国著名经济学家米尔顿·弗里德曼（M Friedman）在普林斯顿大学出版社出版了学术专著《消费者函数理论》，提出了持久收入理论。

---

　　① 持久收入理论又被称为持久（永久）收入假说（Permanent Income Hypothesis）、持久（永久）收入消费函数、持久（永久）收入假说模型和持久（永久）收入假设消费函数模型。

持久收入理论主要分析社会个体的收入和消费支出之间的因果关系。它以消费者行为理论为基础，提出人的消费是为了一生的效用最大化。持久收入理论的主要内容与核心观点可归纳为以下几点。

（一）持久性收入的含义与计算方法

1. 持久性收入的含义。米尔顿·弗里德曼定义的持久性收入是指社会个体依靠拥有的财富在相当长的时期内经常能够获得的收入流量。理解持久性收入概念需要厘清三点：一是"长期"的时间长度。持久性收入理论中提到的"长期"并非虚指无底线和无限期，而是指时间长度在三年及以上，持久性收入理论研究的是在未来的三年及以上年份中，社会个体能够预期自己可以获得稳定的收入。二是资产类型和财富的界定。社会个体持有的资产类型指货币、债券、股票、人力资本、物质资本等各种资产；社会个体持有的财富总额指的是货币、债券、股票、人力资本、物质资本等各种资产核算出来的财富总额。人力资本的价值指社会个体对自己的能力进行投资所能赚取的收入，物质资本的价值指社会个体对物质资本进行投资赚取的利润。各种资产的总和价值可以用各种资产所能赚取的收入来表示。三是"收入"的含义。在经济学理论中，研究收入消费函数的理论较多，每个理论对收入都有自己的界定。其中，凯恩斯收入消费理论中的收入较具代表性。不过，米尔顿·弗里德曼的持久性收入和凯恩斯收入支出模式中的"收入"的含义不同，米尔顿·弗里德曼的持久性收入理论中的"收入"是指社会所有成员在相当长时期内的平均收入或正常收入，而凯恩斯收入支出模式中的"收入"是指当年实际获得的收入。因此，在理解米尔顿·弗里德曼持久性收入中的"收入"的含义时需分清它与其他经济学理论中的"收入"的含义。

2. 持久性收入的计算方法。持久性收入和"统计收入"不同，它是"统计收入"与"临时收入"的代数和。米尔顿·弗里德曼指出，持久性收入大致可以根据社会个体自己预期到的、若干年的收入的加权平均数计算得出，即持久性收入等于现期收入和前期收入的加权平均数，加权数的大小取决于社会个体对自己未来收入的预期，距离现在的时间越近，权数就越大，意味着收入是确定的；距离现在的时间越远，权数就越小，意味着收入存在不确定性。

（二）收入与消费的函数关系

社会个体的收入分为暂时性的收入（短期收入）和持久性的收入。两种收入都会影响社会个体的消费支出，区别在于，暂时性的收入和社会个体的消费支出之间构成的因果函数关系是不稳定的。因为，理性的消费者会让自己的效用最大化，所以在做出消费决策时一定会偏重考虑自己的持久性收入，即消费者会根据自己未来可预期的持久性收入做出消费行为。说白了，自己可以消费多少钱一定要看自己有没有长期稳定的收入，如果能够确定自己有稳定的收入来源，消费行为就会大胆一些；如果感觉自己的收入不稳定或没有确定的收入来源，消费行为就会收敛一些，则会考虑将有限的收入用于储蓄或者理性地分配消费资金和储蓄资金。只有长期的、稳定的持久性的收入才能和消费支出之间形成稳定的因果函数关系。因此，米尔顿·弗里德曼才指出"消费是持久收入的、稳定的函数"。

米尔顿·弗里德曼也指出虽然消费是持久收入的、稳定的函数，但并不是说暂时性收入（短期收入）不能影响社会个体的消费行为，个体的消费行为也受到短期收入的绝对水平的影响，也受到短期收入和以前最高收入关系的影响，只不过这两者对消费支出的影响程度不如持久性收入。米尔顿·弗里德曼认为，持久性收入与暂时性收入既有区别又有联系，暂时性收入对长期稳定消费支出的影响是间接的，是通过对持久性收入的影响而发生的，而持久性收入对长期稳定消费支出的影响则是直接的。

（三）持久性收入与货币需求量的关系

米尔顿·弗里德曼为什么用持久收入替代一般的国民收入呢？米尔顿·弗里德曼在货币需求理论函数中没有说明。而且，在货币理论研究中，学术界也未得出可以普遍接受的科学结论。举例说明，人们的理解如下：在长期中，如果人们的平均收入水平较为稳定，那么人们就会形成一个较为稳定的消费支出习惯，这时候消费习惯和货币需求量之间的关系一般来说较为稳定。人们不会因为收入的偶然减少或增加而改变消费习惯与货币需求量。如果收入增加，人们会通过购买公债；如果收入降低，人们一般会出售部分公债，目的旨在确保消费习惯稳定性。如果人们能够确认平均收入可以增加或减少到某个新水平，那么人们就会改变原有消费习惯，其对货币的需求量也会随之增减。此处的"平均收入"约等同"持久性收入"。

（四）持久性收入理论的调控功能

米尔顿·弗里德曼认为，虽然消费是持久性收入的、稳定的函数。但是，由于持久性收入的预期和计算受到多种因素影响，社会个体的预期是适应性预期，这种预期是不断的反复检验与修订、错了再试、使预期逐渐符合客观的预期，它和理性预期根本不同，理性预期是指人们预先充分掌握了一切可以利用的信息做出的预期。因此，所谓的持久性收入的稳定性只是相对的稳定性。如果政府计划采用增加或减少税收的政策影响总需求，将会难以奏效，因为社会个体不会把减税而增加的收入立即用于增加消费。

二 持久收入理论的指导价值

持久性收入理论在考察社会个体消费行为时不仅考虑了暂时性收入因素，也考虑了长期性收入因素。这对健全养老保障体系具有一定指导意义。人们的消费行为是持久的、终生的。为了保障老年生活应建立一种把暂时性收入转化成持久性收入的机制，将不稳定的暂时性收入转为长期的稳定收入。企业年金制度和职业年金制度就是这样的转换机制，两者如同一种社会性的储蓄行为，可弥补社会个体储蓄不足和基本养老保险金不足，进而让社会个体产生一种预期，即自己退休后可以获得稳定的收入。持久性收入理论对我国企业年金制度和职业年金制度发展与改革的指导价值并非其提出的居民收入和消费函数关系，而是不稳定的暂时性收入转为长期的稳定收入的转换机理内涵。

第二节　储蓄生命周期理论

储蓄生命周期理论和米尔顿·弗里德曼提出的持久收入理论一样，原本也是经济学理论[①]，主要从社会个体有计划的生命周期行为来解释其储蓄决策。储蓄生命周期理论对年金发展的指导价值与持久收入理论对年金发展的指导价值相近，这是其被学术界视为年金基础理论之一的原因。

一　储蓄生命周期理论产生背景

1929—1933 年全球资本主义经济体遭遇了前所未有、持续时间最长、影响最深刻、后果最严重的周期性经济危机。这场发源于美国的经济危机在理论界产生的一个直接结果是催生出闻名世界的凯恩斯经济学。英国著名经济学家梅纳德·凯恩斯（Maynard Keynes）研究了有效需求、投资、储蓄以及三个要素对经济复苏的影响，主张通过扩大有效需求拉动经济增长，消除经济滞涨。凯恩斯认为社会居民收入和储蓄额具有正相关关系，社会居民收入和储蓄额占收入比重之间也具有正相关关系。社会居民究竟能将多少收入用于储蓄，取决于其现期收入和短期收入。凯恩斯研究发现：在一个经济增长的环境中，总量储蓄在国民收入中的占比将稳定上升。凯恩斯的储蓄理论为被学术界普遍接受。但是，凯恩斯的消费储蓄理论此后遭到一些学者的质疑和批评。有的学者研究后发现，使用 1929—1941 年美国历年数据和 1948—1988 年美国历年数据计量得出的消费函数差异很大，与凯恩斯的研究发现并不一致。在质疑和批评凯恩斯绝对收入假设理论的学者中，美国著名经济学家西蒙．库兹涅茨的影响力最大。1946 年西蒙．库兹涅茨使用 1869—1933 年美国居民长期消费数据，在分析了凯恩斯理论的科学性和适用性问题之后，指出凯恩斯理论与现实经济

[①]　储蓄生命周期理论又被称为生命周期假说（Life Cycle Hypothesis）、持久财产理论、消费与储蓄生命周期假说、生命周期假说消费与函数模型、生命周期假说消费函数和莫迪利安尼消费函数。

增长并不一致，甚至存在逻辑矛盾和因果错误。西蒙.库兹涅茨研究发现：在美国经济体内，社会个体收入增长后，国民收入中的储蓄份额并无长期上升现象①。凯恩斯的研究结论和西蒙.库兹涅茨的研究发现不一致，学术界也难以证明谁的研究结论正确，故将这种现象称之为"消费函数之谜"或"凯恩斯－库兹涅茨悖论"。这一理论之谜不久便成了学术界主要研究内容。

储蓄生命周期理论诞生于这一学术争议背景下。诺贝尔经济学奖获得者、美国经济学家弗兰科·莫迪利亚尼（Franco Modigliani）和理查德·布伦伯格（Richard Brumderg）合作发表了学术论文《效用分析与消费函数：横截面数据的一种解释》②。次年他们再次合作发表了学术论文《效用分析与消费函数：统一的释义》③。这两篇代表论文被学术界认定为储蓄生命周期理论的起源之作，解释了消费函数理论和消费统计数据之间的矛盾。同时，该理论也成为西方经济学研究基本养老金问题基础理论之一④。

二　储蓄生命周期理论学术思想

（一）假设前提

储蓄生命周期理论提出了三个假设前提。一是社会个体的消费行为理性，在生命周期各阶段都能合理分配使用全部收入。二是社会个体以追求自我效用最大化为唯一目标，基于此目标做出消费决策。三是社会个体在满足前两条假设前提下合理消费与储蓄，让生命周期各阶段收入额等于各阶段消费额，最终使整个生命周期的收入总额等于整个生命周期的消费支

①　Simon Smith Kuznets, *National product since 1869*, New York：National Bureau of Economic Research, Inc., 1946, pp. 57 – 120。

②　Franco Modigliani & Richard Brumberg, *Utility analysis and the consumption function：An interpretation of cross-section data*, London：Allen and Unwin, 1955, pp. 388 – 436。

③　Franco Modigliani & Richard Brumberg, *Utility analysis and aggregate consumption functioons：an attempt at integration*, Massachusetts：MIT Press, 1980, pp. 79 – 127。

④　读者如想进一步了解 Franco Modigliani 和 Richard Brumderg 的学术观点。还可参见孙德圣《大师小传：1969—2003 年诺贝尔经济学奖获得者全景》，山东人民出版社 2004 版，第 166—173 页。

出总额。

（二）主要观点

1. 消费取决于生命周期各阶段预期收入，而非现期收入。储蓄生命周期理论主要研究社会个体生命周期内的全部预期收入对消费支出的影响。储蓄生命周期理论认为，理性的社会个体会根据生命周期各阶段全部预期劳动收入和财产收入来安排消费，确保各阶段消费平稳，最终达到在生命周期内消费收益最大化，使整个生命周期内全部消费支出额等于整个生命周期内全部劳动收入与财产收入之和。理性的社会个体在整个生命周期内的消费规律可以总结为：用工作阶段的收入支撑退休后的纯消费。

2. 社会人口结构影响边际消费倾向。储蓄生命周期理论关注的是，年轻人占总人口比重以及年轻人口与中老年人口的比例关系，在此基础上分析社会边际消费倾向和边际储蓄倾向。储蓄生命周期理论主要考察社会人口结构演变趋势与边际消费倾向、边际储蓄倾向变动趋势之间的关系。假如社会人口结构在一段时期内较为稳定，则从长期来看边际消费倾向也较为稳定。如果社会人口构成比例发生变化，边际消费倾向和边际储蓄倾向也会随之发生变化。当一个社会中年轻人与老年人之比扩大时，消费倾向会提高，储蓄倾向就较低；如果中年人比例增大，储蓄倾向较高，消费倾向会降低。概言之，整个社会不同年龄段人群的比例结构会影响总消费与总储蓄。年轻人偏爱消费，不偏爱储蓄；中老年人偏爱储蓄，不偏爱消费。

（三）评价和不足

1. 简要评论。一是储蓄生命周期理论研究了社会个体整个生命周期中预期财富总和（收入＋资产）对消费的影响，社会个体储蓄与其生命周期相连，且具有一定规律。在不同周期阶段，影响社会个体储蓄习惯的因素不同。储蓄生命周期理论解析了"消费函数之谜"，剖析了长期消费稳定性和短期消费波动原因：长期趋势下，财产和可支配收入之间的比率关系、劳动收入和可支配收入之间的比率都具有稳定性，决定了平均消费倾向稳定，边际消费倾向与平均消费倾向趋近。然而，从短期趋势看，财产和可支配收入之间的比率关系可能会因资本市场价格变动冲击而缺乏稳定性。二是储蓄生命周期理论与凯恩斯的消费理论既有相同点，又有一些差别。储蓄生命周期理论主要研究社会个体在较长时期内或整个生命周期的生活消费，社会个体尽可能让生命周期各个阶段的消费收益最大化，以确保整个生命周期的消费收益最大化，属于长期趋势分析；凯恩斯理论主要研究在一定时期内社会个体生活消费与可支配收入之间的因果关系，属于短期特征分析。

2. 不足之处。学术界对储蓄生命周期理论的批评主要集中在一些假设条件上，认为储蓄生命周期理论的学术观点具有理想色彩。学术批评可归纳为以下几点：一是储蓄生命周期理论没有考虑社会个体的储蓄利率这个变量。二是社会个体的生命周期和预期寿命没有确定性，这是该理论的不足之处。三是储蓄生命周期理论认为，社会个体的消费决策和行为完全理性，能够做到将整个生命周期内的所有收入全部消费和储蓄，使终生收入额等于终生消费额。到生命终结时正好用完终生积蓄。批评者认为，社会个体的消费行为不具有完全的理性特征，无法对整个生命周期内的消费和收入分配做出理性规划。四是社会个体在工作时期内的年度收入不可能始终保持不变，储蓄生命周期理论属于静态分析。五是社会个体不给子孙后代留任何遗产，这也是储蓄生命周期理论不足之处。六是社会个体在整个生命周期内不可能一帆风顺，有可能会经历重大社会动荡。因此，社会个体的一切决定和行为都处于变动中。七是储蓄生命周期理论忽视了流动性约束的影响①。一般来说，社会个体受流动性约束制约，很难实现在整个生命周期内做到有计划、有规划、均匀的生活消费。

不过，也有观点支持储蓄生命周期理论，不同意上述批评观点。例

---

① 流动性约束是指企业与居民等经济活动主体因其货币与资金量不足，且难以从外部（如银行）得到，从而难以实现其预想的消费量。

如，支持观点指出，在储蓄生命周期理论中加入储蓄利息、遗产等更符合现实的变量，储蓄生命周期理论也是成立的。

三 储蓄生命周期理论指导价值

（一）储蓄生命周期理论融合了多种支撑年金发展的生命周期理论观点

学术界从不同视角研究社会个体的生命周期，划分了一些生命周期类型。生物生命周期、心理生命周期和社会生命周期是较具代表性的三种类型。生物生命周期是从生理变化的角度看社会个体的发展，指出人的生命具有单向性和不可逆转性。心理生命周期指的是按照社会个体的社会心理发展划分的周期，典型理论是埃里克森（Erik H. Erikson）的八阶段人格演变周期论[①]。生物生命周期和心理生命周期分别从社会个体的年龄老化和心理老化角度解释各自对养老保障理论的指导价值。社会生命周期是从社会个体参与社会活动的视角划分社会个体的生命周期的周期，它分为职业生命周期和财富收入生命周期。职业生命周期和社会个体的职业生涯有关，进而与养老保险相关；财富收入生命周期与社会个体的收入、消费、储蓄有关，进而与养老保险相关。储蓄生命周期理论把社会个体的整个生命周期划分为三个阶段：年轻阶段、中年阶段和老年阶段。研究发现，当社会个体处于年轻阶段时，偏爱消费，不偏爱储蓄，导致有限的收入过度消费（可能会贷款消费）。当社会个体进入中年阶段后，开始储蓄养老资金，消费占收入的比重会出现下降趋势。当社会个体进入老年阶段后，依靠养老金生活，偏重储蓄，不偏爱消费。储蓄生命周期理论虽然主要从社会生命周期角度解释其对养老保障的指导价值，但是也融合了生物生命周期和心理生命周期的理论观点。

---

① 参见爱利克·埃里克森（Erik H. Erikson）《童年与社会》，高丹妮，李妮译，世界图书出版公司北京分公司 2018 年版，第 227—247 页。

（二）储蓄生命周期理论的不足为年金发展提供了理论依据和 政策方向

储蓄生命周期理论认为，社会个体在职业生涯过程中储蓄养老资金，以确保晚年消费平稳。由于假设条件严格，储蓄生命周期理论的现实功能受到约束。例如，储蓄生命周期理论要求社会个体能够较为准确地预测未来的收入，但在现实生活中，由于信息不对称性、通货膨胀、利率变动等因素影响，社会个体无法准确预测未来的收入，也难以知道自己应该储蓄多少财富。这就需要国家、政府、社会合力提供制度安排，以实现社会个体的这种跨时期储蓄的需要，这是企业年金制度和职业年金制度存在和发展的条件。因此，储蓄生命周期理论的不足为我国建立企业年金制度和职业年金制度提供了理论依据和决策方向。

第三节　延期工资理论

持久收入理论和储蓄生命周期理论本是经济学基础理论，并非直接解释企业年金和职业年金的基础理论。我国学术界只不过是采纳了两种理论中可用于解释年金的内涵来分析企业年金和职业年金的发展与改革。目前，学术界企业年金和职业年金的性质仍存在争议，有一种观点坚持认为企业年金和职业年金就是延期工资。尽管"延期工资"这一概念未被国家以法律法规形式认同，但延期工资理论在学术界却备受认可。国家和政府在法律法规制度和政策文件中也采用了延期工资理论的思想，例如在企业年金和职业年金个人所得税规定中使用了"递延纳税"一词，用词虽不是"延期"，但"递延"和"延期"在企业年金和职业年金中的含义可以视为等同。和持久收入理论和储蓄生命周期理论相比，延期工资理论是直接解释年金的理论，属于社会保障学理论。就此而言，在社会保障理论体系中，延期工资理论比持久收入理论、储蓄生命周期理论享有更高的学术地位。

一　延期工资的基本理论含义

延期工资的理论概念可以简单地定义为以养老金形式发放的即期工资。延期工资的策略是，用人单位制定两方案供职工选择，一种方案是用人单位提高职工的即期工资，另一种方案是用人单位不提高职工的即期工资，而是在职工退休后，向其支付养老金。职工必须在两种方案中选择一种方案。如果职工选择在退休后领取养老金，就是将自己的即期工资转移到退休后领取，这时养老金就如同延期支付的工资。也就是说，职工的养老金原本就是职工即期工资的一部分，被用人单位分成了即期工资和延期工资两个部分，而延期工资是以年金形式出现。

理解延期工资含义时需要明晰，延期工资和延期支付不同。延期工资特指针对年金定义的概念，认为年金是延期支付的工资，是工资延期支付方式之一。延期支付不是特指针对年金定义的概念，它可能和年金无关，也可能和年金有关，当涉及养老保障金时就和年金有关，否则就无关。因此，从包含关系上看，延期支付包括延期工资。

二　延期工资理论的学术起源

延期工资理论最早是分析企业年金的基础理论。1913 年美国学者艾伯特·D. 路德（Albert de Roode）提出，职工退休金是其工资组成部分[①]。之后，学术界在艾伯特·D. 路德这一观点基础上提出了延期工资理论。美国人事管理经济家爱德华·拉齐尔（Edward P. Lazear, 1998）在《人事管理经济学》中进一步完善了延期工资理论，爱德华·拉齐尔从企业和职工行为策略角度分析了两者选择延期工资的动机和目的，认为企业选择延期工资的动机和目的是使用税前养老金基金投资，进而获取更多的经济收

---

① 参见邓大松、刘昌平《中国企业年金制度研究（修订版）》，人民出版社 2005 年版，第157 页。艾伯特·D. 路德提出"要充分了解退休金的概念，就必须将退休金给付视为职工工资一部分。虽然退休金费用可由劳资双方共同分担，但目前的趋势应全部由企业负担，由于企业往往取消现金工资的增加，以建立养老金制度，使得退休金费用由企业负担的观念混淆不清。这种行为无疑使职工以放弃货币工资增加为代价来换取退休金，是企业将退休金费用转嫁给职工承担。

益。职工倾向于选择延期工资的动机和目的是为了不纳税或少纳税，进而增加自己的总收益；而且爱德华·拉齐尔还指出企业职工选择延期工资的一个深层次动机是不希望因为自己索取更高的即期工资而导致企业破产，否则自己的总收益就会减少，尤其当企业处于经济不景气时，更不能向企业提出增加过高即期工资的要求①。我国的邓大松、刘昌平和杨长汉等著名学者也从社会保障、人力资源、管理学和经济学等角度分析延迟工资理论，并将延迟工资理论用于解释我国的企业年金发展，丰富了延迟工资理论体系。例如，董志强（2001）研究指出，当职工认为自己晋升无望或临近退休时就会消极怠工，如果单位在其职业生涯早期支付低于其所值的工资，而在职业生涯末期支付高于其所值的工资，陡峭的年龄－工资剖面曲线就可能起到积极的激励效果②。

三　延期工资理论的观点争议

延期工资理论遭到了一些研究者的质疑甚至是批评。这些质疑和批评观点（以下称反延期工资论）主要有如下几点。

（一）即期工资拆分论的观点不准确

反延期工资论指出，延期工资理论将企业年金视为企业职工即期货币工资的组成部分，进而提出即期工资拆分论，即职工工资＝即期工资＋延期工资（企业年金）。然而，事实并非如此，企业除了按照一般的行业货币工资水平向职工支付即期工资以外，还向职工提供企业年金。企业年金是企业在给职工涨工资同时额外提供的，这与增加的即期货币工资无关，并不是替代了货币工资的增加，没有扣减职工的即期工资。企业给职工涨的工资与支付给职工的企业年金待遇是两回事儿。可以说，反延期工资论不认为企业拆分了职工的即期工资并将其转移到职工退休后以企业年金形

---

① 参见 Edward P. Lazear, *Personnel Economics For Managers*, Hoboken：John Wiley & Sons, Inc., 1998, p. 45。

② 参见董志强《延期报酬理论及其在我国的应用》，《经济管理》2001 年第 18 期，第 19—22 页。

式支付，而是认为企业同时承担两方面责任，一个责任是给职工提高即期货币工资，另一个责任是向职工支付企业年金待遇。

（二）延期工资理论忽视了企业自愿减少利润的动机和事实

反延期工资论指出，延期工资理论暗含了一个理论假设，即企业在确保自己利润不变的基础上，用职工的工资为职工建立企业年金制度。这种观点忽视了企业的动机和事实。有的企业自愿减少自己的经济利润，将其转移给职工，并没有侵占职工的工资。延期工资理论恰恰忽略了这些动机和事实，低估了企业的责任。

（三）延期工资理论没有充分考虑企业年金待遇的领取条件和方式

反延期工资论指出，延期工资理论认为，企业职工只要退休就可以领取企业年金待遇，然而却没有充分考虑到职工中途离职、死亡等情况下该如何领取企业年金待遇问题。如果认定企业年金是职工工资的组成部分，那么职工在离职的时候有权利领取离职前积累的企业年金。然而，实际情况是，只有很少的企业实际履行了支付企业年金待遇的义务，即企业并没有及时提供全额的企业年金待遇，这等于说企业剥夺了职工的工资。对此，延期工资理论解释说，职工离职时，企业并不一定必须及时提供全额的企业年金待遇。理由是，企业年金如同人寿保险，被保险人只有活到保险到期日，才能得到全额给付金，如果被保险人在保单到期日之前去世，那么就什么也得不到。这也就是说，如果职工离职，就有可能领不到企业年金待遇。对此，延期工资理论解释道，职工能否领取到企业年金待遇以及能领取到多少企业年金待遇还要取决于职工的效力年限，如果职工没有达到最低的服务年限就离职，则必须放弃对企业年金利益的请求权。职工只有达到合同约定的工作年限，才能获取企业年金权益。

四 延期工资理论的简要评述

（一）延期工资理论的评价存在两种对立观点

1. 职工工资分解论。工资分解论认为，延期工资理论假定职工和企业都是基于总劳动力成本角度考虑企业年金，如果职工要求企业提供企业年金福利，企业用于增加职工即期工资的资金数量就会相应减少。有研究指出，把企业年金作为职工的真实工资的一部分更好理解，因为企业年金由职工自己缴费，是职工放弃参加企业年金获取的工资。对此，有观点并不十分认同，指出，"真实工资"的看法不够准确，因为有的企业年金是由企业自行承担，或者企业与职工各承担一部分。因此，如果把企业年金理解为真实工资的一部分虽然也有一些道理，但是却容易引起混乱，毕竟有的企业实际承担了部分缴费，企业年金并不唯一的来自于职工的即期工资。

2. 企业利润转移论。利润转移论指出，企业建立企业年金制度使用的是企业自己的经济利润，等于减少了自己的经济利润，将其转移给了职工，与职工的工资没有任何关系，职工的工资并没有因为建立企业年金制度而减少。利润转移论反对职工工资分解论。

（二）延期工资理论混淆了企业年金的养老保障法定性质

延期工资理论认为，企业年金是职工即期工资的延期支付，无论这笔工资是职工即期工资的转移还是企业利润转移，该视角都是侧重经济利益角度，从企业微观视角考虑问题，从企业人力资源战略管理角度考虑问题；并没有从补充养老保险制度设计角度考虑问题，没有从国家建立多层次养老保障制度体系角度考虑问题，也没有从社会稳定角度考虑问题。目前，企业年金是我国多层次养老保障制度体系的组成部分。

五 延期工资理论的指导价值

（一）延期工资理论为用人单位和职工参加年金提供了理论指导

延期工资理论认为，年金是用人单位给职工增加工资的替代方式。职工如果放弃增加即期工资的权利，退休后就可以领取到一定数额的养老保障金。延期工资理论指出，用人单位建立年金制度的动机或许是为了建立激励机制，或许是为了利用税收优惠政策节约成本。职工接受延期工资做法的原因主要有两点：一是可以享受递延纳税优惠政策，节省个人所得税。二是可以增加更多的投资收益。职工或者自己用薪酬投资收益，或者从年金基金投资收益中获益，一般来说基金投资多元化和专业化，收益要高于职工自己投资收益。

（二）延期工资理论为国家引导年金发展奠定了理论基础

延期工资理论指出，一般而言，职工喜欢即时消费，对即期货币工资的支配使用经常缺乏计划，导致职工退休后的基本生活安全难以得到保障，增加了国家和政府的负担。因此，将工资延期转为养老金为国家和政府引导职工跨时期消费、平衡生命周期不同阶段的消费提供了一种很好的制度工具。

第四节 企业父爱制理论

企业父爱制理论是企业年金基础理论，因其最早由企业雇主提出，故又被称为雇主父爱主义理论。目前，我国企业年金理论界有一种观点，认为企业父爱制理论源于社会学理论体系中的国家父权制理论。尽管国家父权制理论为企业父爱制理论提供了思想源泉，但从企业父爱制历史起源看，企业父爱制理论应属于社会保障学理论，而非社会学理论。

一 企业父爱制理论的建立动机

全球企业年金起源与历史发展实践证明，大多数企业年金都由企业雇主自发创立，这与国家强制、政府主导、社会压力和法规规制等因素都没有什么关系。一些欧美国家的企业在为职工建立保障制度的初期，都是自愿地为职工建立企业年金[①]。这表明，企业建立企业年金制度完全是自主和自愿的，没有受到来自政府和社会的压力。据此而言企业建立企业年金制度的动机是善意的，具有父爱内涵。换言之，企业建立企业年金计划的

[①] 参见杨长汉《中国企业年金投资运营研究》，经济管理出版社 2010 年版，第 18—19 页。

主要动机在于企业有一种与控制职工的愿望联系在一起的父爱主义传统。原因是，企业把职工视为"不够理智"的孩子，建立企业年金制度可以帮助这些不理智的"孩子"积累资金，同时也可以使用企业年金激励职工的工作积极性和归属感，进而提高企业的生产率和市场竞争力。埃佛里特·T. 艾伦的研究结论也充分证明，企业建立企业年金制度的动机是为了彰显对职工的父爱关怀。

二 企业父爱制理论的主要观点

（一）短视的过度挥霍

坚持这种观点的学者认为，企业年金计划的时间周期太长，职工在年轻时不爱积累，偏爱消费，导致储蓄过少。诺贝尔经济学奖获得者、美国著名经济学家与社会保障学家 Peter. A. Diamond（1977）在其养老保险理论研究代表作《社会保障体系分析框架》一文中指出，企业职工在年轻时储蓄过少的可能原因主要有三个：一是职工认为距离退休的时间太长，自己很难获取足够信息，以决定究竟储蓄多少财富用于养老。二是人的一生中风险无处不在，制约储蓄决策的意外因素太多，职工很难对长期经济问题做出有效且准确的决策。三是职工并非做任何决策都能保持理性，由于职工在决策时经常受到非理性因素的影响（例如冲动性消费和攀比性消费），导致没能为退休后的生活配置足够权重的养老金[1]。

（二）理性的过度挥霍

坚持这种观点的学者认为，职工在年轻时并非缺乏长远眼光和规划，恰恰是因为职工充分预期到了自己在退休后的需求，并且还预期到届时国家、政府、企业、社会成员和子孙后代将会采取措施，以保障老年人的生活安全。当老年人因贫困、疾病、伤残等原因陷入生活困境时，国家、政府、企业、社会成员等各方力量不会任由贫穷老人普遍存在，社会个体不

---

[1] 参见 Peter. A. Diamond. A Framework for Social Security Analysis［J］. Journal of Political Economics, Elsevier, vol. 8, No. 3, 1977, p. 275 – 298。

需要在年轻时为养老保障担忧。一些年轻职工就是认同这种观点，才不为自己的老年生活储蓄养老金，转而完全依赖于老年时国家和社会的转移支付。

第五节　效率工资理论

效率工资理论原本是西方经济学基础理论，主要用于解释企业职工的工资水平和生产效率之间的因果关系。效率工资理论最早由英国经济学家亚当·斯密提出[①]，后来的代表性研究者艾尔弗雷德·马歇尔将效率工资理论称之为效率工资假说[②]。有观点认为，效率工资可以起到激励企业职工努力工作的积极作用，企业年金也具有同样的激励作用。因此，效率工资理论可以作为解释企业年金的基础理论。目前，效率工资理论备受很多企业认可。

一　效率工资理论基本含义

（一）效率工资的概念

在西方经济学理论中，效率工资（efficiency wage）指的是用人单位（企业或其他社会组织）支付给职工的、超出市场平均水平的工资。理解效率工资概念需要明晰以下几点：一是效率工资的参照标准是市场平均工资，是一般性的行业工资水平，它指的是市场出清工资。二是效率工资必须是职工的工资水平超过了市场平均工资水平。三是效率工资并不是按照

[①] 参见亚当·斯密《国富论（上卷）》，郭大力译，商务印书馆 1983 年版，第 75 页。亚当·斯密在《国富论（上卷）》第八章"劳动工资"中对效率工资内涵作了详细论述。第 75 页论述："充足的劳动报酬，鼓励普通人民增殖，因而鼓励他们勤勉。劳动工资，是勤勉的奖励。勤勉像人类其他品质一样，越受奖励越发勤奋。丰富的生活资料，使劳动者体力增进，而生活改善和晚景优裕的愉快希望，使他们益加努力。所以，高工资地方的劳动者，总是比低工资地方的劳动者活泼、勤勉和敏捷。"故学术界据此认定亚当·斯密是效率工资论的提出者。

[②] 参见艾尔弗雷德·马歇尔《经济学原理》，朱志泰译，商务印书馆 1964 年版，第 185—188 页（第八篇第三章劳动工资）。

职工的工作效率来支付的工资。四是效率工资并不全然由劳动力的供给予需求决定。用人单位为激励职工而"故意"让职工的工资高出均衡价格水平。五是效率工资水平的确定具有主观性。用人单位是否给职工支付效率工资往往取决于市场竞争地位、职工对单位的认同度、外部失业情况、宏观经济景气程度等多种因素，单位的行为是具有主观性的。六是效率工资是一种激励制度与薪酬制度，更是一种严惩职工偷懒行为的制度，目的是促使职工努力工作。目前，我国的华为公司向职工支付的工资就是效率工资。

（二）效率工资理论

效率工资理论是研究企业职工工资水平与职工生产效率之间的正向关系、双向作用机制的劳动经济学理论。效率工资理论最早由英国经济学家亚当·斯密提出，此后包括新凯恩斯学派在内的诸多学者又开展了深入的研究。例如，英国经济学家艾尔弗雷德·马歇尔和诺贝尔经济学奖获得者、美国经济学家乔治·阿克尔洛夫（基于信息不对称理论）等著名经济学家。这些后续研究进一步丰富了效率工资理论。

目前，理论界关于效率工资理论存在五种代表性观点：一是营养补充论。营养补充论是针对经济落后的国家和地区的解释。营养补充论认为，在穷困的国家和地区中，企业职工需要的是补充体能的各种营养，企业采取效率工资的目的是让职工身体健康，进而提高生产率。二是人才战略论。人才战略论是针对发达国家和地区的解释。人才战略论认为，效率工资可以留住优秀人才，降低优秀职工的离职率，进而可以降低招聘新职工与培训新职工的经济成本。三是团队素养论。团队素养论是针对职工平均素质的解释。团队素养论认为，用人单位采取效率工资，则职工的平均素质会提高，否则单位留下的职工的平均素质会整体降低，最后留下的将是平均素质最低的职工。四是道德风险论。道德风险论是针对道德危机的解释。道德风险论认为，效率工资具有惩戒偷懒职工的作用，由于用人单位无法监控所有职工是否努力工作，故而采取效率工资，以降低职工偷懒的道德风险，职工不希望失去高薪工作，于是就会努力工作①。五是信息不对称论。信息不对称论是针对招聘过程中信息不对称的解释。信息不对称论认为，劳动力市场上存在信息不对称问题，企业在招聘职工时，无法准确得知每个应聘者的综合能力强与弱，故愿意用高薪吸引人才。诺贝尔经济学奖获得者、美国著名经济学家乔治·阿克尔洛夫（1984）正是这一解释的有力支持者②。

综上所述，五种不同的代表性观点虽有细微的差别，但是均认为效率工资可以提高生产效率。

二 效率工资理论指导价值

企业年金理论认为，效率工资理论和企业年金理论的结合点是待遇激励，这种激励不仅是效率工资的激励，而且还是包括企业年金待遇在内的总工资的激励。效率工资理论认为，企业采取效率工资的一个目的是把劳动总成本降到最低，效率工资是企业总成本最低的工资。如果企业降低职工的工资，则会导致企业总成本上升而不是下降，原因是职工会因为工资低而偷懒，导致生产效率不高，企业的管理成本就会因此而上升。效率工资可以使企业的劳动总成本最低，企业便可获取更多经济利润。这种观点受到学术界普遍认同，代表性学者是诺贝尔经济学奖获得者、美国著名经济学家戴维·罗默。戴维·罗默（1999）总结出效率工资的四点优势：一是效率工资可改善职工营养，提高健康水平。二是效率工资可以提高职工的工作效率。三是效率工资可提高职工其他方面能力，不过企业无法得知。四是效率工资可培养职工的忠诚度③。这四个优点中，第二个优点受

---

① 参见文跃然、欧阳杰《高校教师职业特点及其收入分配改革研究》，《中国高教研究》2004 年第 S1 期，第 3—11 页。

② 参见 George A. Akerlof, Gift Exchange and Eficiency-Wage Theory：Four Views, *American Economic Review*（Papersang Proceedings of the 96 annual Meeting of the American Ecoomic Assocation），No2（May 1984），pp. 79 – 83。

③ 参见戴维·罗默《高级宏观经济学（第二版）》，王根蓓译，上海财经大学出版社 2003 年版，第 355—360 页。

到企业年金理论研究者的认可。由于企业无法全程监控所有职工的努力程度，职工会因此偷懒，企业为了防止职工偷懒，只好向职工支付效率工资，以此激励职工努力工作。效率工资就是为了惩戒偷懒职工而设计的监督制度和激励制度。如果职工因偷懒被解聘，将会失去高薪工作，效率工资此时就成为职工被解聘的机会成本，效率工资越高，职工的机会成本就越高。法国著名经济学家 Leon Walras（1969）也支持这种观点，里昂·瓦尔拉斯研究发现，在充分就业状态下，企业都会支付市场出清工资，职工由于可以迅即找到替代性的工作，因此对现有的工作也不太珍惜，感觉机会成本小[1]。效率工资理论则打破了里昂·瓦尔拉斯的劳动市场均衡论，因为劳动力市场上出现了非自愿失业，职工担心被解聘因而便努力工作。

企业为了提高市场竞争力，必然权衡总成本最低和职工效率最高之间的关系。如果支付较低工资，需要面临高额管理成本、人才流失、劳动效率低、市场竞争力弱等风险。效率工资和企业年金虽然都是成本，但也是投资，可提高职工的忠诚度。目前，效率工资和企业年金已成为很多企业"一揽子薪酬"管理的组成部分。

三　效率工资理论应用案例

（一）美国福特公司的效率工资制度

在经济学和企业管理学中，美国福特公司的效率工资理论被奉为经典案例。20 世纪初期，美国的汽车产业崛起，而且发展速度迅猛，对产业工人需求量剧增，产业工人机会主义膨胀，因流动成本低而不断跳槽，使汽车制造企业面临劳动力不稳定供给的问题。福特公司也面临这个窘境，为了吸纳并留住优秀人才队伍，福特公司从 1914 年 1 月开始将职工每天的工资水平提高到 5 美元，这个工资水平超过了当时汽车行业普遍工资水平的 2 倍，这就是效率工资。由于薪酬待遇高，已经在岗的职工更加珍惜现有

---

[1]　参见莱昂·瓦尔拉斯《纯粹经济学要义》，蔡受百译，商务印书馆 1989 年版，第 47—55 页。

工作，工作积极性很高。那些想进入福特公司工作的产业工人在招聘过程中几近发生骚乱。在实行效率工资制度的第一年中，职工离职率下降了87%，解聘率下降了90%，缺勤率下降了75%。效率工资提高了生产率，福特公司的汽车制造成本和管理成本都下降，销售价格更低，销售量从1909年的5.8万辆迅速增至1916年的73万辆，巨额利润也随之滚滚而来①。为什么要支付效率工资呢？亨利·福特在晚年出版的《财富笔记》（2004）中指出，向员工支付效率工资是效率问题，绝不是慈善行为②。

（二）中国华为公司的效率工资制度③

华为公司2018年年度报告显示，2018年度公司支付所有职工费用总额为1465.84亿元，比2017年的1402.85亿元超出62.99亿元。其中，用于"职工工资、薪金及其他福利"支付额是1124.03亿元，比2017年的1068.51亿元超出55.52亿元；用于"时间单位计划"支出额为169.06亿元，用于"离职后计划及其他支出额（含设定受益计划和定额供款计划及其他)"是172.75亿元，比2017年的162.79亿元高出9.96亿元。到2018年末，华为公司职工总数为18.8万人，人均77.97万元。华为公司的薪酬由基本工资、奖金、安全退休金、医疗保障、股权、红利等项目构成，其中虚拟股票吸引力很大。以17级职工为例，如果工龄满10年，配股后的年收入约为100万元。到2018年末，华为公司年收入超过100万元的职工数约为10000人，年收入超过500万元的职工数约为1000人。2019年，华为公司将有3000名以上职工年收入超过100万元。华为公司的工资待遇超

---

① 参见约瑟夫·斯蒂格利茨《经济学（第二版）》，梁小民译，中国人民大学出版社2000年版，第4—5页。

② 参见亨利·福特《向前进：亨利·福特自传》，张杨译，当代中国出版社2002年版，第147页。亨利·福特还从全社会角度分析了提高工资的必要性，"一个失业者是无业消费者，他没有购买能力。一个低收入者是购买力不足的消费者，他也没有购买能力。商业的衰退是因为购买力的下降而导致的，而购买力的下降则是由不确定因素或收入不足造成的。解决商业衰退的办法就是提高购买力，而其根源就在于工资。"他还认为效率工资可以使公司有一个持久的基础。

③ 本案例由本书著者根据华为公司2018年年度报告数据自行编写，个别数据来源于网络，如有个别数据不准确，请以华为公司官方公报数据为准。参见华为投资控股有限公司《华为投资控股有限公司2018年年度报告》，2018年3月，华为投资控股有限公司官网，（https://www.huawei.com/cn/press-events/annual-report）。

过了全球同行业工资水平，是典型的效率工资。

第六节　其他年金理论

除了上述各种年金理论之外，还有一些年金理论，诸如人力资本折旧理论、国家责任理论、国家限度理论和商业养老权益理论。这些基础理论关于年金的解释虽然也有一些道理，但其理论观点并不被学术界主流学派认可。本节仅归纳论述人力资本折旧理论和商业养老权益理论。

一　人力资本折旧理论

（一）人力资本折旧的理论含义

人力资本折旧是指将企业职工的人力资本价值视同厂房或机器设备等资产的成本折旧。厂房或机器设备等资产因为长期损耗而折旧，长期服务于企业的职工会因为年龄增长不断丧失挣钱能力，其人力资本价值按年折旧，等职工退休后，企业应给予相当于折旧的养老金。养老金相当于保护人力资本价值的费用，这些费用都是企业营运成本，因而应该采取与厂房和机器设备等固定资产一样的折旧进行成本的分摊，这是企业对退休职工不可推卸的社会责任。

（二）人力资本折旧理论的学术批评

一些研究对将人力资本折旧理论视为研究企业年金的基础理论提出质疑和批评，反对观点有：

1. 人力资本折旧与机器折旧有本质不同。将人类与机器做类比分析存在内在的谬误。职工和机器的属性根本不同，不可以放在一起类比。机器设备是企业所有者拥有的固定资产，机器设备折旧是将购买机器设备的成本分摊到不同会计期间，这是一种会计计算方法。然而，职工是向企业出售人力资源并换取约定工资的自然人。职工可以自由选择某个企业初始就业，可以自由跳槽流动到别的企业，这与机器设备完全不同。所以将职工与机器类比存在内在的谬误。

2. 雇佣关系不是职工人力资本衰减的唯一原因。职工的人力资本衰减是人的生理自然老化现象和雇佣关系的共同结果。一方面，职工的生理自然老化不是企业和职工的雇佣关系造成的，职工即便不工作也会出现生理自然老化现象。另一方面，某些职业的确损害了职工的生理健康，并缩短了职工寿命。对此企业应为职工的职业损害、生理衰老负有一定的责任，但是职工人力资本的衰减中有一部分属于正常生理现象，不应把全部的责任都归咎于企业或雇佣关系。

二 商业养老权益理论

（一）商业养老权益理论核心观点

商业养老权益理论核心观点认为，企业所有者具有父爱主义传统，所以才格外施恩，赠予职工一份工资以外的"恩惠"。在商业养老权益理论发展的初期，企业所有者将职工的养老金视为自己给予职工的赏金。企业所有者具有给还是不给职工发放养老金的自由权，如果职工长期忠诚地为企业效力，企业所有者就会给予赏金，赏金的多少取决于职工对企业的贡献大小。职工对企业的贡献越大，企业给予的养老金就越高。由于企业所有者为了提高企业生产力和经济利润，所以才给职工发放养老金，以保障职工退休后的生活安全，这是企业所有者基于一种追求商业权益的动机，是企业所有者为谋取更多经济利益做出的考虑。

（二）商业养老权益理论的主要弊端

商业养老权益理论偏向企业所有者，认为养老金是企业所有者对职工辛勤劳动的恩惠，这是从人性角度所做的分析，而不是从法律和人权角度所做的分析。商业养老权益理论忽视了职工的权益，未能从职工退休后的基本生活安全角度考虑问题。

综上论述了目前国内年金理论界认可的持久收入理论、储蓄生命周期理论、延期工资理论、企业父爱制理论、效率工资理论以及学术界不太认可的人力资本折旧理论、国家责任理论、国家限度理论和商业养老权益理论等多种年金理论。这些年金理论主要用于解释企业年金制度，这和企业年金制度起源较早且制度成熟度高、应用广泛等有密切关系。尽管企业年金和职业年金是两套不同的制度体系，但是，上述各种年金理论对机关事业单位工作人员职业年金具有同样的指导价值。

第六章 我国企业年金的发展历程、现状与改革探索

截至 2018 年 6 月末，全国建立企业年金制度的企业 82886 家，参加企业年金的职工数为 2342.33 万人，积累的企业年金基金总额达 13686.05 亿元。实际运作资产总额为 13467.24 亿元。回顾近 30 年的发展与改革历程，我国企业年金取得的这些成绩来之不易。这其中既有失败与彷徨，也有经验与启示。目前，我国企业年金发展速度已经放缓，基金投资收益率也不高。以 2018 年上半年为例，2018 年上半年的企业年金基金加权平均收益率仅为 1.22%，低于各大银行的半年期、一年期、二年期、三年期、五年期的定期存款利率 1.3%、1.5%、2.1%、2.75%、2.75%，更低于超过 4% 的国债利率。然而，2018 年上半年全国 CPI 比 2017 年同期上涨了 2%。除了已经建立企业年金制度的部分国有大中型企业外，其他类型的企业或经济组织建立企业年金的意愿不强。企业年金今后发展存在很多不确定性。总结企业年金历史经验和教训，有利于完善企业年金理论和制度，推动我国企业年金更好发展。

第一节 企业年金建设起点和阶段划分的学术讨论

分析我国企业年金的发展历程需要明晰两个问题，一个问题是我国的企业年金诞生于哪一年；第二个问题是我国企业年金发展与改革阶段划分

的依据、方法、标志是什么。目前，我国学术界对这两个问题仍存在分歧。

一　企业年金建设起点的学术讨论

学术界对我国企业年金建设起点有三种不同看法。第一种看法认为，我国企业年金建设起点应该从新中国建国初期开始计算，理由是当时的地方各级工会主导建立了企业职工互助补充保险制度，这种制度虽然和目前我国正实施的企业年金制度在缴费来源、约束机制、制度名称等多个方面存在差异，但它是目前我国正在实施的企业年金制度的初级阶段，应视为特殊历史时代下的一种企业年金制度。

第二种看法指出，我国企业年金制度建设起点应该从 1978 年改革开放后开始计算，理由是改革开放以后，为了减轻国有企业的养老保险缴费负担，我国开始探索企业养老保险制度的社会化改革道路。1984 年党的十二届三中全会提出的我国社会保障制度改革的目标中包含了"社会互助"制度，将其作为养老保险制度的补充性制度。据此而论，"社会互助"制度是当前企业年金的早期形态。

第三种看法主张，我国企业年金制度建设起点应该从 1991 年国务院颁布第 33 号文件开始计算，理由是第 33 号文件首次提出建立"企业补充养老保险"制度，虽然它与目前我国正实施的企业年金制度在制度名称、缴费比例等方面存在差异，但它与后者在缴费组织主体、缴费个人主体、缴费来源、约束机制、政府行政管理部门、业务经办机构等方面相同或基本相同，因此可将其视为目前我国正在实施的企业年金制度。综上，第一种看法将企业年金制度建设起点追溯到建国初期的 50 年代有点儿泛化，毕竟当时的企业职工互助补充保险在强制性、缴费来源、保障范围等方面都与目前我国正实施的企业年金制度大不相同。第二种看法将企业年金制度建设起点追溯到 1978 年改革开放有点儿牵强，因为当时我国养老保险制度改革的重心是基本养老保险制度，对企业补充保险制度并不太重视，1984 年国家虽然提出要建立"社会互助"制度，但是对其框架体系、约束机制、缴费组织主体、缴费个人主体、缴费来源、缴费比例、政府行政管理部门、业务经办机构等方面均缺乏系统的制度设计和有力的实践发展支持。第三种观点是目前学术界的主流观点，这一观点依据的是国务院第33号文件，该文件是我国首次提出探索建立企业补充养老保险的制度性文件，是层级最高的正式制度。

本书同意第三种观点。如上所述，学术界对1978年改革开放以来我国企业年金制度发展历程的起点仍存在分歧。一个主要分歧点是，1978年到1990年我国是否存在企业年金制度。因此，本章首先对这个问题做出解释。1978年到1990年，我国是否存在企业年金制度，学术界有两种不同观点。一种观点认为，1978年到1990年，我国各级地方工会主导建立的"职工互助补充保险"制度是企业年金制度的初级形态，因此从1978年到1991年国务院第33号文件出台前的这一阶段是我国企业年金制度（当时称职工互助补充保险）的自发与互济的初级阶段，而且综合我国传统文化和西方社会保险起源而言，这种初级阶段的企业互助补充保险源于50年代由地方各级工会发起建立的职工互助储金会[1]。另一种观点认为，我国企业年金制度建立的起步年份是1991年，依据是国务院第33号文件[2]。这也就是说，在1991年以前我国并未建立企业年金制度，把我国建立企业年金制度的时间起点追溯到1991年之前不够严谨。

上述两种不同观点，哪一种观点是正确的呢？本书认为，1978年到1990年，我国没有企业年金制度，工会主导建立的企业职工互助补充保险不是企业年金。主要理由如下：一是两者的主要保障内容和适用范围不相同。1978年改革开放以后，地方各级工会主导建立的企业职工互助补充保险是一种综合性的社会保障制度，主要保障内容囊括了国有企业职工的生育、疾病、伤害、残疾、养老、死亡、意外灾害等；而国家从1991年开始

---

[1] 参见邓大松、刘昌平《改革开放30年中国社会保障制度改革回顾、评估与展望》，中国社会科学出版社2009年版，第40—48页。

[2] 参见郑秉文《中国企业年金的治理危机及其出路——以上海社保案为例》，《中国人口科学》2006年第6期，第7页。

探索建立的企业年金制度是一种具有补充性质的养老保险制度，保障内容只针对劳动者的养老，不涉及其他保障内容。二是筹资制度不同。企业职工互助补充保险的筹资制度是企业职工自发参与、自愿出资，企业并不实际出资；而企业年金的筹资制度是职工和企业两方共同出资，而且企业是出资主体。如果企业不出资，何以能称为"企业年金"呢？三是诞生背景和主体责任不同。企业职工互助补充保险是起源于1951年的劳动保险制度的配套制度，体现的是群众自愿互济精神，没有确定职工和企业的责任，企业不参与，也无须承担责任；而企业年金是在中国经济体制转型、国有企业深化改革等综合大背景下形成的补充性养老保险制度，体现的是职工个体公平正义精神，它明确了职工和企业的责任。

综上分析，无论将1978年或1979年到1990年之间的某个年份确定为我国企业年金制度建立的起始年份都是不准确的。我国正式建立企业年金制度的起始年份是1991年。本书以1991年为起点划分我国的企业年金制度发展阶段。

二　企业年金发展阶段划分法讨论

学术界划分企业年金发展与改革阶段的方法主要有两种，一种方法是制度标志法，另一种方法是实践趋势法。

（一）制度标志法

制度标志法以时间为主线、以我国企业年金（含企业补充养老保险制度）法律规章施行的具体年份或者政府制度文件的下发年份为主要标志，将我国企业年金发展划分为若干个阶段。例如，中国社会科学院的齐传钧采用制度标志法将20世纪80年代以来我国企业年金制度发展（含企业补充养老保险制度发展阶段）依次划分为四个阶段：制度探索阶段、制度试点阶段、制度完善阶段、制度扩展阶段①。四个阶段对应的时间区间为：

---

① 参见齐传钧《中国企业年金的发展历程与展望》，《开发研究》2017年第4期，第13—19页。

20 世纪 80 年代—2000 年、2000—2004 年、2004—2015 年、2015 年—至今；四个阶段对应的标志性法规制度分别为：1991 年的国务院 33 号文件、2000 年的《国务院关于完善城镇社会保障体系的试点方案》（国发［2000］42 号）、2004 年的《企业年金试行办法》、2018 年的《企业年金办法》。郑秉文等专家学者也主要采用制度标志法划分我国企业年金制度发展阶段①。制度标志法的特征是以标志性的企业年金制度出台为准、将年份划分为若干个区间，进而分析每个阶段的企业年金制度以及企业年金实践发展情况。制度标志法是目前我国学术界采用的主流划分方法，它的优点是准确把握了我国企业年金制度建设进程转折点，分析了各个阶段企业年金制度实践发展情况；它的不足之处是偏重企业年金制度建设和进程转折点判定，对各个阶段企业年金实践发展情况的论述相对较弱。

（二）实践趋势法

实践趋势法采用企业年金基金业务指标，分析一定时期内的企业年金发展与改革趋势，采用主要指标有：参保企业数、参保职工数、企业缴费额、职工缴费额、基金累积额、待遇领取人数与领取金额、领取待遇方式（一次性和分期领取）。实践趋势法是各类基金公司、金融机构和市场评估机构采用的主要方法，它的优点是可以准确描述企业年金基金业务和企业年金实践发展情况；它的不足之处是偏重企业年金基金业务绝对数量增长、增长率高低，对企业年金制度建设和分析相对较弱。

（三）两种方法简评

综上分析，制度标志法和实践趋势法各有利弊，如果单独采用两种方法中的任何一种方法，则均不能全面描述企业年金发展情况。比如，2006—2017 年全国参加企业年金的企业数量逐年稳步增加，没有一个年份的绝对数量低于上一个年份，但如果从年度增长率看，则 2007—2009 年和 2012—2016 年两个阶段的年度增长率却逐年下降。如果采用制度标志法划

---

① 参见郑秉文《中国企业年金发展滞后的政策因素分析——兼论"部分 TEE"税优模式的选择》，《中国人口科学》2010 年第 2 期，第 4—5 页。

分，那么 2007 年和 2012 年会被分别划入 2004—2015 年或 2004—2018 年两个区间内，如果从制度演变角度重点分析企业年金发展与改革，则无法系统了解企业年金基金各项业务指标的年度增降波动情况；如果采用实践趋势法划分，虽然可以准确观察到企业年金基金业务和市场发展情况，但是却无法全面知晓企业年金制度建设情况。有鉴于此，本书融合了制度标志法和实践趋势法的优点。首先，综合考虑样本年份的参保企业数与职工数、企业与职工缴费额、基金累积额、待遇领取人数与领取额、领取方式（一次性和分期领取）等指标以及上述各个指标的历年绝对数和年度增长率趋势两个变量，进而确定划分我国企业年金发展阶段的多个年份。其次，考虑我国企业年金制度（含企业补充养老保险制度）法律规章的制定施行或政府政策文件的下发年份，进而确定划分我国企业年金发展阶段的多个年份。最后，根据上述考虑确定我国企业年金发展阶段划分方法。

第二节　企业年金发展阶段划分、改革进程和主要特点

根据上文确定的我国企业年金发展阶段划分方法，本书以 1991 年为我国企业年金建设的起点年份，以 1995 年、2000 年、2004 年、2018 年为我国企业年金制度建设的时间转折点，以 2007 年、2012 年、2016 年为我国企业年金基金业务实践发展的时间转折点，将 1991 年以来我国企业年金发展历程划分为起步期（1991—1995）、初创期（1995—2003）、规范期（2004—2006）、波动期（2007—2016）、健全期（2017 年—至今）等五个阶段。

一　起步期（1991 年 6 月 26 日—1995 年 12 月 28 日）

（一）阶段划分的时代背景和主要原因

之所以将 1991 年到 1995 年划分为我国企业年金制度建设起步期主要出于以下两点考虑：

1. 当时的国情决定了我国企业年金制度建设必须处于起步期。1991 年我国仍处于经济通货膨胀时期，本轮通货膨胀起源于 1987 年，1994 年达到高峰期。经济体制改革和国有企业改革是党和国家的两大重点工作。为了确保经济体制改革、经济软着陆、国有企业改革等重要工作顺利推进，同时也为了确保社会稳定，国家鼓励以国有大中型企业为主的企业探索建立企业补充养老保险制度。在当时复杂的背景下，很多领域的制度建设都处于起步期，企业补充养老保险制度也是如此。国家能做出养老保障制度改革的决策实属不易，仅国有企业体制和经营活力改革工作就非常艰难，更别说企业补充养老保险制度建设。

2. 当时的基本养老保险制度建设状况决定了我国企业年金制度建设只能处于起步期。1991 年国务院第 33 号文件要求建立的基本养老保险制度，只是国有企业改革配套制度，法律地位并不是很高，辅助性的企业补充养老保险制度的法律地位还不如基本养老保险制度。第 33 号文件确定的指导思想是"提倡、鼓励"。基本养老保险制度建设尚处于起步探索阶段，更何况企业补充养老保险制度建设。

（二）改革进程和主要特点

1. 国家首次明确提出建立企业职工补充养老保险制度。我国从 20 世纪 50 年代初期开始建立企业职工养老保险制度，并在 1958 年和 1978 年作了修改，而且在 1985 年还提出过建立社会互助制度，但是这些改革都没有明确提出建设企业职工补充养老保险制度，各级工会从 50 年代初期建立的职工互助制度与本阶段建设的企业职工补充养老保险制度根本不是一会事儿。因此，1991 年 6 月 26 日国务院颁布的《关于企业职工养老保险制度改革的决定》标志着补充养老保险制度建设正式起步。

2. 国有大中型企业为主的行业单位独自管理发展模式开始兴起。1991 年的国务院第 33 号文件颁布后，电力系统、铁道系统、邮电系统等行业单位都积极探索建立本系统企业职工补充养老保险制度。1992 年 1 月 1 日，原国家能源部制定实施了《电力企业建立补充养老保险暂行办法》（能源人〔1992〕102 号），对企业补充养老保险的法定性质和用途、覆盖范围、养老保险金的来源、养老保险标准、养老保险金的管理、养老保险关系的转移接续、不能领取养老保险金待遇的情形、养老保险基金的支付、个人储蓄性养老保险与企业补充养老保险挂钩办法等都做出了具体规定。1995年7月1日，原国家铁道部制订实施了《铁路企业职工养老保险暂行规定》第三条规定，铁路企业要建立补充养老保险。1995年12月11日，原国家邮电部制定实施了《邮电企业补充养老保险和职工个人储蓄性养老保险暂行办法》，《办法》共分为七章三十条，对保险范围与对象、保险基金筹集、养老保险费给付、保险基金管理、组织机构等做出了明确规定，有的条款规定的还非常细致，比如《办法》规定了企业补充养老保险费的缴存标准分为八个档次，每个档次的缴存标准分别为：工作年限在5年及以下的，每个月缴存标准为5元；工作年限在6—10年的，每个月缴存标准为10元；工作年限在11—15年的，每个月缴存标准为15元；工作年限在16—20年的，每个月缴存标准为20元；工作年限在21—25年的，每个月缴存标准为25元；工作年限在26—30年的，每个月缴存标准为30元；工作年限在31—35年的，每个月缴存标准为35元；工作年限在36年及以上的，每个月缴存标准为40元。

3. 企业职工补充养老保险制度建设开始进入法律化轨道。1995年1月1日施行的新《中华人民共和国劳动法》第七十五条规定，国家鼓励企业建立补充保险，本条将"补充保险"正式以"法律"形式固定下来，为健全补充养老保险体系提供了法律依据。

4. 试点工作循序起步。1993—1994年国家在上海市和辽宁省大连市等地区开展企业职工补充养老保险改革试点。1993年1月1日，上海市制定施行了《上海市城镇职工养老保险制度改革实施方案》，试点的主要原则和内容有：选择少数单位进行补充养老保险试点，形成规范化的办法，再逐步推开。鼓励有条件的单位逐步推行单位补充养老保险。在规定的额度以内免征工资调节税。1994年8月1日，辽宁省大连市实施了《大连市城镇企业职工补充养老保险办法》，《办法》共分十七条，试点的主要内容有：参加企业类型与范围、行政管理部门、投保对象、缴费档次、决策程序、缴费标准、缴费时间、列支办法、账户管理方式、养老保险基金利率计算、待遇领取方式、转移接续、丧失待遇情形等做出具体规定。五是管理模式探索有序起步。1991 年的国务院第 33 号文件规定，劳动保障部门管理补充养老保险，其下设事业单位社会保险管理机构负责具体业务。这标志着国家确定的企业职工补充养老保险管理模式为政府直接管理、社会保险经办机构具体经办的管理模式。这种管理模式的做法是：建立企业职工补充养老保险制度的各类企业将本企业的补充养老保险缴费全部委托给社会保险经办机构代管，企业按月缴费，社会保险经办机构负责为达到法定条件的离退休人员按月或一次性发放补充养老保险待遇。

（三）简要评价

1. 企业年金艰难起步。这一时期我国正处于经济社会大变革的重要历史时期，经济体制改革、通货膨胀、国有企业改革、下岗失业、社会稳定等各种复杂问题混合在一起。国家在攻坚克难之时仍鼓励企业年金发展，实属不易。

2. 法律地位不高，多头建设，管理混乱，标准参差不齐，社会认知度低。探索构建的企业补充养老保险制度的法律地位仅仅是基本养老保险制度的补充制度。行业单位自建企业职工补充养老保险制度为后来建立全国性的基本养老保险制度设置了障碍。除了国有大中型企业外，很多企业尤其是中小型企业根本没有企业年金，社会公众对企业年金了解程度有限。

3. 地方探索和行业管理有序推进，积累了很多宝贵经验。

二　初创期（1995 年 12 月 29 日—2003 年 12 月 31 日）

（一）阶段划分的时代背景和主要原因

之所以将 1995 年 12 月 29 日和 2003 年 12 月 31 日确定为初创期的上限和下限主要基于以下两点考虑：

1. 原劳动部为了贯彻落实国家提出的建立企业职工补充养老保险制度的要求，在 1995 年 12 月 29 日印发了《关于建立企业补充养老保险制度的意见》（劳部发［1995］464 号），对企业补充养老保险制度的建设主体、覆盖范围、参保条件、决策程序、管理机构、资金来源、记账方式、计发办法、企业供款方式与水平、享受条件、待遇给付、经办机构、委托程序、基金投资、转移接续都做出了明确规定，这与我国目前施行的企业年金制度框架体系、构成要素基本一致。《关于建立企业补充养老保险制度的意见》虽然只是一份政策性文件，不是法律规章，但它在我国企业年金发展历程中具有里程碑意义，为我国企业职工补充养老保险制度建设指明了正确的方向。

2. 2004 年我国密集出台一系列企业年金法律规章制度，尤其是 2004 年 5 月 1 日实施的《企业年金试行办法》部门规章标志着企业年金发展与改革进入了一个全新历史时期。可以说，2004 年是我国企业年金制度发展进程中的一个分水岭，这与 2003 年以前的情况有很大不同。

（二）改革进程和主要特点

1. 国家首次印发以"企业补充养老保险制度"命名的政策文件《关于建立企业补充养老保险制度的意见》，首次建立了企业职工补充养老保险制度框架体系。

2. 国家首次提出"企业年金"制度名称。2000 年 12 月 25 日，国务院实施了《关于完善城镇社会保障体系的试点方案》（国发［2000］42 号）中，将企业补充养老保险正式更名为"企业年金"。

3. 地方试点工作有序推进，稳步发展。1997 年 7 月 16 日，国务院制订实施了《关于建立统一的企业职工基本养老保险制度的决定》（国发［1997］26 号），要求促进企业补充养老保险快速发展。之后，上海市和广东省深圳市以及其他部分经济社会发达地区按照国家的这一决策指示，认真贯彻落实试点改革精神和要求，陆续制定实施了一系列政策和措施，积极开展试点改革，制定税收优惠政策，诸如此类的试点措施有力促进了我国企业职工补充养老保险的快速发展。1997 年 5 月 22 日，上海市社会保险管理局和上海市财政局联合制定下发了《上海市企业补充养老保险试行意见》（沪社保业一发［1997］18 号），试点主要内容有：建立原则、基本条件、覆盖范围、决策程序、账户制度、管理部门、保险费筹集办法、职工享受待遇条件、待遇计发与支付办法、监督制度。1997年6月25日，深圳市印发了《深圳市企业补充养老保险方案》（深府［1997］182号），试点主要内容有：指导思想、建立原则、实施范围、参保条件、缴费比例、资金来源、个人账户、转移接续、待遇领取条件、个人账户余额继承、过渡措施、经办机构、监督管理。深圳市试点改革的一大亮点是制定了"老人老办法、中人中办法、新人新办法"的过渡措施。为了确保本次试点工作顺利推进，深圳市将1997年确定为企业补充养老保险试点年份，慎重选择了一部分国有大中型企业开展试点，在1998年以后全面推广试点经验。在基金投资方面，深圳市允许企业自主选择管理机构，与上海市由政府社保局经办模式不同，这表明在补充养老保险业务和基金运营的市场化改革道路上，深圳市的步伐要比上海市快一些。2000年到2003年，国家又进一步加大了企业年金试点改革力度。2000年出台的《关于完善城镇社会保障体系的试点方案》规定，在辽宁省及其他省（自治区、直辖市）确定的部分地区进行试点，试点主要内容有：扩大覆盖范围、建立完全积累个人账户、基金投资收益。企业缴费可享受4%税前扣除待遇。《试点方案》的出台标志着养老保险制度进入"基本养老保险＋企业年金"时代。2001年国务院做出《关于同意辽宁省完善城镇社会保障体系试点实施方案的批复》，支持辽宁省开展企业年金改革试点，试点主要内容有：扩大覆盖范围，建立完全积累个人账户，开展基金投资收益，明确建立企业年金条件。在实践层面，为了推动企业年金发展，中国太平人寿保险有限公司从2003年7月开始正式参与辽宁省企业年金改革试点。

4. 规模逐步扩大。1995年出台的《关于建立企业补充养老保险制度的意见》施行以后，交通部、水利部、民航总局、中国石油天然气集团公司、工商银行、中保集团、中国建筑工程总公司等17个行业单位和部门也建立了企业职工补充养老保险制度，与电力行业、铁路行业、邮电行业等行业单位共同构建起我国企业职工补充养老保险制度体系。

5. 管理模式从政府单独管理走向多元化管理。这一阶段的企业职工补充养老保险管理主体发生了变化，在起步期的政府作为单一管理主体基础上增加了参保企业和行业单位，从政府独自管理转向政府管理、企业自己管理和行业管理。《关于建立企业补充养老保险制度的意见》第十七条规定，建立企业补充养老保险制度的大型企业、企业集团和行业单位在组建专门经办机构，并将补充养老保险基金与企业其他资金分开管理后，可以自行经办企业补充养老保险业务。《意见》强调指出，社会保险经办机构应争取经办补充养老保险业务。这些变化标志着我国的企业补充养老保险管理进入多元化管理阶段，这种多元化的管理模式催生企业补充养老保险业务经办领域出现竞争格局。

6. 企业补充养老保险的行业统筹管理转为地方管理。1998 年 8 月 6 日，国务院下发了《关于实行企业职工基本养老保险省级统筹和行业统筹移交地方管理有关问题的通知》（国发〔1998〕28 号）。《通知》要求改革行业统筹企业建立的职工补充养老保险，逐步规范职工补充养老保险发展，职工补充养老保险须由政府劳动保障部门审查同意的机构经办。职工补充养老保险业务和职工补充养老保险基金分开管理，后者不移交地方管理。本次改革涉及的部门和行业单位有铁道部、交通部、信息产业部（原邮电部部分）、水利部、民航总局、煤炭局（原煤炭部）、有色金属局（原中国有色金属工业总公司）、国家电力公司（原电力部）、中国石油天然气集团公司、中国石油化工集团公司（原石油天然气总公司部分）、四大国有银行、交通银行、中保集团、中国建筑工程总公司（见表 6 - 1）。

表 6 - 1 1995—2003 年我国企业年金主要法律法规和政策文件内容要点

时间	法律法规名称	发文部门	内容要点
1995	关于深化企业职工养老保险制度改革的通知	国务院	鼓励建立企业补充养老保险
1995	关于建立企业补充养老保险制度的意见	劳动部	规定了企业补充养老保险的建设主体、参与条件、决策程序、管理主体；缴费来源、记账方式、待遇计发办法、待遇领取方式、待遇水平、领取享受条件、基金投资

续表

时间	法律法规名称	发文部门	内容要点
1997	关于建立统一的企业职工基本养老保险制度的决定	国务院	在国家政策指导下大力发展企业补充养老保险
1998	关于实行企业职工基本养老保险省级统筹和行业统筹移交地方管理有关问题的通知	国务院	加快实行企业职工基本养老保险省级统筹，并将铁道部、交通部等行业单位的企业补充养老保险业务移交地方管理
2000	关于完善城镇社会保障体系试点方案	国务院	将企业补充养老保险更名为企业年金。有条件的企业可为职工建立企业年金，并实行市场化运营和管理
2001	关于同意辽宁省完善城镇社会保障体系试点实施方案的批复	国务院	建立企业年金应具备的条件。规范企业年金基金委托、管理、运营的认定和批准。企业年金基金记账方式，缴费来源、4%税收优惠比例
2001	中华人民共和国信托法	全国人大常委会	为企业年金基金信托关系调整、企业年金基金市场化信托行为规范、信托当事人的合法权益保护、企业年金基金信托事业健康发展等提供了法律依据和行为指导

注：本表资料由本书著者自行整理。

（三）简要评价

1. 企业补充养老保险的行业统筹管理转为地方管理的改革效应可谓是利弊共存。改革产生的积极效应是，行业单位企业补充养老保险规模逐步扩大。究其原因，主要有两个：第一个原因是"减标差"规定间接促使行业单位积极发展企业职工补充养老保险。由于行业单位的基本养老保险待遇计发办法和转入地的待遇计发办法不同，前者计算出的待遇高于后者计算出的待遇，在行业统筹转移到地方管理以后，需按照地方待遇标准给转移过来的原行业单位退休人员发放待遇。这样一来，原行业单位退休人员的待遇就会减少一部分，这就出现了"减标差"问题。原行业单位退休人员减少的待遇先按照各省、区、市的办法和标准执行，减少的差额部分由各省、区、市给予补贴，所需资金由省级统筹的基本养老保险基金支付，补贴标准逐年调整，5年以后执行各省、区、市的办法和标准。行业单位为了保障原有的待遇水平不降低就建立企业职工补充养老保险。第二个原因是国家深化国有企业改革，健全了国有企业内部分配制度改革，减缓了企业职工的工资增长速度，推动了企业职工补充养老保险较快发展。改革产生的负向效应是，本次改革将补充养老保险业务向地方管理转移。由于企业职工补充养老保险业务和基本养老保险业务都归属行业单位选定的经办机构管理，在行业统筹转移到地方后，负责行业单位基本养老保险业务的保险经办机构或者被撤销或者被压缩，这无疑阻碍了行业单位的企业职工补充养老保险业务发展，由此造成的一个不利后果是1998年以后行业单位再未制定实施企业职工补充养老保险制度（企业年金制度）。

2. 企业年金或补充养老保险改革和基本养老保险改革密切相关，在分析企业年金或补充养老保险改革背景、改革进程和主要特点时应充分考虑社会保险尤其是基本养老保险改革背景、改革进程和主要特点。比如，1998年国家决定将企业职工补充养老保险行业统筹管理调整为地方管理的一个主要原因是当时我国社会保险管理体制出现了政府部门管理和行业单位管理并存、多头管理的格局，导致社会保险制度碎片化问题突出，国家为了进一步理顺、整顿社会保险事务经办管理体制，按照社会保障管理机构统一化改革设想和管办分离原则，规范治理了"多龙治水"的分散化管理问题。1998年3月，国务院根据九届全国人大一次会议通过的《关于国务院机构改革的决定》，在原劳动部基础上组建了负责社会业务的劳动和社会保障部，标志着社会保险经办机构改革朝着"大整合"方向迈进了一步，也标志着我国首次确立社会保险行政管理基本框架。在基本养老保险改革过程中，补充养老保险改革工作也同时开展。因此，在研究补充养老保险改革或企业年金改革时不应将两者分开讨论。

3. 企业年金基金投资的法规制度建设仍然匮乏。2000年国家出台的《关于完善城镇社会保障体系的试点方案》虽然允许企业年金基金可以实行投资收益，但未规定细则。为了规范不断增长的企业年金基金的投资运营管理，全国多个省市相继建立了企业年金专门管理机构，在管理体制上隶属于政府社会保障部门，负责经办企业年金基金业务。比如，2002年上海市和深圳市均成立了市本级企业年金管理中心，以劳动和社会保障局直管事业单位身份管理市本级企业年金基金。这种政府部门管理模式存在很大弊端，一个突出的问题是，政府企业年金管理机构独自承担基金运营和监管，企业年金管理机构既是运动员又是裁判员，企业年金基金投资缺乏有效监督，导致违法违规问题突出。以上海市为例，在2002年"社会保障基金案"事件后，上海市积极探索市场化运作道路，在2008年将全市的企业年金账户从政府管理部门整体移交给商业机构。

4. 企业年金基金的投资管理无章可循。在2004年之前我国企业年金基金的市场化投资和管理缺乏统一规则。《关于建立企业补充养老保险制度的意见》仅对投资运营管理作了原则性规定，《完善城镇社会保障体系试点方案的通知》也没有对基金投资运营方式和基金配置等做出强制性规定，更没有制定任何实施细则。企业年金基金长期的市场化投资运营渠道、方式和管理模式呈现出多元化、混合化的特征，企业年金基金或者与社会保障基金资金混合实现增值保值，或者投资房地产实现增值保值，或者采取多元化资本投资方式实现增值保值。由于政府没有建立起基金投资运营信息公示制度，企业年金基金市场化投资运营信息不透明，行业单位的数据、经办机构的数据、基金管理机构掌握的数据以及地方政府统计的数据等各项业务数据均不完整，国家劳动和社会保障部也无法规范化、制度化的发布官方数据。

5. 制度和市场不健全，基金投资收益率不高。企业年金经办机构资质检验制度不健全、地方社会保障部门和企业年金经办机构普遍缺乏专业人才和技术，多数企业年金基金收益率不高，2000年行业经办管理的基金投资收益率为3.2%，地方管理的基金投资收益率仅为1.34%。由于基金运营法律制度不健全，金融市场发育不成熟，加剧了企业年金基金市场化投资运营风险，市场收益不佳。截止到2000年全国企业年金基金总额为191.9亿元，年度平均增长额为19.19亿元。在191.9亿元中，地方政府社会保障部门管理的企业年金基金总额为42.6亿元，企业年金基金总额为149.3亿元。

6. 建立企业年金制度的企业主体是国有企业，结构不均衡。全国建立企业年金制度的企业总数为 16247 家，其中地方政府社会保障部门管理的企业总数为 12062 家，行业单位管理的企业总数为 4185 家；前者中国有企业 6588 家，占比 56.4%；后者中国有企业 3891 家，占比 93%。由此可知，全国建立企业年金制度的企业基本都是国有大中型企业。私营企业、外资企业和小微企业几乎没有建立企业年金制度。这导致参保人数增长较慢，到 2000 年末全国参加企业年金的职工人数为 560.3 万人，仅相当于基本养老保险参加人数的 5.3%。

综上分析，由于这一阶段是我国企业职工补充养老保险或企业年金发展的初创期，无论是理论研究、政策设计、实践发展还是法律建设都存在很多不足，比如企业年金基金的市场化投资运营缺乏细则，市场化投资运营有些混乱；政府也没有建立起企业年金基金数据库和动态监测系统；在司法实践中关于企业年金纠纷是否属于劳动争议都存在分歧；企业年金基金受托人管理制度落后。尽管存在上述问题，但是初创阶段的探索仍具有重要价值，为我国此后制定企业年金制度提供了宝贵经验和立法依据。

三　规范期（2004 年 1 月 1 日—2006 年 12 月 31 日）

（一）阶段划分的时代背景和主要原因

之所以将 2004 年 1 月 1 日到 2006 年 12 月 31 日确定为规范期的上限和下限主要基于以下两点考虑：

1. 2004 年国家制定实施了两部标志性的部门规章。2004 年是我国企业年金发展历史进程中一个标志性的年份。在 2004 年我国制订实施了 6 项重要的企业年金及相关制度，其中 2004 年 5 月 1 日同时颁布实施了《企业年金试行办法》和《企业年金基金管理试行办法》。两者立法层级虽然只是部门规章，但其产生的现实影响和深远的贡献却很大，它确立了我国信托型企业年金的政策文件和法律法规的基础框架，标志着我国企业年金制度建设进入了规范期，企业年金行业进入了独立发展的新阶段。

2. 2007 年是我国企业年金多项业务指标进入规范性近周期发展的初

始年份。2007 年是我国企业年金发展历程中一个较为特殊的年份，也是一个波动较大的、转折性的年份。主要原因是，在 2007 年之前和 2007 年之后，企业年金多项重要业务指标的年度增长率或者处于峰值或者处于低谷，尤其是 2007 年以后出现了一个近周期波动态势，这是 2006 年之前没有出现的特征。具体特征是，2007 年全国建立企业年金的企业总数年度增长率高达 33.3%、全国企业年金基金年度结余额增长率高达 66.92%、全国企业年金基金投资收益率高达 41%，之后就开始下滑，连续几年均呈现递减趋势。2007 年全国参加企业年金的职工总数增长率为 -3.63%，从 2008 年到至今我国参加企业年金的职工总数增长率再未出现过负增长。综上所述，本书将 2004—2006 年划分为规范期。

（二）改革进程和主要特点

1. 各项规章制度密集出台。2004—2006 年我国制订实施了一系列规章制度，在表格 25 中统计出的 20 项制度中，2004 年合计 7 项，占比 35%，2005 年合计 8 项，占比 40%，2006 年合计 5 项，占比 25%。国家如此高密度实施企业年金制度的做法前所未有，而且十一项制度中的八项制度由原劳动和社会保障部制订实施。这表明国家尤其是原劳动和社会保障部开始重视企业年金对构建多支柱、多层次养老保障体系的重要作用。

2. 制度建设规范化。2004 年国家制定实施了两部标志性的部门规章。2004 年是我国企业年金发展历史进程中一个标志性的年份。在 2004 年我国制订实施了多项重要的企业年金及相关制度，其中 2004 年 5 月 1 日同时颁布实施了《企业年金试行办法》和《企业年金基金管理试行办法》。《企业年金试行办法》共 24 条，在总结之前全国各地区试点改革经验基础上建立了企业年金框架，规定了建立条件、决策程序、方案内容、行政管理部门、企业缴费基数与比例、职工缴费基数与比例、基金投资运营收益、个人账户管理模式、资金转移接续、待遇领取条件与方式、监督机制和争议解决机制等事项。《企业年金基金管理试行办法》比《企业年金试行办法》更加细致，共十一章六十九条，规定了企业年金基金资产的类型与范围、管理机构（受托人、账户管理人、投资管理人、托管人）的资格条件、职责和职责终止情形，中介服务机构服务范围、基金投资范围与限制条件、管理机构服务管理收费上限、管理机构信息披露限期、监督检查等事项。企业年金从缴费到基金投资范围与投资比例、从职责权限到管理服务费提取等事项均步入规范化轨道。《企业年金基金管理试行办法》和《企业年金试行办法》实施前，规定最为系统的政策文件是《关于建立企业补充养老保险制度的意见》，相比《关于建立企业补充养老保险制度的意见》而言，《企业年金基金管理试行办法》和《企业年金试行办法》进步明显，主要表现在：实行普惠制覆盖制度，将《关于建立企业补充养老保险制度的意见》中规定只允许骨干职工参保调整为允许全体试用期满职工皆可参保；规定了企业和职工共同缴费义务，提高了职工的参保意识；增强了对职工权益的保护力度，一个例证是取消了《关于建立企业补充养老保险制度的意见》中规定的职工如果出现严重违法、违纪、自动离职等情形就收回企业缴费计入职工个人账户的资金；明确了企业年金基金资产的独立法律地位，为企业年金基金市场化投资运营管理提供了制度保障。总体而言，《企业年金基金管理试行办法》和《企业年金试行办法》的立法层级虽然只是部门规章，但其产生的现实贡献和深远的影响却很大，它奠定了我国企业年金制度的法律法规和政策文件的主要框架，标志着我国企业年金制度建设进入了规范期，企业年金进入了独立发展的新阶段。2004—2006 年我国制订实施了很多法规制度和政策文件，标志着我国企业年金开始全面进入规范发展期。对此，本章不再展开论述，要点内容参见表 6 - 2。

3. 企业年金基金投资运营管理规范化。2004 年 8 月 28 日，辽宁省社会保险事业管理局与中国太平人寿有限公司签署了《辽宁省直属企业企业年金委托管理协议》，约定中国太平人寿有限公司参与辽宁省直属企业的企业年金试点改革工作，这是我国首家企业年金基金市场化投资运营管理协议，协议覆盖的企业数量为 67 家。2004 年 12 月 20 日，中国太平保险集团成立了太平养老保险股份有限公司；2004 年 12 月 31 日，中国平安集团公司成立了中国平安养老保险股份有限公司，太平养老和平安养老成为我国最早专营企业年金基金市场化投资运营管理的商业保险机构。2006年4月17日，我国特大型钢铁集团企业安徽马鞍山（集团）控股有限公司与南方基金管理股份有限公司正式签订了企业年金基金委托投资管理合同，合作标的总额为1.5亿元。这是《企业年金试行办法》和《企业年金基金管理试行办法》实施以来，全国首家公开披露的信托型企业年金基金投资管理合同，这表明企业年金从资金归集到基金投资已经进入规范化轨道。南方基金也因此成为2004年以来全国首家运作基金的管理公司。

4. 企业年金基金管理机构的遴选步入规范化轨道，企业年金基金存量规模扩大。2005年8月1日，原劳动和社会保障部会商原中国银行业监督管理委员会、原中国保险监督管理委员、中国证券监督管理委员会同意后发布了《关于公布第一批企业年金基金管理机构的通告》，在认定的首批37家基金管理机构中，法人受托机构5家，账户管理人11家，托管人6家，投资管理人15家。

5. 企业年金业务信息公示制度规范化。企业年金基金的存量规模扩大，截止到2006年4月份，我国企业年金基金的存量规模约1000亿元，每年新增资金约800—1000亿元。国家开始建立规范化的企业年金业务数据发布制度。从2006年开始，原国家劳动和社会保障部开始连续按照年度、季度发布全国企业年金基金业务数据摘要和全国企业年金养老金产品信息数据。这一前所未有的做法表明企业年金业务数据发布制度和信息公开制度进入规范期。

6. 企业年金蓬勃发展。在国家层面上，国务院和相关部委积极推进企业年金发展。2006年国务院政府工作明确提出要积极发展企业年金，原劳动和社会保障部批复了中国银行、光大银行、中国人民保险集团股份有限公司备案的企业年金计划，财政部、原中国银行业监督管理委员会、原中国保险监督管理委员会、国务院国有资产监督管理委员会等政府部门也都积极助推企业年金发展。在地方层面上，辽宁省、江苏省、海南省、甘肃省、山东省和山西省等省市在"十一五规划"中明确提出要大力发展企业年金，北京市和上海市等本地区陆续制订实施了税收优惠政策和措施。在企业层面和市场运营层面上，浦东发展银行参与辽宁省铁法煤业（集团）有限责任公司企业年金建设，中国平安保险集团股份有限公司和中国太平保险集团有限责任公司等金融组织成立了企业年金基金管理机构。中国建设银行、中国工商银行和交通银行等金融机构以及中海地产集团有限公司等房地产企业也都参与企业年金发展。在理论研究层面上，企业年金发展成为全国两会提案和议案，郑秉文、杨燕绥、胡继晔、杨长汉、郑功成、邓大松、刘昌平、巴曙松等国内知名专家学者撰文支持企业年金发展，《保险研究》《中国保险报》《证券日报》《南方日报》《金融时报》等国内报刊也都积极刊发研究文章，中国养老金网和麦肯锡等民间研究机构也都纷纷开展企业年金理论与政策研究，发布企业年金市场发展与调研报告。综上所述，在国家、地方各级政府、参保企业、企业年金经办机构、企业年金管理机构、学术界、行业报刊等社会力量的共同推动下，我国企业年金取得了飞速发展。截至 2006 年末，我国企业年金基金存量规模约 1000 亿元①。

表 6 - 2 2004—2006 年我国企业年金主要法律法规和政策文件内容要点

生效时间	法律法规名称	发文部门	内容要点
2004	企业年金试行办法	劳动和社会保障部	对参与条件、覆盖范围、年金方案内容、缴费机制、基金构成、账户模式、管理机制、基金运营、管理机构权利义务与责任、待遇享受、转移接续、争议及解决渠道等做出了全面的规定，确立了我国企业年金总体框架。
2004	企业年金基金管理试行办法	劳动和社会保障部、银监会、证监会、保监会	对企业年金基金的受托管理、账户管理、托管及投资管理做出明确规定。对受托人、账户管理人、托管人、投资管理人、中介服务机构的权利义务与责任以及收益分配与费用、信息披露、监督检查等都做出了细致规定

---

① 参见中国养老金网《2006 年一季度中国企业年金市场报告》，2006 年 10 月，新浪网，（http：//finance. sina. com. cn/fund/jjsy/20060406/20112480786. shtml），2006 - 04 - 06/2019 - 02 - 18。

生效时间	法律法规名称	发文部门	内容要点
2004	关于企业年金基金证券投资有关问题的通知、企业年金基金证券投资登记结算业务指南	劳动和社会保障部、证监会	首次对企业年金基金证券投资的开户、清算模式、备付金账户管理、程序与条件等事项做了具体规定。对受托人、托管人、投资管理人的责权利、基金结算义务、结算日期、风险防范、违约处理等事项做出了细致规定
2004	企业年金管理指引	劳动和社会保障部	全流程和全方位的规范了各类金融机构从事企业年金基金业务操作，勾勒出了中国企业年金的制度特点和运作方式。对企业年金基金的市场化投资运作流程、管理模式、投资组合和委托合同等内容都做出了细致的规定
2004	特殊法人机构证券账户开立业务实施细则	中国证券登记结算有限责任公司	对证券公司、信托公司、保险公司、基金公司等特殊法人机构的证券账户开立业务进行了详细规定。证券公司申请开立多个自营账户的，不得超过按照证券公司每 500 万元注册资本开立一个证券账户标准计算的证券账户数量。证券公司开展集合资产管理业务，每设立一项集合资产管理计划只能开立一个专用证券账户。细则还对现有的机构投资主体，如证券投资基金、信托公司信托产品、社保基金、QFII 等开立证券账户做出了相关规定
2004	关于印发《企业年金基金管理运作流程》、《企业年金基金账户管理信息系统规范》和《企业年金基金管理机构资格认定专家评审规则》的通知	劳动和社会保障部	对流程适用主体、信息传递与审核、信息变更、缴费收账通知、缴费日、费用核对与补缴、建账做出了规定。对账户管理信息系统适用范围、引用文件、缴费与支付规则、特殊缴费、投资计划、未归属权益、系统功能、账户转移、收益、计划终止、信息披露、报表与查询、软硬件与数据安全以及评审专家条件、任期、人数、评审规则、解聘与监督等做出了规定

续表

生效时间	法律法规名称	发文部门	内容要点
2004	关于贯彻《企业年金试行办法》《企业年金基金管理试行办法》的通知	劳动和社会保障部	对建立企业年金制度的重要意义、清理相关政策法规、指导企业积极稳妥地开展企业年金建设工作、推进企业年金基金管理投资运营向市场化过渡、指导工作的协调配合、信息披露、备案、市场退出机制等内容做出了规定
2005	关于公示企业年金基金管理机构资格认定评审专家的通告	劳动和社会保障部	公示了全国首批拟聘任的 50 名评审专家
2005	关于公布第一批企业年金基金管理机构的通告	劳动和社会保障部	公布了全国首批 37 家企业年金基金管理机构。其中，受托人 5 家、账户管理人 11 家、托管人 6 家、投资管理人 15 家
2005	企业年金基金管理机构资格认定暂行办法	劳动和社会保障部	对企业年金基金管理机构定义及受托机构、账户管理人、托管人、投资管理人的资格认定条件、评审、公告、注销、违规处理等内容做出了规定
2005	关于中央企业试行企业年金制度的指导意见	国家国资委	对试行企业年金制度的重要意义、原则、基本条件、企业年金方案设计、企业年金的市场化管理运营、组织管理等内容做出了原则性的规定。
2005	关于扩大做实企业职工基本养老保险个人账户试点有关问题的通知	劳动和社会保障部、财政部	对做实个人账户的原则、扩大试点的范围、扩大试点起步比例和时间、老中新参保人员的个人账户、扩大试点省份的数量、做实个人账户的近期目标、起步比例最低比例、不同省份之间的宏观调节等内容做出了规定
2005	关于完善企业职工基本养老保险制度的决定	国务院	具备条件的企业可为职工建立企业年金。企业年金基金实行完全积累，采取市场化的方式进行管理和运营。做好企业年金基金监管工作，实现规范运作，切实维护企业和职工的利益
2005	关于企业年金方案和基金管理合同备案有关问题的通知	劳动和社会保障部	对企业年金方案和基金管理合同备案的报送基本要求、提交的材料、受理、监管、工作流程、受理与变更时间调整、情况统计等内容做出了规定

生效时间	法律法规名称	发文部门	内容要点
2006	关于进一步加强社会保险基金管理监督工作的通知	劳动和社会保障部	规范企业年金管理和基金投资运营。社会保险经办机构不再接收新的企业年金计划，新建立的企业年金计划要由具备企业年金基金管理资格的机构管理运营；劳社部令20号、23号颁布前建立的企业年金计划，要在2007年底之前移交给具备资格的机构管理运营。在过渡期内，合同到期的投资项目，要按劳社部23号令规定执行，不得再投向禁止的领域
2006	关于国有金融企业试行企业年金制度有关问题的通知	财政部	对试行企业年金制度的原则、基本条件、年金方案的设计和实施、管理和运营、组织管理、信息报告与披露、受托人考评机制等内容做出了规定
2006	关于企业年金基金银行账户管理等有关问题的通知	劳动和社会保障部	对企业年金基金银行账户的开立变更和撤销、基金银行账户的资金性质、基金银行账户的管理、投资管理风险准备金的管理等内容做出了规定
2006	企业会计准则第9号－职工薪酬	财政部	对确定和计量的内容、缴费和营运资金内容、公允价值计量、运营收入类型、净资产的确认和计量、财务报表内容、资产类项目列示信息、负债类项目列示信息、附注披露信息等内容做出了细致的规定
2006	企业会计准则第10号－企业年金基金	财政部	对企业年金基金范畴、基金管理各方当事人、基金投资和估值、基金投资管理风险准备金补亏、基金财务处理和报表等内容做出了细致的规定

注：本表资料由本书著者自行整理。

（三）简要评价

1. 企业年金业务数据发布制度仍不健全。一方面，《中国统计年鉴》《国民经济和社会发展统计公报》《中国劳动年鉴》以及原劳动和社会保障部的年度统计数据、数据分析、动态统计数据、其他统计资料等都没有系统发布企业年金业务数据。虽然2006年以来，原劳动和社会保障部开始发布企业年金业务数据，不过只将其放在"其他统计资料"中，且业务数据不连续、不完整，其他数据库和发布渠道都看不到企业年金业务数据，这表明国家仍然不太重视企业年金业务数据发布制度建设工作。

2. 企业年金基金管理出现"双轨制"。《关于公布第一批企业年金基金管理机构的通告》虽然发布了首批 37 家基金管理机构,并要求各地区和行业单位将管理的基金移交给有法定资格的基金专营管理机构投资运营,但是却未确定移交时间表。这种"双轨制"管理方式导致企业年金计划制定和企业年金基金市场化投资运营管理出现混乱局面。比如,企业年金计划制定和实施就出现了三种情况:按照国家《企业年金试行办法》要求制订实施的企业年金计划、地方政府社会保险经办机构自行制订实施的企业年金计划、行业单位自行制订实施的企业年金计划。

四 波动期 (2007 年 1 月 1 日—2017 年 12 月 31 日)

(一)阶段划分的时代背景和主要原因

之所以将 2007 年到 2017 年划分为我国企业年金制度建设波动期主要出于以下四点考虑:

1. 企业年金制度建设出现转折点,法律法规和政策性文件出台速度减缓。2004—2006 年是我国企业年金制度建设的高峰期,但从 2007 年开始我国制订实施企业年金法律法规和政策性文件的增速减缓。各项法律法规和政策性文件正常发挥应有的作用,企业年金进入规范化运营轨道。这是我国企业年金发展历程中的一个主要变化,是 2007 年之前从未出现过的特征。

2. 企业年金业务多项指标的市场化波动特征明显,出现了时间长度不等的周期性变化特征。2007—2017 年全国参保企业数、基金年度结余额、基金投资收益率、参保职工数四个业务指标的年度增长率都出现了时间长度不等的周期性变化态势[①]。在 2007 年以前,我国企业年金发展进程中从

[①] 截至 2019 年 7 月 21 日,国家人力资源和社会保障仍未发布 2018 年度企业年金基金业务数据。最新的数据是 2018 年上半年的数据。所以,本书将分析数据的时间节点设定到 2017 年。本章的全国企业年金业务数据除了特殊注明外,皆来自于《2017 年全国企业年金数据摘要》、《2017 年第二季度全国企业年金基金业务数据摘要》和《2018 年二季度全国企业年金基金业务数据摘要》。

未出现过这些特征。

3. 2018 年 2 月 1 日份，国家正式实施修订完善的《企业年金办法》，这是我国企业年金发展历程中一个标志性的事件。因此，将 2017 年作为企业年金发展阶段划分的分界年份是合适的。

4. 职业年金的全面实施对企业年金发展阶段的划分并没有产生什么影响。2014 年 10 月 1 日，我国正式实施机关事业单位职业年金制度。一些观点认为应将 2015 年作为划分企业年金发展与改革阶段的标志性年份。与企业年金不同的是，我国的职业年金制度采取的是虚账和实账相结合的制度模式，很多建立职业年金制度的机关事业单位并没有实账积累职业年金基金，参保工作人员职业年金个人账户内的资金是零，而且已经实账积累的职业年金基金多数未开展市场化投资。职业年金尚未真正影响到企业年金的发展，也未对企业年金发展阶段的划分产生太大影响，故将 2015 年作为划分企业年金发展阶段的标志性年份的提法还有待进一步商榷。综上四点所述，本章将 2007—2017 年划定为我国企业年金发展进程中的一个具有鲜明特征的阶段。

（二）改革进程和主要特点

1. 企业年金业务指标稳步增长，市场化波动特征明显，出现了明显的周期性变化特征。这些特征主要表现在全国参保企业数、参保职工数、基金年度结余额、基金投资收益率、基金不同期间组合收益率、待遇领取等指标上，接下来依次分析 2007—2017 年度这些指标的年度数量增长趋势及其年度增长率趋势。

一是在全国建立企业年金的企业总数及其年度增长率方面，2006 年全国建立企业年金的企业总数为 2.4 万户，2007—2017 年全国建立企业年金的企业总数快速增加，2017 年末达到 8.04 万户。单从数量上看，全国企业年金发展势头很好（见图 6-1）。

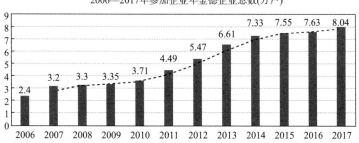

图6-1　2006—2017年全国建立企业年金的企业数（单位：万户）

（数据来源于《2017年全国企业年金数据摘要》①）

　　2007年全国建立企业年金制度的企业总数的年度增长率为33.33%，但是2008年和2009年的年度增长率分别下降到3.12%和1.52%，2010—2012年出现持续回升势头，三个年份的年度增长率依次为10.75%、21.02%、29.7%。总体上看，2007—2012年全国建立企业年金的企业总数出现了一个长度为6年的周期性变化态势。2013—2016年全国建立企业年金的企业总数的年度增长率持续下降，四个年份的年度增长率依次为20.84%、10.89%、6.67%、1.06%，2017年开始回升，年度增长率回升至5.37%，即2012—2017年又出现了一个周期性变化（见图6-2）。

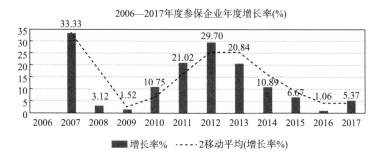

图6-2　2006—2017年全国参保企业总数年度增长率（单位:%）

（数据来源于《2017年全国企业年金数据摘要》）

---

　　①　国家人力资源和社会保障部网站路径为：官网→政务公开→统计数据。下同。2006—2009年采用全国各省份及在人力资源和社会保障部备案企业上报汇总数据，2010年及以后数据采用企业年金基金管理机构上报汇总的数据。

二是在全国参加企业年金的职工总数及其年度增长率方面，2006 年全国参加企业年金的企业职工总数为 964 万人，2007 年参保人数下降到 929 万人。2008—2014 年参保人数快速增加。2015—2017 年参保人数增幅不大（见图 6－3）。

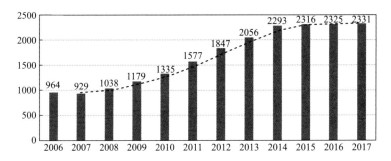

图 6－3　2006—2017 年全国参加企业年金的职工总数（单位：万人）

（数据来源于《2017 年全国企业年金数据摘要》）

2007 年全国参加企业年金的职工总数年度增长率为－3.63%，2008—2011 年年度增长率出现较快增长，2012—2017 年间的年度增长率却又出现下降趋势，尤其是 2015—2017 年的降速更快。整体看，2007—2017 年全国参加企业年金的企业职工总数年度增长率呈现正态分布趋势，其中 2008—2014 年的增速均超过 11%。2007—2017 年全国参加企业年金的职工总数的年度增长率形成了一个长达 11 年的大周期，2007 年的年度增长率为－3.63%，峰值 2011 年的年度增长率为 18.13%，11 年的年度增长率近似正态分布（见图 6－4）。

图 6－4　2006—2017 年全国参加企业年金的职工总数增长率（单位:%）

（数据来源于《2017 年全国企业年金数据摘要》）

三是在全国企业年金基金年度结余额及其年度增长率方面，2006—2016年全国企业年金基金年度结余额稳步增加，从2006年的910亿元增加到2017年的12880亿元。总体上看，2006—2017年间，我国企业年金基金年度结余额稳步增长，趋势向好（见图6-5）。

图6-5　2006—2017年全国企业年金基金年度结余额（单位：亿元）
（数据来源于《2017年全国企业年金数据摘要》）

2007年全国企业年金基金年度结余额增长率为66.92%，2008—2017年间的增幅也很大，除2010年、2015年、2016年以外，其余各个年份的增幅都在23%以上。虽然总体趋势很好，但是从整体上看，全国企业年金基金年度结余额增长率呈下降趋势。2007—2017年全国企业年金基金年度结余额增长率出现4个小周期，第一个周期为2007—2009年、第二个周期为2009—2012年、第三个周期2012—2014年、第四个周期是2012—2017年，四轮周期的长度依次为3年、4年、3年、4年，周期特征明显（见图6-6）。

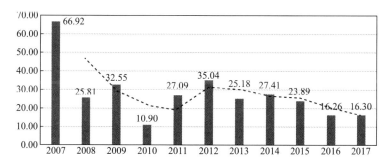

图6-6　2006—2017年全国企业年金基金年度结余额增长率（单位:%）
（数据来源于《2017年全国企业年金数据摘要》）

四是在企业年金基金市场化投资运营管理方面，2007—2017年间，全国企业年金基金的投资组合数和企业年金基金资产总额呈现逐年增长趋势。2007—2017 年，全国企业年金基金加权平均收益率出现 4 个小周期，第一个周期是 2007—2009 年、第二个周期是 2009—2012 年、第三个周期是 2012—2015 年、第四个周期是 2015—2017 年，四个周期的时间长度是 3 年、4 年、3 年、4 年，周期特征也非常明显。总体上看，全国企业年金基金投资收益趋势较好（见表 6 – 3）。

表 6 – 3　　　　2007—2017 年全国企业年金基金投资管理情况

年份	投资组合数（个）	资产总额（亿元）	当年加权平均收益率（%）
2007	212	154.63	41.00
2008	588	974.90	− 1.83
2009	1049	1591.02	7.78
2010	1504	2452.98	3.41
2011	1882	3325.48	− 0.78
2012	2210	4451.62	5.68
2013	2519	5783.60	3.67
2014	2740	7402.86	9.30
2015	2993	9260.30	9.88
2016	3207	10756.22	3.03
2017	3568	12537.57	5.00
年平均数	—	—	7.34

注：数据来源于《2017 年全国企业年金数据摘要》[1]。

五是在基金不同期间组合投资收益方面，2007—2017 年间，全国企业年金样本组合数和样本期末资产总额都呈现稳定增长趋势。企业年金基金加权年平均收益率总体稳定在 5%—7% 之间，以 2017 年和 2007 年的中国工商银行、中国农业银行、中国建设银行、中国银行的活期存款年利率和定期存款年利率为例，简单对比分析两个存款利率和企业年金基金加权年

---

[1]　组合数和资产金额为期末全部组合情况。当年加权平均收益率计算的样本为投资运作满当年的投资组合，计算方法为样本组合收益率的规模加权，以上年末和当年 4 个季度末平均资产规模为权重；组合收益率为单位净值增长率。年平均收益率为 2007 年以来历年收益率的几何平均。

平均收益率，2017 年四大国有银行的活期存款年利率为 0.35%，定期存款年利率为 1.35%（3 个月）、1.55%（6 个月）、1.75%（1 年）、2.25%（二年）、2.75%（三年和五年）。2007 年时活期存款年利率为 0.83%，定期存款年利率为 2.88%（三个月）、3.42%（6 个月）、3.87%（1 年）、4.5%（二年）、5.22%（三年）、5.76%（五年）。除了 2007 年和 2017 年之外的其他年份中，活期存款年利率基本都在 0.8% 以下，定期存款年利率基本都在 5% 以下，即普遍低于同年度的企业年金基金加权年平均收益率。这表明我国企业年金基金加权年平均收益率总体上高于同期银行定期存款利率，历年投资收益情况较好（见表 6 - 4）。

表 6 - 4　2007—2017 年全国企业年金基金不同期间组合投资收益情况

组合起始 运作时间	组合运作 期间	样本组合数 （个）	样本期末资产金额 （亿元）	加权年平均 收益率（%）
2007 年前	满 11 年	22	139.69	6.40
2008 年前	满 10 年	148	558.13	4.49
2009 年前	满 9 年	364	2257.64	5.51
2010 年前	满 8 年	689	3771.44	5.06
2011 年前	满 7 年	1054	5643.83	5.22
2012 年前	满 6 年	1364	7205.38	6.22
2013 年前	满 5 年	1702	8384.89	6.27
2014 年前	满 4 年	2041	9559.31	6.90
2015 年前	满 3 年	2380	10425.62	5.99
2016 年前	满 2 年	2737	11301.28	4.02
2017 年前	满 1 年	3081	11888.15	5.00

注：数据来源于《2017 年全国企业年金数据摘要》[1]。

六是在待遇领取方面，2012—2017 年间，全国企业年金参保职工领取企业年金待遇的人数和金额总体呈现增长趋势。2014 年领取人数和一次性

---

[1]　样本为投资运作满 N 年的投资组合，投资收益率计算方法为符合条件样本组合单位净值增长率年化的基础上规模加权，以组合运作以来各季度末平均资产规模为权重。各组合年化收益率采用的是几何年化方式，即年化收益率 =（1 + 累计收益率）^(1/N) - 1。

领取人数出现一次低谷调整期，但对领取方式的发展态势没有太大影响。总体看，2012 年以后参保职工领取企业年金待遇的方式开始从一次性领取转向分期领取。

为什么会出现这样的变化呢？一个主要原因是，在 2013 年之前，退休职工领取企业年金待遇时，其领取的企业年金待遇被单独作为一个月"工资、薪金所得"缴纳个人所得税。2014 年 1 月 1 日起正式生效的《关于企业年金、职业年金个人所得税有关问题的通知》修改了职工领取企业年金待遇的个人所得税管理办法，凡是按照年度、季度分期领取的企业年金待遇需要分摊到各个月份，按照"工资、薪金所得"合并缴纳个人所得税，职工个人因出境定居或者死亡继承而一次性领取的企业年金待遇可以分摊到 12 个月份缴纳个人所得税，除了特殊原因之外，凡是一次性领取的企业年金待遇则需要一次性缴纳个人所得税。这个新规定导致 2014 年以后分期领取企业年金待遇的人数超过了一次性领取企业年金待遇的人数，也使得 2015 年以后分期领取企业年金待遇的金额超过了一次性领取企业年金待遇的金额（见表 6 - 5）。

表 6 - 5　　　2012—2017 年全国企业年金待遇领取情况

年份	当年领取人数（万人）	一次性领取	分期领取	当年领取金额（亿元）	一次性领取	分期领取
2012	50.55	32.84	17.71	148.49	127.59	20.90
2013	57.83	37.41	20.42	196.05	169.01	27.04
2014	47.60	20.22	27.38	141.27	91.60	49.67
2015	89.70	22.47	67.23	260.57	111.31	149.26
2016	105.48	20.93	84.55	295.95	103.44	192.51
2017	127.51	17.15	110.36	345.40	108.86	236.54

注：数据来源于《2017 年全国企业年金数据摘要》。分期领取人数指统计期间符合企业年金待遇领取条件并实行分期领取的人数，期间内同一人多次领取的只计为 1 人，不重复计算。

2. 国家从重视企业年金框架体系建设开始转向重视企业年金基金效益监管。从 1991 年到 2006 年，国家和各级地方政府的主要工作是鼓励和引导企业建立企业年金制度，制定实施一系列法律规章和政策文件，构建了我国企业年金的框架体系。例如，规定了覆盖范围、缴费基数与比例、个人账户模式、待遇领取条件与方式、转移接续、基金投资收益。从 2007 年开始，国家和各级地方政府的工作重心开始从制度框架设计转向企业年金基金管理，规范企业年金基金投资，提高企业年金基金效益。2007—2017年，我国再次密集出台了一系列法律法规和政策性文件，从时间结构上看，这些法律法规和政策性文件主要集中在 2007—2009 年，其中 2007 年实施 7 项，占比 28%，2008 年和 2009 年实施 7 项，占比 28%，2011—2017 年间实施的法律法规和政策性文件数量在 1—3 项之间，占比都较小。这些法律法规和政策性文件主要调节、规范企业年金基金投资收益、税收政策以及财会管理行为（表格 29）。国家在 2007 年以后高度重视企业年金基金的使用问题的一个主要原因是 2006 年 7 月份上海市社会保障基金违法侵占案被曝光，这是新中国成立以来全国最大的违法违规侵占社会保障基金案件，涉案金额高达 32 亿元，其中主要是企业年金基金，民怨极大。这起案件暴露出两个突出问题，第一个问题是政府垄断基金管理存在弊端。上海市人民政府既是企业年金基金的管理部门，又是企业年金基金的投资管理人，这种集运动员和裁判员职责于一身的政府管理模式形成了政府独家垄断，加之各种监管措施不到位，导致企业年金基金被违法违规挪用。第二个问题是基金投资运营制度不健全。在此之前，国家改革重心是企业年金框架建设，对企业年金基金投资收益制度建设略有不足，对企业年金基金投资监管存在漏洞。上海市社会保障基金侵占案暴露出我国企业年金基金投资管理存在规定不明确、法人治理结构等突出问题，导致官商勾结和利益输送。在这一重大事件的推动下，我国迅速制定实施一系列企业年金基金投资监管规章制度，促使政府退出基金管理，让基金在市场机制调节下运营。当然，上海市的社会保障基金违规案件并不是我国迅速制定企业年金基金投资管理制度的唯一原因。其实，全国各地区违法违规挪用和诈骗社会保障基金问题存在已久。我国早在 1998 年就开始清理回收被违规挤占挪用的社会保障基金，然而违规问题一直没有得到根本解决。比如，2002 年广州市非法挪用 8 亿元社会保障基金被曝光，2002 年海南省诈骗

2000 万元社会保障基金案被曝光，2004 年山西省非法挪用 7659 万元社会保障基金案被曝光，2006 年河北省非法挪用 3817 万元社会保障基金案被曝光。一系列的非法挤占挪用社会保障基金案促使国家下定决心规范企业年金基金的投资运营管理。在具体做法上，人力资源和社会保障部、原中国银行业监督管理委员会、原中国保险监督管理委员会、中国证券监督管理委员会在 2011 年 5 月 1 日颁布实施了《企业年金基金管理办法》。《企业年金基金管理办法》修订完善了 2004 年 5 月 1 日正式生效的《企业年金基金管理试行办法》，旨在规范基金管理，维护相关方合法权益。2011 年 5 月 20 日，国家人力资源和社会保障部下发了《关于企业年金集合计划试点有关问题的通知》（人社部发［2011］58 号）。58 号文的核心目的是规范企业年金基金管理，维护企业年金基金管理机构、委托人、受益人的合法权益，其直接规范对象是企业年金集合计划，进一步完善了《企业年金基金管理办法》。2013 年 3 月 19 日，人力资源和社会保障部、原中国银行业监督管理委员会、原中国保险监督管理委员会、中国证券监督管理委员会联合发布了《关于扩大企业年金基金投资范围的通知》（人社部发［2013］23 号），其目的也是规范基金管理，确保企业年金基金资产保值增值。同在 3 月 19 日，人力资源和社会保障部、原中国银行业监督管理委员会、原中国保险监督管理委员会、中国证券监督管理委员会共同发布了《关于企业年金养老金产品有关问题的通知》（人社部发［2013］23 号），其目的旨在提高企业年金基金的投资运营效率。上述政策性文件有效规范了基金投资运营秩序，提高了基金投资收益率，保护了企业年金各方当事人合法权益。

3. 政府管理模式向市场调节模式转型速度加快。上海市违法违规挪用社会保障基金案曝光后，国家高度重视，有关部门迅速制定落实整治措施，原劳动和社会保障部、监察部联合制定专项检查制度，并组建联合检查组，对全国部分省市的社会保障基金和企业年金基金的费用征缴、基金管理、待遇发放、管理费支付等事项进行年度专项检查和抽查检查。2006 年 9 月 14 日和 2007 年 4 月 24 日，原劳动和社会保障部先后制定实施了

《关于进一步加强社会保险基金管理监督工作的通知》（劳社部发［2006］34 号）和《关于做好原有企业年金移交工作的意见》（劳社部发［2007］12 号），明令要求各省市在 2007 年底之前将本地区社会保险经办机构、行业单位、企业等三方管理的企业年金基金存量部分移交给具有法定资质的企业年金基金管理机构，社会保险经办机构不得再接受管理企业年金基金。本次改革的思路是将企业年金基金的管理权和投资权分离，取消社会保险机构的企业年金基金运营权，将企业年金基金存量部分和增量部分进行分离，企业年金基金要在市场机制的调解下规范化投资运营增益。在一系列改革措施的约束下，部分省市开始移交企业年金存量基金。然而，有些省份存在侥幸心理，采取观望、拖延、变通等做法，迟迟不推进企业年金基金移交工作。比如，当时企业年金基金存量最大的上海市就尝试建立一个新的企业年金管理机构，继续管理本市的企业年金基金，这种做法与国家劳动和社会保障部的改革主张不一致，阻碍了改革进程。为了破解诸如此类的难点问题，原劳动和社会保障部迅速制订实施了一系列政策性文件，坚决深化改革。上海市最终将政府企业年金管理中心掌控的 150 亿元企业年金存量基金全部转移给了当时处于筹建期的长江养老保险股份有限公司，涉及的企业达到 7000 多家。截止到 2007 年末，上海市企业年金管理中心顺利完成企业年金基金的移交工作。广东省深圳市企业年金管理中心也按期将本市积存的首批 20 多亿元企业年金基金全部移交给了中国平安养老保险股份有限公司和招商银行。此外，四川省、山东省等省市也都在不同时期完成地方管理的企业年金基金的整体移交工作。截止到 2007 年末，全国各地区移交的企业年金存量基金总额超过了 750 亿元，其中包括全国最早完成移交工作的辽宁省（2004 年）的企业年金存量基金。

4. 企业年金个人所得税征收管理日渐规范。2009 年 12 月 10 日，国家税务总局下发了《关于企业年金个人所得税征收管理有关问题的通知》（国税函［2009］694 号），明确了 TE 税收政策，T 指的是参加企业年金职工的缴费和企业缴费划入个人账户的部分都需要缴纳个人所得税，E 指的是企业年金基金在市场化投资收益环节不需要缴纳所得税。694 号文虽然在指导企业年金个人所得税征缴工作方面发挥了重要作用，但仍存在不足之处，一个不足是它没有建立起完整的 TEE 税收制度，即没有明确参加企业年金的职工在领取企业年金待遇时是否缴纳个人所得税，也没有建立起目前施行的 EET 税收政策；另一个不足是它没有和基本养老保险制度有效衔接，企业无论给职工缴纳多少费用，哪怕是 1 分钱也要缴纳个人所得税，这样的规定违背了企业年金制度补充养老保险制度的初衷。为了解决这个问题，国家税务总局于 2011 年 1 月 30 日发布了《关于企业年金个人所得税有关问题补充规定的公告》（国家税务总局公告 2011 年第 9 号），明确规定企业缴费划入个人账户部分与职工当月工资之和低于个人所得税起征点的免税。

举例说明：2010 年 12 月，甲职工每个月的工资收入为 2215.2 元，在依法扣除基本养老保险缴费、基本医疗保险缴费、失业保险缴费、住房公积金缴费等四项费用以后，甲职工 2010 年 12 月的实发薪金总额为 1877.5 元，甲职工所在企业缴费划入甲职工个人账户的金额是 113 元，当年的个人所得税起征点是 2000 元，那么甲职工 2010 年 12 月的个人所得税应怎样计算呢？甲职工 2010 年 12 月的实发薪金总额为 1877.5 元，低于个人所得税起征点 2000 元，差值为负数，应缴个人所得税为 0 元；甲职工所在单位缴费划入甲职工个人账户的金额是 113 元，应适用 5% 税率计算，即甲职工当月应缴个人所得税额为 113 元与 5% 的乘积 5.65 元。这是依据 2009 年第 694 号文计算得出的结果。然而，按照 2011 年 9 号公告规定的计算方法，则计算结果就出现了差异。假设 2011 年 3 月，2010 年 12 月，甲职工每个月的工资收入为 2215.2 元，在依法扣除基本养老保险缴费、基本医疗保险缴费、失业保险缴费、住房公积金缴费等四项费用以后，甲职工 2011 年 3 月的实发薪金总额为 1877.5 元，甲职工所在企业缴费划入甲职工个人账户的金额是 113 元，当年的个人所得税起征点是 2000 元，那么甲职工 2011 年 3 月的个人所得税应怎样计算呢？甲职工 2011 年 3 月的实发薪金总额为 1877.5 元，低于个人所得税起征点 2000 元，差值为负数，应缴个人所得税为 0 元；甲职工所在单位缴费划入甲职工个人账户的金额是 113

元，甲职工当月工资是 1877.5 元，两者合计 1990.5 元，低于个人所得税起征点 2000 元，甲职工当月无须缴纳个人所得税。

和 2009 年的 694 号相比，2011 年的 9 号公告也没有建立起 EET 税收模式。2013 年 12 月 6 日，财政部、人力资源和社会保障部、国家税务总局联合下发了《关于企业年金职业年金个人所得税有关问题的通知》（财税〔2013〕103 号），构建了 EET 税收模式，在企业年金缴费和基金投资收益两个环节免征全部或部分个人所得税的基础上，增加了企业年金待遇领取时征收个人所得税的规定，标志着我国正式建立递延型税收优惠政策。2013 年的 103 号文正式生效时间为 2014 年 1 月 1 日，其确定的 EET 税收模式沿用至今。

表 6 - 6　2007—2017 年我国企业年金主要法律法规和政策文件内容要点

时间	法律法规名称	发文部门	内容要点
2007	关于做好原有企业年金移交工作的意见	劳动和社会保障部	对企业年金移交范围与原则、企业年金基金资产的清理、企业年金基金投资的处理、个人权益的保护、管理机构的选择、企业年金方案与基金管理合同的备案、移交工作的要求、移交工作的组织领导等内容都做出了规定
2007	关于公布第二批企业年金基金管理机构的通告（附件：第二批企业年金基金管理机构资格评审专家名单）	劳动和社会保障部	公布了全国第二批 24 家企业年金基金管理机构，其中受托人 7 家、账户管理人 7 家、托管人 4 家、投资管理人 6 家。通告以附件形式公布了评审专家 44 人
2007	关于企业年金基金进入全国银行间债券市场有关事项的通知	中国人民银行劳动和社会保障部	对企业年金基金直接进行债券交易和结算时提交的材料、企业年金基金通过结算代理人进行债券交易和结算时提交的材料、单个企业年金计划开立的债券托管账户上限、企业年金基金托管人（或结算代理人）提交的备案材料、企业年金基金债券交易联网和债券托管账户的变更或撤销规定、不同企业年金基金及其他资产之间相互债券交易限制、企业年金基金管理机构的规范、同业中心和中央结算公司的内部机制等内容做出了规定。

时间	法律法规名称	发文部门	内容要点
2007	企业年金基金债券账户开销户细则	中央国债登记结算有限责任公司	对结算成员乙类和丙类结算成员开户提交的资料、托管账户设立上限、开户疑义处理、备案手续和期限、结算类型变更处理等内容做出了规定
2007	关于中央企业试行企业年金制度有关问题的通知	国务院国有资产监督管理委员会	对参保条件和范围、缴费水平、缴费主体、缴费上限、参保原则、方案设计与历史遗留问题对接、过渡期、已购买商业保险清理等做出了规定
2007	关于养老保险公司经营企业年金业务有关问题的通知	中国保险监督管理委员会	养老保险公司在经营企业年金业务时，不适用《保险公司管理规定》第十三条第二款"保险公司在其住所地以外的各省、自治区、直辖市开展业务，应当设立分公司。中心支公司、支公司、营业部或者营销服务部，由保险公司根据实际情况申请设立"的规定，可以在全国范围内展业
2007	关于公示企业年金基金管理机构资格认定评审专家的通告	劳动和社会保障部	公示了拟聘任的 50 名企业年金基金管理机构资格认定评审专家
2008	关于延续企业年金基金管理机构资格的通告	人力资源和社会保障部	延续 33 家企业年金基金管理机构，其中受托机构 4 家、账户管理人 8 家、托管人 6 家、投资管理人 15 家。注销 3 家企业年金基金管理机构。暂缓延续 1 家企业年金基金管理机构
2008	关于进一步加强金融企业财务管理若干问题的通知	财政部	金融企业试行企业年金制度履行的审核程序与备案。所需费用作为社会保险费直接列入成本（费用），列入成本（费用）的年金费用不得超过上一年度职工工资总额 4%。违法违纪处理
2008	关于企业新旧财务制度衔接有关问题的通知	财政部	缴费和个人缴费组成的补充养老保险企业缴费总额在工资总额 4% 以内的部分，从成本（费用）中列支。补充养老保险基金属于职工所有。建立补充养老保险之前已经离退休或者按照国家规定办理内退而未纳入补充养老保险计划的职工，企业按照国家有关规定向其支付的养老费用，从管理费用中列支

续表

时间	法律法规名称	发文部门	内容要点
2008	关于对原有企业年金移交有关问题补充意见的函	人力资源和社会保障部	签订移交协议、整体移交和企业年金过渡计划设立、企业年金过渡计划登记号的编制、企业年金过渡计划的管理、企业年金过渡计划的信息披露、保留账户的处理、企业为职工购买商业团体养老保险的处理
2008	保险公司养老保险业务管理办法	中国保险监督管理委员会	规范了企业年金养老保险产品。对被保险人和受益人的权益保护做出多项规定。保护了企业年金养老保险被保险人和受益人利益。保险公司资质、投资管理、项主管部门提交多种报告制度、财务监管
2009	关于规范企业年金基金管理服务有关问题的通知	人力资源和社会保障部	各企业年金基金管理机构依法提供各类服务项目的周期、频次、数量、价格。各企业年金基金管理机构要依法监管企业年金基金管理机构行为。对企业违规处罚措施、中介服务机构管理、违法违规处理、要采取分类指导和监管、社会监督的作用等事项做出了规定
2009	关于企业年金个人所得税征收管理有关问题的通知	国家税务总局	个人缴费部分和企业缴费个人所得税扣除。对企业按季度、半年或年度缴纳企业缴费的扣缴个人所得税。对因年金设置条件导致的已经计入个人账户的企业缴费不能归属个人的部分扣税规定。参加年金计划的个人办理退税证明、申报、核实。违法处理、制度衔接、计征个人所得税的范围
2011	关于企业年金个人所得税有关问题补充规定的公告	国家税务总局	企业为月工资收入低于费用扣除标准的职工缴存企业年金的征税、以前年度企业缴费部分未扣缴税款的计算补税问题计税方法、职工月平均工资额的计算公式、职工个人应补缴税款的计算公式、企业应补扣缴个人所得税合计数计算公式

时间	法律法规名称	发文部门	内容要点
2011	企业年金基金管理办法	人力资源和社会保障部、中国银行业监督管理委员会、中国证券监督管理委员会、中国保险监督管理委员会	对企业年金基金定义、委托人、受托人、账户管理人、投资管理人、托管人的权利、责任、义务、条件、终止、违法等事项做出了具体规定。对企业年金基金理事会产生、任期、企业年金理事会理事应具备条件以及基金投资项目、范围、比例、上限等事项做出了具体的规定。对收益分配及费用、计划管理和信息披露、监督检查等事项做出了具体的规定
2011	关于延续企业年金基金管理机构资格的通告	人力资源和社会保障部	延续 32 家企业年金基金管理机构资格，其中法人受托机构 4 家、账户管理人 8 家、基金托管人 6 家、投资管理人 14 家。注销 2 家基金管理机构
2013	关于延续及整合企业年金基金管理机构资格的通告	人力资源和社会保障部	延续了 23 个企业年金基金管理机构资格，其中受托机构 6 家、账户管理人 7 家、托管人 4 家、投资管理人 6 家。增加及整合 3 个账户管理机构资格。不予延续 2 家管理机构资格
2013	关于扩大企业年金基金投资范围的通知	人力资源和社会保障部、中国银行业监督管理委员会、中国证券监督管理委员会、中国保险监督管理委员会	对产品类型、投资单位（不同产品设定了具体的比例）、单个投资组合委托投资资产投资不同产品的比例等事项做出了规定。对企业年金基金投资的商业银行理财产品、信托产品、基础设施债权投资计划的发行主体的分类及其条件等事项做出了规定。对不同产品的投资的评估、监管等事项也做出了规定

时间	法律法规名称	发文部门	内容要点
2013	关于企业年金养老金产品有关问题的通知	人力资源和社会保障部、中国银行业监督管理委员会、中国证券监督管理委员会、中国保险监督管理委员会	对企业年金养老金产品定义和投资范围、养老金产品类型和投资比例（分类型做出了严格限制，设定了具体的比例和范围）、养老金产品发行、养老金产品管理运行、投资养老金产品、养老金产品信息披露和监管等事项做出了细致的规定
2014	企业会计准则第9号－职工薪酬	财政部	规范了职工薪酬确认、计量、信息披露。扩大了职工薪酬范围外延，增加了四种不同薪酬和福利种类下的会计准则
2014	关于企业年金、职业年金个人所得税有关问题的通知	财政部、人力资源和社会保障部、国家税务总局	单位为职工缴付企业年金或职业年金部分不缴个人所得税。个人缴费部分享受4%优惠。月平均工资超过所在地上一年度职工月平均工资300%以上的部分不计入计税基数。基金投资运营收益分配计入个人账户时，个人暂不缴纳个人所得税。不同领取方式领取年金时计征个人所得税规定
2015	企业年金基金管理机构资格认定暂行办法	人力资源和社会保障部	对企业年金基金管理机构（受托人、账户管理人、投资管理人、托管人）界定与申请条件、资格延续申请、资格注销情形与程序、信息披露、违法违规处理等事项做出了具体的规定
2015	企业年金基金管理办法	人力资源和社会保障部、中国银行业监督管理委员会、中国证券监督管理委员会、中国保险监督管理委员会	对企业年金基金定义、委托人、受托人、账户管理人、投资管理人、托管人的权利、责任、义务、条件、终止、违法等事项做出了具体规定。对企业年金基金理事会产生、任期、企业年金理事会理事应具备条件以及基金投资项目、范围、比例、上限等事项做出了具体的规定。对收益分配及费用、计划管理和信息披露、监督检查等事项做出了具体的规定

续表

时间	法律法规名称	发文部门	内容要点
2016	关于第二批企业年金基金管理机构资格延续的通告	人力资源和社会保障部	延续了 24 个企业年金基金管理资格，其中受托机构 5 家、基金账户管理人 9 家、基金投资管理人 6 家
2017	关于企业年金基金管理机构资格延续的通告	人力资源和社会保障部	延续了 31 家企业年金基金管理机构资格，其中 4 家受托机构、7 家账户管理人、6 家托管人、14 家投资管理人

注：本表资料由本书著者自行整理。

（三）简要评价

这一阶段我国企业年金发展形势喜人，企业年金投资收益和政府监管等方面取得了积极进展。但也面临着扩面乏力等问题。

1. 企业年金基金市场化投资运营速度加快，企业年金基金融入金融资本市场中，企业年金基金管理机构之间竞争程度加剧，服务质量也随之提高。企业年金基金市场化投资运营出现了周期性的波动特征。

2. 政府责任感增强。政府相关部门改革了企业年金基金管理体制，确立了"管办分离"管理体制，并从之前侧重构建企业年金制度体系转向提高企业年金基金投资收益。政府还加大企业年金法规和政策文件的建设力度，完善了个人所得税制度，建立起 EET 税收优惠政策，促进了企业年金规范发展，也完善了基本养老保险制度为核心的三支柱养老保障制度体系。

3. 企业年金扩面乏力，参保企业增速低。从 1991 年开始我国建立企业年金制度的企业主体是国有企业，民营企业和外资企业自始至终都缺乏建立企业年金制度的积极性，截止到 2017 年末这种结构仍未得到根本改变。如今，国有大中型企业基本都已经建立实施企业年金制度，今后提高企业年金覆盖面难度极大。综上所述，在今后很长一段时间内，无论是在企业年金制度健全与企业年金基金投资收益率提高等方面，还是在个人所得税征管制度完善与企业年金待遇领取规范等方面，提高精细化管理水平都将是重要的改革方向。

五　瓶颈期（2018 年 1 月 1 日—至今）

（一）阶段划分的时代背景和主要原因

之所以将 2018 年以后划分为我国企业年金制度建设的瓶颈期主要依据以下两个标志性特征：

1. 企业年金发展处于低迷期。这一特征将在下文的改革进程和主要特点中介绍。

2. 企业年金制度建设取得新进展。2018 年 1 月 1 日，国家人力资源和社会保障部、财政部以第 36 号令联合发布的《企业年金办法》正式生效。《企业年金办法》是在《企业年金试行办法》基础上修订而来，成为目前我国企业年金领域法规层级最高、最权威的部门规章。《企业年金办法》是企业年金制度建设进程中的一个重要里程碑。因此，无论从企业年金制度建设层面还是企业年金业务发展层面上分析，本章将 2018 年作为划分我国企业年金发展历程的分界年份比较合适。

（二）改革进程和主要特点

1. 企业年金发展处于低迷期，增长乏力。和 2017 年 1—6 月份全国企业年金业务数据对比，2018 年 1—6 月份全国参加企业年金的职工人数同比增长率为 0.65%，连续四年处于低迷期。尤为突出的问题是，2018 年 1—6 月份全国企业年金业务多项指标都出现负增长，建立企业年金计划数和建立其他企业年金计划数的同比增长率分别为 -1.79% 和 -10.53%，本季度投资收益、本年以来累计收益、本季度加权平均收益率、本年以来加权平均收益率等四个业务指标的同比增长率依次为 -59.79%、-38.20%、-65.25%、-47.19%，企业年金基金总体收益率不景气。此外，参保职工数占参加基本养老保险制度的职工数的比例不到 6%，建立企业年金制度的主体仍为集中在经济社会相对发达省份的国有大中型企业，民营企业和外资企业建立企业年金的积极性仍然较低，企业年金覆盖面也依然较低，这些指标的变化态势均表明我国企业年金发展处于低迷状态（见表 6-7）。

表 6-7 2017 年 1—6 月份和 2018 年 1—6 月份企业年金业务数据对比

指　　标	2017 年 1—6 月份	2018 年 1—6 月份	增减数	增长率（%）
建立企业（个）	77988	82886	4898	6.28
参加职工（万人）	2327.28	2342.33	15.05	0.65
积累基金（亿元）	11943.46	13686.05	1742.59	14.59
建立计划数（个）	1521	1579	58	3.81
单一计划	1446	1507	61	4.22
法人受托	1273	1348	75	5.89
理事会	173	159	-14	-8.09
集合计划	56	55	-1	-1.79
其他计划	19	17	-2	-10.53
实际运作资产金额（亿元）	11623.79	13467.24	1843.45	15.86
建立组合数（个）	3351	3748	397	11.85
本季度投资收益（亿元）	131	52.67	-78.33	-59.79
本年以来累计收益（亿元）	248.36	153.48	-94.88	-38.20
本季度加权平均收益率（%）	1.18	0.41	-0.77	-65.25
本年以来加权平均收益率（%）	2.31	1.22	-1.09	-47.19
本季度领取人数（万人）	83	106.44	23.44	28.24
一次性领取	4.41	4.4	-0.01	-0.23
分期领取	78.59	102.04	23.45	29.84
本季度领取金额（亿元）	81.73	105.05	23.32	28.53
一次性领取	25.69	28.59	2.9	11.29
分期领取	56.04	76.46	20.42	36.44

注：数据来源于 2017 年第二季度《全国企业年金基金业务数据摘要》和 2018 年第二季度《全国企业年金基金业务数据摘要》。

和 2017 年 1—6 月份的全国企业年金基金投资收益率相比，2018 年 1—6 月份的单一计划、集合计划、其他计划三种类型的投资收益率以及合计投资收益率总体呈下降趋势（见表 6-8）。

表 6 -8017 年 1—6 月份和 2018 年 1—6 月份企业年金基金投资收益率对比

计划类型	组合类型	2017.1—6 加权平均收益率（%）	2018.1—6 加权平均收益率（%）	增减情况
单一计划	固定收益类	2.16	2.46	+
	含权益类	2.41	0.98	−
	合计	2.38	1.20	−
集合计划	固定收益类	1.51	2.05	+
	含权益类	1.70	0.61	−
	合计	1.61	1.34	−
其他计划	固定收益类	2.40	1.53	−
	含权益类	2.19	1.81	−
	合计	2.35	1.78	−
全部	固定收益类	2.00	2.35	+
	含权益类	2.37	0.96	−
	合计	2.31	1.22	−

注：数据来源于 2017 年第二季度《全国企业年金基金业务数据摘要》和 2018 年第二季度《全国企业年金基金业务数据摘要》。

这一时期我国企业年金发展处于低迷期的一个主要原因是在宏观经济环境不佳，建立企业年金计划的各个企业普遍面临经营困境，收益下滑，故缩减企业年金投入；企业职工也因生活成本、再教育成本、职业发展成本等家庭支出成本不断提高而降低了参与企业年金的积极性。国家精准地把握住了这一趋势和特征，为扭转企业年金发展低迷态势，切实保障参保职工的养老权益，及时制定出台了《企业年金办法》。

2. 职业年金基金市场化投资运营将推进企业年金市场发展。2018 年 4 月 3 日，国家人力资源和社会保障部、财政部联合发布了《关于规范职业年金基金管理运营有关问题的通知》（人社厅发［2018］32 号）。2019 年 2 月 27 日，中央国家机关及所属事业单位的第一笔职业年金基金市场化投资运营。全国实账积累的职业年金基金规模约为 7500 亿元，当这些巨额资金持续进入市场后，将刺激处于低迷期的企业年金市场发展，促使企业年金机构提高服务质量和基金投资收益率水平。

3. 法律法规建设工作平稳推进。1991—2017 年我国建设完成了企业年金法律法规框架体系，2018 年以来我国企业年金法律法规建设进入了一个细化健全、促质提效的新阶段。2018 年我国制订实施的企业年金法律规章和政策文件主要有《企业年金办法》《关于规范职业年金基金管理运营有关问题的通知》（人社厅发〔2018〕32 号）《关于公布企业年金基金管理机构资格调整情况的通告》（人社部函〔2018〕64 号）。企业年金制度建设步伐虽然开始放缓，但制度调节方向、重心更加明确，强化了企业年金的养老保险功能和参保职工的合法权益。这一时期企业年金制度建设最突出的亮点是修订实施了《企业年金办法》。和《企业年金试行办法》相比，《企业年金办法》出现了一些新特征。

一是《企业年金办法》调整了企业年金缴费比例上限和缴费比例确定权。《企业年金试行办法》规定，企业缴费每年缴费比例上限为 1/12，企业和职工个人合计缴费比例上限为 1/6。《企业年金办法》将这两个缴费比例分别调整为 8% 和 12%，并规定具体比例由企业和职工协商确定。

二是《企业年金办法》增加了"高平差"规定。"高平差"是指企业当期缴费计入职工企业年金个人账户的最高额与本单位职工平均额之间的倍数。在《企业年金办法》实施以前，企业为了留住高级管理人员、优秀技术职工和特殊人才，将更多的企业缴费资金划入这些职工的个人账户中，导致广大职工利益受损。为了改变这种不公平状况，《企业年金办法》对企业的特惠式做法做出了限制性规定，企业当期缴费划归职工个人账户最高额不得超过单位平均值 5 倍。

三是《企业年金办法》增加了企业中止企业年金缴费的几种情形，还增加了企业恢复企业年金缴费的情形，并规定补缴企业年金费用的年限和实际缴费金额不得超过实际中止缴费的年限和金额，即对恢复企业年金缴费的方式、方法做出了规定。

四是《企业年金办法》增加了企业变更企业年金方案的决策程序与政府备案程序的规定，规定了企业终止企业年金方案的几种情形以及企业年金方案终止后的企业年金基金清算依据。

五是《企业年金办法》完善了企业年金待遇的领取条件和领取方式。《企业年金试行办法》规定了职工领取企业年金待遇的三种情形：达到国家规定的退休年龄、出国（境）定居、死亡。《企业年金办法》在此基础上增加了一种情形：完全丧失劳动能力。在企业年金待遇领取方式上增加了新渠道，即职工本人可以将企业年金个人账户内的累积资金全部或者部分购买商业养老保险产品。

六是《企业年金办法》增加了企业年金权益分配规定。《企业年金办法》对职工个人账户中企业缴费部分及其投资收益如何归属做出了明确规定，企业需和职工个人协商确定企业年金权益归属方式，具体方式有两种：一种方式是企业可与职工约定企业年金权益从一开始就归属于职工个人；另一种方式是企业可与职工约定企业年金权益随着职工在本企业工作年限的增加逐步归属于职工个人，企业年金权益完全归属于职工个人的期限最长不得超过8年。这样的规定有利于职工个人职业流动，也有利于约束企业不端行为。

七是《企业年金办法》扩大了企业年金的适用范围。《企业年金试行办法》调节的是法人组织是企业，不调节非企业组织；调节的是企业年金，不调节享受国家政策支持的团体养老年金保险业务以及个人养老年金保险。《企业年金办法》规定，非企业组织受《企业年金办法》调节规范；企业为职工购买团体养老年金保险以及个人养老年金保险的，也要受《企业年金办法》调节规范。这表明《企业年金办法》为企业年金发展与改革提供了法规依据和政策指导（见表6-9）。

表6-9　　《企业年金办法》和《企业年金试行办法》对比

	企业年金试行办法（2004）	企业年金办法（2018）	变化
总字数	1824	3193	增加1369个字
条数	24条	32条	增加8条
章节	无章	7章	规范化
第1条	目的、意义和依据	目的、意义和依据	无变化
第2条	企业年金概念	企业年金概念	无变化
第3条	建立企业年金条件	缴费和积累	/

续表

	企业年金试行办法（2004）	企业年金办法（2018）	变化
第4条	方案制定权	税收和财务管理	新增
第5条	方案内容	受托人	/
第6条	行政管理部门	缴费义务	新增
第7条	缴费制度	方案制定权	/
第8条	缴费比例	方案内容	/
第9条	基金构成	行政管理部门	/
第10条	基金投资运营收益	方案生效时间	新增
第11条	企业缴费划转	方案变更	新增
第12条	待遇领取	方案终止	新增
第13条	转移接续	方案调整后的基金清算	新增
第14条	死亡继承	基金构成	/
第15条	受托人	缴费比例	/
第16条	理事会构成	中止缴费	新增
第17条	理事会职责	企业缴费划转	/
第18条	受托合同	高平差	新增
第19条	账户管理人、投资管理人和托管人	个人账户权益	新增
第20条	基金管理	企业缴费划转	/
第21条	监督检查	企业缴费未划转规定	新增
第22条	争议处理机制	转移接续	/
第23条	补充条款	方案终止后账户管理	新增
第24条	生效时间	待遇领取	/
第25条	/	不允许领取的规定	新增
第26条	/	理事会构成和职责	/
第27条	/	受托人职责	/
第28条	/	基金管理	/
第29条	/	监督检查	/
第30条	/	争议处理机制	/
第31条	/	补充条款	/
第32条	/	生效时间	/

注：本表资料由本书著者自行整理。

4. 企业年金养老产品实际运作数约为 50%，养老产品累计投资收益率小幅攀升。2017 年 1—6 月份，企业年金养老产品实际运作数的占比都低于 50%，2018 年 1—6 月份的企业年金养老产品实际运作数有所增加，但仍有很多养老产品实际运作数的占比在 50% 及以下。2017 年 1—6 月份，权益类资产的累计投资收益率约在 18%—24% 之间，可是 2018 年 1—6 月份的权益类资产的累计投资收益率出现表现欠佳，股票型权益类资产、优先股型权益类资产和权益类资产的总体累计投资收益率都出现下降趋势。固定收益型资产和流动性资产的累计投资收益率总体均呈小幅增长趋势（见表 6 – 10）。

表 6 – 10　2017 年 1—6 月份和 2018 年 1—6 月份企业年金养老产品及收益率对比

资产类型	产品类型	备案产品数（个）	实际运作产品数（个）	成立以来累计投资收益率（%）
权益类资产	股票型	117（137）	61（91）[52.1%*/66.4%**]	20.02（15.43）
	股权型	5（6）	2（2）[40%*/30%**]	15.86（21.61）
	优先股型	11（11）	3（3）[27.2%*/27.2%**]	10.11（16.04）
	股票专项型	7（8）	3（4）[42.9%*/50%**]	23.50（6.29）
	小计	140（162）	69（100）[49.3%*/61.7%**]	18.02（15.87）
混合型固定收益类资产		113（118）	49（60）[43.4%*/50.8%**]	18.59（20.86）
固定收益型资产	普通	80（93）	47（68）[59%*/73.1%**]	11.16（12.68）
	存款	9（17）	4（7）[44.4%*/41.2%**]	2.04（4.76）
	债券	17（19）	7（8）[41.2%*/42.1%**]	7.08（11.18）
	债券基金	4（4）	-（-）	-（-）
	商业银行理财产品	4（7）	2（2）[50%*/28.5%**]	2.14（6.51）
	信托产品	38（58）	20（24）[52.6%*/41.3%**]	14.12（17.91）
	债权计划	19（33）	9（12）[47.3%*/36.4%**]	19.12（16.56）
	特定资产管理计划	14（14）	1（-）/	15.78（-）
	保险产品	2（2）	1（1）[50*%/50**]	3.12（8.03）
	小计	187（247）	91（122）[48.7%*/49.4%**]	10.15（12.42）

资产类型	产品类型	备案产品数（个）	实际运作产品数（个）	成立以来累计投资收益率（%）
流动性资产	货币型	31（37）	16（21）[51.6%*/56.8%**]	10.65（15.10）
合计		471（564）	225（303）[47%*/53.7%**]	12.91（14.70）

注：数据来源于 2017 年第二季度《全国企业年金基金业务数据摘要》和 2018 年第二季度《全国企业年金基金业务数据摘要》。第三列、第四列和第五列中括号内的数值为 2018 年 1—6 月份数据、百分比，括号前的数值为 2017 年 1—6 月份数据、百分比。第四列中方括号内带一个星号的数值为 2017 年 1—6 月份数据、百分比，带两个星号的数值为 2018 年 1—6 月份数据、百分比。

（三）简要评价

1. 企业年金制度建设稳中未升。企业年金规章制度建设进入平稳期、细化期。规范调节企业年金发展的最高法规层级仍主要是部门规章和政策性文件，企业年金制度建设仍未上升到法律层面。

2. 企业年金制度门槛阻碍了行业发展。企业年金的法定性质和建设门槛未变，社会各界对企业年金的关注度并不高。企业年金是企业及其职工自主、自愿建立的补充性养老保险制度，而且建立企业年金的前提是必须先建立基本养老保险制度。在实践中，有些企业不给职工缴纳基本养老保险费，自然也就无法为职工缴纳企业年金费用。

3. 企业年金基金投资收益堪忧。企业年金基金市场化投资收益持续走低，主要表现是企业年金基金的加权平均收益率、含权益类计划类型的投资收益率都不太高。

4. 职业年金基金的外溢效应暂未显现。职业年金进入市场化投资运行轨道，有研究指出这将促进企业年金市场发展，但职业年金基金投资对金融市场的影响尚不明显。

5. 企业年金养老产品实际运作数和养老产品累计投资收益率有待提高。

6. 企业经营外部环境不佳。受美国等少数西方国家单边主义和贸易保护主义壁垒制约，全球经济形势恶化，我国企业经济效益下滑，企业受社会保险缴费拖累，无暇顾及企业年金。2019 年 3 月份全国两会期间，国家提出要降低企业基本养老保险缴费率，最低可降至16%，但这种为企业减负的政策何时能够发挥实质性作用以及其对企业年金发展的促进效果如何还需要进一步观察。

综上所述，1991年以来我国企业年金发展大致经历了起步期、初创期、规范期、波动期、瓶颈期五个阶段，每个阶段都有其独特的时代背景、改革措施、主要特征。尽管企业年金基金市场化投资运营收益率、企业年金制度覆盖面等业务指标还有待提高，但从总体上看，我国企业年金制度建设、企业年金基金市场化投资运营、政府监管等诸多方面都取得了显著成效，参保企业、政府相关部门、受托人、托管人、账户管理人、投资管理人等相关当事人均功不可没。近年来，全球宏观经济发展大环境不佳，企业经济效益下滑，参保积极性较弱，企业年金覆盖面扩展乏力。有的研究因此指出企业年金陷入困境，甚至提出将企业年金改革为强制实施的养老保险制度。这些改革主张值得商榷，因为从1991年国家提出探索企业年金时就没有将其确定为强制实施的养老保险制度的想法，国家之所以如此决定应有其深远的考虑。如今，企业经营不景气，社会保险缴费压力大，有些研究又呼吁建立长期照护保险制度，如果将企业年金确定为强制实施的养老保险制度，企业将更加举步维艰，这种提法也背离了国家为企业降费减负的改革方向。因此，我国学术界应在充分尊重企业年金法定性质、市场化发展规律、政府改革目标、企业难处等基础上研析企业年金发展与改革历程，谨慎提出对策建议。

第三节　企业年金发展与改革的学术讨论

从1991年我国首次提出探索性建立企业年金制度开始，学术界就开展了一系列颇有成效的研究。2014年10月1日，我国正式建立机关事业单位及其工作人员职业年金制度。从这一时点开始，我国学术界进入企业年金和职业年金并存讨论时期。由于第一章已经通过文献挖掘方式对企业年金的学术研究作了概要性梳理。考虑到我国企业年金发展前沿及现实需要，本章不再分析 2014 年以前的企业年金发展与改革的理论研究内容，主要分析 2015 年之后的学术界主要研究内容。

一　企业年金改革方向和战略设计

这一时期学术界研究的主要内容是做好包括企业年金在内的三支柱养老保险保险体系设计工作（郑秉文，2015—2018），构建更加公平可持续的养老保险制度，破解公平性难题（胡继晔，2013—2014），进一步完善包括企业年金制度体系（李连仁，2015—2018），创新设计城乡统筹制度（罗娟，2015）。学术界对我国企业年金近 30 年发展与改革成就给予了充分肯定，但同时也指出我国企业年金总体上仍处在初创期（杨燕绥，闫俊；2015—2019），企业年金发展与改革仍面临很多困局（董登新，2012—2015），国家应继续采取积极财政政策推动企业年金发展（郑秉文，2015—2018；郭磊，苏涛永；2013—2018），借鉴美国、德国、英国等国家先进经验，优化和创新多层次养老保险制度（林义，2017），突破改革发展中面临的重难点问题，打造全民养老保险新体系（金维刚，2014—2016），甚至有的学者还提出逐步建立强制性企业年金，构建企业年金、职业年金和养老保险个人账户三位一体的超级年金体系（杨长汉，2015—2018）①。

二　企业年金与商业保险融合发展

学术界主流观点认为，商业养老保险产品在多支柱和多层次养老保险体系中具有重要作用。国家应做好第三支柱商业性养老保险顶层设计、税收优惠政策等工作（郑秉文，2015—2018；李连仁，2015—2018）。2017年 7 月 4 日，国务院办公厅发布了《关于加快发展商业养老保险的若干意见》（国办发〔2017〕59 号），提出开展个人税收递延型商业养老保险试

---

① 本节综述涉及的学者较多，且有的还引用某学者连续若干年的文献，考虑到各位学者的科研连续性和行文规范性等因素，不逐一标注每一篇文献的具体出处。读者可通过书后参考文献进一步研读。

点（张绍白，2016）①，学术界分析了这种新型商业保险与企业年金之间的关系。

三 企业年金基金投资和养老金融

有些学者认为，企业年金基金市场化投资运营管理既促进了我国金融市场的发展（郑秉文，2015—2018），又丰富了养老金财富管理方式。但是，企业年金基金市场化投资运营管理仍存在很多风险。因此，国家需要储备一定比例的风险准备金（曾海军，2014—2016），把握好企业年金基金投资风险调整收益衡量方法（杨长汉，2015—2018），设计好企业年金基金投资配置策略和受托人配置策略（李连仁，2015—2018；吕惠娟，2015—2016；刘士宁，2015—2016）。企业参保缴费增加了企业经济支出压力，推动企业年金基金市场化投资运营管理需要评估企业年金缴费对中小企业发展的影响，尤其应考虑集合企业年金计划与企业发展的联动机制（张英明，2014—2015）。在企业年金基金金融市场上，各个企业年金基金管理机构面临一些诸如投资收益率低等现实困境（曾海军，2014—2016），受托人的企业年金基金管理经验以及受托人配置策略都应被纳入评估和监管的范围（李连仁，2015—2018）。

四 企业年金个人所得税征缴政策

国内学术界主流观点认为，我国健全三支柱养老保险体系需制定企业年金税收优惠政策（郑秉文，2015—2018；董登新，2015—2019）。在实施现行的 EET 税收优惠制度同时应规范企业年金的个人所得税处理，扩大个人所得税延迟缴纳型保险试点范围（张绍白，2016），将企业所有制和职工家庭支出等要素纳入企业年金税收优惠政策制定中，关注税收优惠政策创新扩散效应（郭磊，苏涛永；2015—2019），也要分析上市公司建立

---

① 税延商业养老险是指允许购买商业养老保险的投保人在个税前列支保费，等到将来领取保险金时再缴纳个税。这将降低投保人的税收负担。

企业年金的避税动机（朱铭来，2014—2015）。

　　除了上述主要研究内容之外，学术界还研究了企业年金区域发展分化（曾海军，2015—2017）、企业年金长效激励机制替代效应（朱铭来，2015）、参保人的企业年金待遇领取行为偏好（陈泽，2018）等内容。

第七章　职业年金的发展历程、现状与改革探索

　　我国职业年金制度覆盖范围是机关事业单位及其工作人员。机关职业年金制度建设略早于事业单位职业年金制度建设。机关单位及其工作人员最早探索建立职业年金制度的时间是 2008 年 1 月份，事业单位及其工作人员最早探索建立职业年金制度的时间是 2008 年 3 月份。2008 年 1 月 31 日，深圳市印发了《行政机关聘任制公务员管理试行办法》（深人规 ［2008］ 3 号），规定建立聘任制公务员职业年金制度，具体办法另行制定。2008 年 3 月份，国家开展事业单位分类改革试点，将事业单位分为生产经营型、管理型、公益型，生产经营型事业单位建立企业年金制度，管理型事业单位、公益型事业单位要建立和机关单位相同的职业年金制度。2008 年 3 月到 2014 年 9 月 30 日，国家持续推进事业单位分类改革，事业单位及其工作人员的职业年金改革始终与之同步进行。相比而言，机关单位及其工作人员的职业年金制度建设却没有事业单位及其工作人员职业年金制度那么复杂。2014 年 10 月 1 日，国家实施机关事业单位及其工作人员职业年金制度。综上分析，由于事业单位职业年金制度建设和机关单位职业年金制度建设在时间节点、改革进程、牵涉面、复杂性、制度路径等方面都存在一定差异。为此，本章将根据上述差异依次分析事业单位、机关单位和军队的职业年金发展与改革。

第一节　事业单位职业年金制度

从 2008 年 3 月份开始，我国开始探索建立事业单位职业年金。截至目前，这一改革过程可以划分为 2 个阶段，第一个阶段从 2008 年 3 月份到 2014 年 9 月末，这一阶段又可以进一步细分为 2008 年到 2010 年的试点阶段和 2011 年到 2014 年 9 月末的深化改革阶段。第二个阶段是从 2014 年 10 月 1 日开始，直至目前。

一　事业单位职业年金改革试点（2008 年 3 月—2010 年 12 月）

（一）阶段划分的时代背景和主要原因

之所以将 2008—2010 年划分为我国事业单位及其工作人员职业年金改革试点阶段的主要原因是国务院在 2008 年 3 月 14 日印发了《事业单位工作人员养老保险制度改革试点方案》（国发〔2008〕10 号），首次开展事业单位及其工作人员职业年金改革试点工作。

（二）改革试点工作的做法与成效

1. 试点改革概况。《试点方案》确定了上海市、广东省、浙江省、山西省、重庆市作为事业单位职业年金制度建设试点省市。这一时期国家的改革重心是事业单位分类改革，职业年金改革并未受到足够重视。

在《试点方案》下发后，上海市、广东省、浙江省、山西省、重庆市开始探索职业年金制度建设。在五个试点省市中，广东省早在 2006 年就被国家确定为事业单位分类改革试点省份之一，是先行先试省份。2008 年 12 月份，广东省起草了《广东省事业单位分类改革实施意见（征求意见稿）》，提出拟按事业单位工作人员工资额的 16% 缴纳职业年金，后因财政压力大和转企事业单位反对等原因，改革并不顺利。上海市、浙江省、山西省、重庆市主要持观望态度，改革力度不大。

2. 深圳市试点改革。深圳市的试点改革是本轮试点改革中的亮点，主要做法和经验可归纳如下：一是建立了"基本养老保险＋地方补充养老保险＋职业年金"三位一体的养老保险体系。二是建立了社平工资与缴费比例挂钩调整机制。使用月缴费基数和上年在岗职工月均工资作指标，如果前者除以后者的商值小于3.0，则参保人员月缴费比例为8%；如果前者除以后者的商值大于或等于3.0，则参保人员月缴费比例为9%。缴费比例根据国家有关规定和深圳市每年社会经济发展情况动态调整，每年调整一次。三是建立了一次性职业年金奖励机制。如果参保人员获得特定荣誉称号，可以获得一次性奖励，奖励分为两档，奖励金划入职业年金个人账户。奖励金额等于本人每个月应当缴纳的职业年金费用额，乘以对应的奖励倍数。如果获中共中央、国务院授予的荣誉称号，可获20倍奖励金；如果获广东省委、省政府授予的荣誉称号，可获10倍奖励金。四是建立了职业年金缴交惩罚机制。惩罚机制分为三种类型：暂停缴费、补缴和停缴①。五是建立了职业年金个人账户余额收回机制。收回机制分为三种类型，如果参保人员符合三种类型之一的，职业年金个人账户余额收回②。六是建立了年金保险关系转移接续机制。转移接续机制规范了两种情况：企业年金向职业年金的转移接续和事业单位工作人员流动时的职业年金转移接续③。七是建立了高端引进人才职业年金激励机制。激励机制适用于引进

---

① 第一种类型适用于参保人员因被立案调查等原因暂停发放工资的情况，此时职业年金暂停缴交。第二种类型适用于参保人员被调查，但是没有受到开除处分、刑事处罚的情况，此时给予补缴职业年金。第三种类型适用于参保人员受到开除处分、刑事处罚的情况，此时不予补缴职业年金。

② 第一种类型适用于参保人离开深圳市事业单位，在深圳市机关单位退休并享受委任制公务员退休保障待遇的情况。第二种类型适用于参保人离开深圳市，在异地机关事业单位退休并享受机关事业单位退休保障待遇的情况。第三种类型适用于参保人在深圳市事业单位工作期间受到开除处分或被判处刑罚的情况。

③ 第一种情况是企业年金向职业年金的转移接续。这种情况规定了不同体制下的年金转移制度，如果某企业职工在企业工作期间参加了企业年金，当其进入事业单位工作时，企业年金个人账户内的应转资金需转入职业年金个人账户。第二种情况是事业单位工作人员流动时的职业年金转移接续。事业单位工作人员与所在单位解除聘用关系后，可将职业年金个人账户余额一次性转移至新就业单位的年金账户；如果该职工没有实际就业或者虽然已经再就业但新单位尚未建立年金制度，则职业年金个人账户可由原管理机构继续管理。

的高端人才，如果被引进的高端人才符合规定条件的，其本人和配偶可享受一次性职业年金补缴待遇，高端人才及其配偶的具体待遇与其工作年限挂钩①。高端人才的职业年金缴费基数按深圳市财政核拨经费事业单位标准首次核算的缴费基数为基准，按照年均递减4%比例仿真倒推，推算到其工作第一年。然而，三类高端人才进入深圳市事业单位之前已参加企业年金，应转入事业单位职业年金，但企业工龄不能作为职业年金补缴年限。八是建立了职业年金财政核拨补助制度。财政核拨补助分为三种情况，第一种情况是财政全额核补，即事业单位缴费由同级财政核补。第二种情况是财政分类核补，即财政核补的事业单位和定向补助的事业单位的单位缴交部分，深圳市只做出了原则性规定，对不同公益型事业单位实行差别化预算管理，具体如何缴交由深圳市财政部门另行规定。第三种情况是财政不予核补，即事业单位自行解决本单位缴交部分（见表7-1）。

表7-1　深圳市事业单位工作人员职业年金制度要点归纳（2010年）

规定	要点归纳
适用范围	深人社发〔2010〕109号实施后新进入事业单位并受聘于常设岗位的工作人员，不适用企业化管理事业单位新聘人员和参照公务员法管理的事业单位新聘人员
缴费基数	为上年本人月平均工资总额（全国工资、基础性绩效工资和奖励性绩效工资）。奖励性绩效工资超出基础性绩效工资 ÷70%×30% 的部分不计入缴费基数。当年7月至次年6月之间入职参加职业年金的，以本人起薪之月的月工资总额为缴费基数
缴费比例	月缴费基数在上年在岗职工月平均工资3倍以内的，缴费比例为8%；月缴费基数达到或超过上年在岗职工月平均工资3倍的，缴费比例为9%
个人账户	职业年金缴费列入事业单位年度预算，由单位全额缴交，并按月划拨至参加人员职业年金账户。 职业年金基金实行完全积累，采用个人账户方式进行管理

---

① 激励机制适用于三类高端人才：第一类高端人才是首次进入深圳市事业单位时在任期内的以及首次进入深圳市事业单位后一年内认定的杰出人才。第二类高端人才是国家级领军人才。第三类高端人才是"孔雀计划"中的A类人才。

规定	要点归纳
待遇领取	1. 达到国家规定的退休条件且按规定办理了退休（退职）手续的，个人账户积累额可一次或定期领取，直至个人账户积累额领取完毕。2. 出国（境）定居的，个人账户余额一次性支付给本人。3. 死亡的，个人账户余额由法定继承人或指定受益人一次性领取
奖励机制	1. 获得中共中央、国务院授予荣誉称号的，以其获得称号当月应缴纳职业年金为基数，奖励 20 倍。2. 获得省委、省政府授予荣誉称号的，奖励 10 倍的职业年金
惩罚机制	因被立案调查等原因暂停发放工资的，职业年金同时暂停缴交。经调查未受到开除处分、刑事处罚的，补缴职业年金；受到开除处分、刑事处罚的，不予补缴
收回机制	有以下情形之一，个人账户余额按原缴交渠道收回：1. 离开本市事业单位，在本市机关单位退休并享受委任制公务员退休保障待遇。2. 离开本市，在异地机关事业单位退休并享受机关事业单位退休保障待遇。3. 因在本市事业单位聘用期间的行为受到开除处分或被判处刑罚
转移接续	在原单位参加企业年金，可将企业年金账户资金转入职业年金个人账户。与事业单位解除聘用关系后，可将职业年金个人账户余额一次性转移至新就业单位的年金账户；若未就业或虽已就业但新就业单位尚未建立年金制度的，职业年金个人账户可由原管理机构继续管理
人才补贴	首次进入本市事业单位时在任期内的以及首次进入本市事业单位后一年内认定的杰出人才、国家级领军人才、"孔雀计划" A 类人才等三类人才及其配偶享受一次性补缴职业年金待遇
财政补助	财政核拨经费事业单位的单位缴交部分由同级财政保障；财政核拨补助、定向补助单位的单位缴交部分，根据不同公益事业单位特点，按照财政核拨补助经费事业单位预算管理规定予以分类明确；经费自理事业单位的单位缴交部分按原经费渠道由单位自行解决

注：本表资料由本书著者自行整理。

（三）简要评价

截至本轮全国事业单位及其工作人员职业年金制度试点改革结束时，五个试点省（市）都没有建立起覆盖全省（市）的事业单位职业年金。不过，广东省深圳市事业单位职业年金改革取得了积极进展。五个试点省市并非不重视基本养老保险制度试点改革，也并非故意忽视职业年金制度建设，由于影响事业单位改革的因素多且复杂，阻力很大，各地区都"试而不动"，处于观望状态，理由是"阻力大"、"还在酝酿"、"正在研究方案"，最终导致改革试点成效甚微。从国家设计的事业单位及其工作人员职业年金制度试点改革目标实现程度和五个省市试点改革实际效果等方面总体评估，本轮试点改革并未达到预期效果。总体上看。本轮试点改革失败。

二　事业单位职业年金深化改革（2011 年 3 月—2014 年 9 月）

（一）阶段划分的时代背景和主要原因

之所以将 2011—2014 年划分为我国事业单位及其工作人员职业年金改革深化阶段的主要原因有两个：一是国家在总结第一阶段试点改革经验的基础上，在 2011 年密集出台了十几项改革制度，并首次颁布了《事业单位职业年金试行办法》，进一步深化推进了事业单位及工作人员职业年金改革。二是我国从 2014 年 10 月 1 日起建立事业单位职业年金。因此，2014 年 10 月 1 日是我国事业单位及工作人员职业年金制度建设历程中的一个重要的、标志性的年份。

（二）深化改革的做法与成效

2008 年到 2010 年的全国事业单位及其工作人员职业年金试点改革虽然成效甚微，但也带来了一些经验与启示，一个重要启示为，无论是推进基本养老保险制度改革，还是探索建立职业年金制度建设，都需要制订实施一整套改革措施。有鉴于此，中共中央、国务院在 2011 年高密度下发了十几项改革文件。2011 年 3 月 23 日，中共中央、国务院发布了《关于分类推进事业单位改革的指导意见》（中发［2011］5 号），要求事业单位建立职业年金制度。2011 年 7 月 24 日，国务院办公厅发布了《关于印发分类推进事业单位改革配套文件的通知》（国办发［2011］37 号文），本次共发布了 9 个配套文件，作为上述 5 号文件的配套文件，这 9 个配套文件涉及事业单位分类指导意见、行政职能类事业单位改革、创新事业单位机构编制管理、事业单位法人治理结构、分类推进事业单位改革财政政策、生产经营活动事业单位转企规定、分类事业单位国有资产管理、事业单位工作人员收入分配制度、事业单位职业年金。

1. 国家层面上的深化改革做法与成效。《事业单位职业年金试行办法》（国办发〔2011〕37 号之 9）是直接指导事业单位建立职业年金制度的配套文件。《事业单位职业年金试行办法》的改革成效与历史意义主要有以下几点：一是首次建立完整的职业年金制度框架体系。《事业单位职业年金试行办法》是 2008 年以来全国首个最全面、最详细、最专业的事业单位及其工作人员职业年金改革制度。《事业单位职业年金试行办法》共有23 条，规定了事业单位建立职业年金制度的目的、职业年金概念、覆盖范围、建立条件、决策程序、方案内容、行政主管部门、缴费基数与缴费比例、基金构成与投资收益分配、个人账户管理模式、基金投资管理、保险关系转移接续、待遇领取条件、税收政策、违规的监督处罚机制、相关各方当事人的争议处理机制、职业年金计划行政备案。二是上升为主体制度。在此之前，事业单位的职业年金制度均为事业单位基本养老保险配套制度。如今，《事业单位职业年金试行办法》以独立的政策文件形式发布，表明其法律地位已经从配套制度升级为独立制度。三是为机关单位建立职业年金制度奠定了基础。按照改革进程，事业单位先行探索职业年金制度，机关全面建立职业年金制度的时间是 2014 年 10 月 1 日。事业单位先行探索取得的经验为此后机关建立职业年金制度提供了有力地支持。

2. 地方层面上的深化改革做法与成效。在国家颁布上述一整套改革措施后，全国各地区积极落实各项措施。其中，广东省深圳市的做法具有一定代表性，成效也较为显著。广东省深圳市在 2012 年 8 月发布的《深圳市事业单位工作人员养老保障试行办法》规定，从 8 月 25 日起实施新型养老保险制度，这种制度的主要特点和进步意义主要有以下几点：一是构建了新型养老保险制度体系。这种新型养老保险制度将"基本养老保险 + 地方补充养老保险"扩充为""基本养老保险 + 地方补充养老保险 + 职业年金"。二是限定了适用对象和岗位类型。这种新型养老保险制度明确将适用对象限定为公益性事业单位新入职工作人员，不包括行政管理型事业单位新入职工作人员和生产经营型事业单位新入职工作人员，适用的工作岗位必须是公益性事业单位常设岗位。这样的制度设计符合"先行先试、逐步扩大范围"的改革理念。三是明确了缴费基数构成和计算方法。工作刚满一个月的新入职工作人员的月缴费基数为本人上个月工资总额，工作满一年的新入职工作人员的月缴费基数为上年度本人月平均工资总额。无论是刚满一个月的新入职工作人员还是满一年及以上的新入职工作人员的缴费基数均为"基础性绩效工资+奖励性绩效工资+全国工资"[①]。四是建立了缴费比例调节机制。以本地区上年在岗职工月均工资为准，月缴费基数在其3倍以内的，按8%缴费；达到或超过3倍的，按9%缴费。五是明确了缴费资金来源和个人账户管理制度。职业年金缴费列入所在单位年度预算，由单位全额缴交，并按月划入参保工作人员的职业年金个人账户。六是明确了激励机制和处罚机制。参保工作人员在聘期内业绩考核优秀，所在单位则给予一次性的职业年金奖励[②]。参保工作人员在聘期内被单位开除、被判处刑罚或者流动到异地并在当地享受退休待遇，所在单位则按照原来的缴交渠道收回个人账户的职业年金余额部分。

（三）简要评价

本轮深化改革取得了颇为显著的成效：一是进一步巩固了党中央、国务院深化改革的决心和战略方向。党中央、国务院在2011年高密度制订实施了一系列前所未有的改革制度，这相当于打了一套深化改革的组合拳，表明了建立事业单位职业年金和将"双轨制"改革为"单轨制"的决心。二是在职业年金制度建设历程中迈出了创新性的一大步。《事业单位职业年金试行办法》是全国首个事业单位职业年金制度，开创了全国事业单位工作人员职业年金深化改革新局面。《深圳市事业单位工作人员养老保障试行办法》是全国首个提出建立事业单位工作人员职业年金制度的地方政

---

① 奖励性绩效工资超出基础性绩效工资÷70%×30%的部分不计入职业年金缴费基数。

② 比如，参保工作人员在聘期内获得中共中央、国务院授予的荣誉称号，所在单位则以其当月职业年金缴费基数为准，给予20倍的奖励，一次性计入该工作人员的职业年金个人账户，如果其当月职业年金缴费基数为200元，则单位给予的一次性奖励金总额为4000元。

府规章，为其他省市建立事业单位工作人员职业年金制度积累了宝贵经验。这些大胆探索为我国构建多层次的机关事业单位工作人员基本养老保险制度和职业年金制度奠定了较为扎实的基础。

三　事业单位职业年金全面实施 (2014 年 10 月 1 日—至今)

(一) 阶段划分的时代背景和主要原因

之所以将 2014 年 10 月 1 日到至今划分为我国事业单位及工作人员职业年金全面实施阶段的主要原因有三个：一是城镇企业职工基本养老保险制度和事业单位工作人员基本养老保险制度实现并轨，职业年金随之诞生。二是制度全覆盖。我国事业单位及工作人员依法全面参加职业年金制度，制度覆盖组织和群体扩大到所有应参保单位及工作人员。三是改革时间节点明确。2015 年 1 月份和 3 月份，国家颁布了事业单位职业年金改革的政策文件，将改革时间点追溯到 2014 年 10 月 1 日，并将 2014 年到 2024 年设定为改革过渡期。这些都是我国事业单位工作人员养老保险制度发展历程中的重要标志性变化。

(二) 改革做法和主要特征

1. 改革做法。一是借助并轨改革建立事业单位职业年金。2014 年 1 月 14 日，国务院发布了《关于机关事业单位工作人员养老保险制度改革的决定》（国发［2015］2 号），第八条规定了事业单位建立职业年金制度的义务、缴费基数、缴费比例以及待遇领取等事项。例如，单位缴费基数和比例为职工工资总额 8%，工作人员缴费基数和比例是本人缴费工资 4%。参保人在退休后依法领取职业年金。由于《决定》不是职业年金改革专项规章制度，《决定》中的第八条不过是事业单位及工作人员养老保险制度改革的配套条款，《决定》没有对职业年金制度的具体办法做出规定，只是原则性规定由国家人力资源和社会保障部、财政部联合制定具体办法。尽管如此，《决定》的实施为此后事业单位及其工作人员建立职业年金制度指明了方向，也奠定了基础。二是首次全面实施事业单位及其工作人员职业年金制度。为了建立多层次、可持续的事业单位及其工作人员养老保险制度，2015 年 3 月 27 日，国务院办公厅下发了《关于印发机关事业单位职业年金办法的通知》（国办发［2015］18 号），标志着《机关事业单位职业年金办法》正式实施。《机关事业单位职业年金办法》是《关于机关事业单位工作人员养老保险制度改革的决定》的配套制度，对事业单位职业年金覆盖范围、缴费基数、个人账户管理方式、保险关系转移接续、待遇领取条件、待遇享受、经办管理、基金投资运营、政府监管、监督检查、惩罚机制等做出了具体规定。国家为了确保改革顺利推进，制订实施了三个配套实施方案：公务员基本工资调整实施方案、事业单位工作人员基本工资调整实施方案、机关事业单位离退休人员待遇调整实施方案。三是完善职业年金基金的市场化投资运营管理。为了提高包括职业年金基金在内的养老保险基金投资收益率，强化基金市场化投资运营管理，2015 年 6 月 29 日，国家人力资源和社会保障部、财政部联合发布了《基本养老保险基金投资管理办法（征求意见稿）》。2015 年 8 月 23 日，国务院发布了《基本养老保险基金投资管理办法》，将事业单位及其工作人员养老保险基金纳入本办法调节的基本养老保险基金当中，对基金的市场化投资额度、基金的投资范围、投资监管制度、基金的管理服务机构职责、报告制度、监督检查、违规处罚等事项做出具体规定（见表 7 - 2）。

2. 主要特征。一是建立虚实结合账户管理制度。和企业年金制度中的个人账户实账积累不同，事业单位及其工作人员的职业年金制度需按照财政拨款方式、事业单位类型而建立两种不同的账务处理方式，对财政全额拨款的事业单位，建立记账制度，即虚账制度；对非财政全额拨款的事业单位，建立实账积累制度，即实账制度。二是细化了《关于机关事业单位工作人员养老保险制度改革的决定》中第八条关于建立职业年金制度的规定。对事业单位及其工作人员职业年金制度的适用范围、缴费基数、个人账户管理方式、保险关系转移接续、待遇领取条件、待遇享受、经办管理、基金投资运营、政府监管、监督检查、惩罚机制等做出了具体规定。三是制定了职业年金与企业年金接轨的措施，进一步健全了我国养老保险第二支柱。事业单位及其工作人员职业年金制度框架体系和企业年金的框架体系基本一致，这对于两者对接奠定了基础。规定了事业单位工作人员出现职业流动时，职业年金个人账户资金可以随同转移。四是事业单位及其工作人员的职业年金制度建设力度随着事业单位分类改革力度加大而增大。2018 年以来，我国加大了事业单位分类改革力度。很多事业单位相继转型为生产经营型事业单位，参加企业年金制度。公益类事业单位、行政管理类事业单位与生产经营类事业单位的年金制度更加界限分明。五是探索事业单位职业年金基金市场化投资运营，基金的投资收益率备受关注。六是在京中央国家机关直属事业单位单独建立职业年金。2015 年 12 月 21 日，国家人力资源和社会保障部、财政部下发了《关于印发在京中央国家机关事业单位工作人员养老保险制度改革实施办法的通知》（人社部发［2015］112 号）《在京中央国家机关事业单位工作人员养老保险制度改革实施办法》，《通知》和《办法》从 2014 年 10 月 1 日正式施行。改革适用于在京中央国家机关直属事业单位及其编制内的工作人员。参保的事业单位指的是公益一类事业单位和公益二类事业单位①。这两类事业单位的本单位缴费基数与比例、个人缴费基数与比例都与全国事业单位及其工作人员的缴费基数与比例相同。个人缴费基数由四个部分构成：第一部分是参保人基本工资，这个基本工资指的是参保人上一个年度工资收入中包含的基本工资。第二部分是国家规定的、统一发放的津贴和补贴，具体指的是国家统一规定的、计入原退休金发放基数的津贴和补贴。第三部分是工资改革时保留下来的补贴。第四部分是绩效工资，具体指的是控高线以下的绩效工资。除了上述四项以外的收入不计入缴费基数。《通知》和《办法》还特别规定了以下三点：一是明确了基金管理权。规定由国家人社部集中受托管理积累的基金。二是明确了京外单位管理原则。规定京外单位的职业年金遵循"属地化"管理原则。三是明确了政策依据。规定无论是驻京

---

① 公益一类、二类事业单位分类依据是《中共中央、国务院关于分类推进事业单位改革的指导意见》（中发［2011］5 号）。

单位还是京外单位，建立职业年金均需依据《国务院办公厅关于印发机关事业单位职业年金办法的通知》（国办发〔2015〕18号）。

（三）简要评价

1. 职业年金覆盖了所有事业单位及其工作人员。这一阶段，我国除了生产经营型事业单位以外的所有事业单位及工作人员都参加了职业年金，标志着我国事业单位及工作人员职业年金制度进入全面发展新时期。事业单位及工作人员职业年金制度和机关及工作人员职业年金制度同步推进。

2. 建立虚实结合账户管理制度是符合国情的做法。建立虚实结合账户管理制度主要原因是为了分解财政部门的即期压力和远期压力，如果全国所有事业单位都采取实账积累管理方式，则制度转型成本太高，财政难以承担如此大的压力。因为，机关单位和事业单位的职业年金改革时间点均是2014年10月1日。财政需要同时考虑全额拨款的事业单位和机关单位，如果都实账积累，转型成本很高。根据中国社会科学院陆明涛等学者早前所做的测算显示，如果我国以2010年为基点，一次性做实机关事业单位及其工作人员的个人账户，按照2010年全国城镇企业职工缴费标准计算，那么机关单位需要补缴的费用超过了4万亿元，事业单位补缴的费用超过了5万亿元，两者合计超过了9万亿元，约占2010年全国国内生产总值的23%，约占2010年全国财政收入总额的110%。假如机关事业单位及其工作人员从2014年10月1日开始实际缴费，则每年的实际缴费额加上补缴的资金将给财政带来巨大压力[1]。

表7-2 2014年10月1日以来全国各省事业单位职业年金改革制度及要点归纳

省份	制度名称	生效时间	要点归纳
北京市	机关事业单位工作人员养老保险制度改革实施办法	2014.10.1	缴费机制、个人账户、记账方式、基金投资、待遇领取和继承
天津市	机关事业单位职业年金基金管理实施办法（试行）	2018.12.28	归集与账户管理、管理费、风险控制

① 参见陆明涛《中国养老金双轨制并轨改革的成本测算》，《老龄科学研究》2013年第7期，第24—36页。

续表

省份	制度名称	生效时间	要点归纳
天津市	关于推进我市机关事业单位工作人员养老保险制度改革的实施意见	2014.10.1	缴费机制、个人账户、基金投资、转移接续、待遇领取与权益处理
河北省	机关事业单位职业年金实施意见	2014.10.1	缴费机制、个人账户、基金投资、转移接续、待遇领取与权益处理
河北省	关于印发《河北省机关事业单位基本养老保险关系和职业年金转移接续经办规程（暂行)》的通知	2018.3.29	基本内容与要求、宣传培训、经办服务、分析报告制度、明确责任
河北省	关于机关事业单位工作人员养老保险制度改革的实施意见	2014.10.1	缴费机制、经办机构、基金投资
山西省	机关事业单位工作人员养老保险制度改革实施办法	2014.10.1	缴费机制、待遇领取方式、统筹层级
山西省	职业年金基金管理实施办法	2019.1.1	基金管理机构、职责分工、计划设置、基金归集、个人账户、待遇支付
内蒙古	机关事业单位工作人员养老保险制度改革实施办法	2014.10.1	缴费机制、个人账户、记账方式
内蒙古	职业年金基金管理实施办法	2019.1.7	基金管理、职责分工、计划设置、信息披露、基金归集、个人账户、转移接续、待遇支付、风险控制
内蒙古	关于做好职业年金基金管理运营工作的通知	2017.3.31	基金管理运营、组织领导、政策宣传
辽宁省	关于机关事业单位工作人员养老保险制度改革的实施意见	2014.10.1	参保主体、缴费机制、待遇领取
辽宁省	关于机关事业单位工作人员养老保险制度改革前后相关问题处理意见的通知	2017.12.7	介事业参保关系衔接、视同缴费年限认定、滞纳金补缴、重复参保清退、流转人员补记方案、基金转移接续
吉林省	机关事业单位工作人员养老保险制度改革实施办法	2014.10.1	缴费机制、经办机构、个人账户、记账方式、基金投资、转移接续

省份	制度名称	生效时间	要点归纳
黑龙江	机关事业单位工作人员养老保险制度改革实施办法	2014.10.1	参保主体、缴费机制、经办机构
黑龙江	机关事业单位职业年金实施办法	2014.10.1	缴费机制、基金构成与投资、个人账户、记账方式、待遇领取、转移接续
上海市	机关事业单位工作人员养老保险制度改革实施办法	2014.10.1	参保主体、缴费机制、基金构成与投资、个人账户、记账方式、待遇领取、转移接续、税收政策、经办机构
江苏省	关于机关事业单位工作人员养老保险制度改革的实施意见	2014.10.1	参保主体、缴费机制、统筹层级
浙江省	关于贯彻落实《国务院关于机关事业单位工作人员养老保险制度改革的决定》的实施意见	2014.10.1	参保主体、缴费机制、个人账户、记账方式、基金投资运营
浙江省	关于机关事业单位养老保险制度改革若干问题的处理意见	2014.10.1	记账方式、基金投资运营、军人职业年金转移接续、民办学校和民营医疗机构及其参保人员缴费与待遇领取
安徽省	关于机关事业单位工作人员养老保险制度改革的实施意见	2014.10.1	参保主体、缴费机制
福建省	关于机关事业单位养老保险制度改革若干问题的处理意见	2014.10.1	衔接政策、缴费基数、重计与补缴职业年金
江西省	贯彻落实《国务院关于机关事业单位工作人员养老保险制度改革的决定》的实施办法	2014.10.1	参保主体、缴费机制、个人账户、记账方式、基金投资、待遇领取月继承
山东省	机关事业单位工作人员养老保险制度改革实施办法	2014.10.1	过渡政策、衔接政策、经办管理
河南省	机关事业单位工作人员养老保险制度改革实施办法	2014.10.1	参保主体、缴费机制、经办层级
湖北省	关于机关事业单位养老保险制度改革的实施意见	2014.10.1	参保主体、缴费机制、领取方式、记账方式、基金投资运营
湖南省	关于机关事业单位工作人员养老保险制度改革的实施意见	2014.10.1	参保主体、缴费机制（其他事项按照国家相关规定办理）

续表

省份	制度名称	生效时间	要点归纳
广东省	关于贯彻落实《国务院关于机关事业单位工作人员养老保险制度改革的决定》的通知	2014.10.1	参保主体、缴费机制、个人账户、记账方式、基金投资、待遇领取方式
广东省	关于中央驻穗省属驻穗机关事业单位工作人员养老保险制度改革有关问题处理意见的通知	2016.9.1	"中人"视同缴费指数地区系数、单位缴费、改革前个人缴费本息发放
广东省	关于机关事业单位养老保险制度改革若干问题处理意见的通知	2017.12.1	缴费年限不足15年的费用补缴与养老金计发
广西	关于实行机关事业单位工作人员养老保险制度改革的实施意见	2014.10.1	参保主体、缴费机制、待遇领取方式
海南省	机关事业单位职业年金实施办法	2017.12.9	参保主体、缴费机制、基金构成与投资、个人账户、记账方式、待遇领取、转移接续、统筹层级、监督责任
海南省	关于机关事业单位基本养老保险参保缴费有关问题的通知	2016.4.29	参保登记、保费缴纳、
重庆市	机关事业单位工作人员养老保险制度改革实施办法	2014.10.1	参保主体、缴费机制、基金投资、个人账户、记账方式、待遇领取、转移接续、统筹层级
四川省	机关事业单位工作人员养老保险制度改革实施办法	2014.10.1	"中人"职业年金政策、参保主体、缴费机制、基金构成与投资、个人账户、记账方式、待遇领取、转移接续、统筹层级
贵州省	关于机关事业单位工作人员养老保险制度改革的意见	2014.10.1	参保主体、缴费机制、个人账户、记账方式、待遇领取、统筹层级
云南省	机关事业单位工作人员养老保险制度改革实施办法	2014.10.1	参保主体、缴费机制、记账方式、待遇领取与继承、经办机构
西藏	西藏自治区贯彻落实国务院关于机关事业单位工作人员养老保险制度改革决定实施意见的通知	2015.10.29	参保主体、缴费机制、个人账户
陕西省	关于机关事业单位工作人员养老保险制度改革的实施意见	2014.10.1	参保主体、缴费机制、待遇领取方式

续表

省份	制度名称	生效时间	要点归纳
甘肃省	机关事业单位工作人员养老保险制度改革实施办法	2014.10.1	参保主体、缴费机制、待遇领取方式
甘肃省	机关事业单位工作人员基本养老保险经办规程（暂行）	2014.10.1	缴费征缴与基数变更补（退）核定、个人权益规定及其他基本养老险规程
甘肃省	机关事业单位工作人员养老保险制度改革实施细则	2014.10.1	缴费年限不足15年的费用补缴办法
青海省	机关事业单位养老保险制度及配套完善工资制度改革工作方案	2015.3.5	提出要拟定职业年金办法和职业年金基金投资运营办法
青海省	关于贯彻落实《国务院关于机关事业单位工作人员养老保险制度改革的决定》的实施办法	2014.10.1	参保主体、缴费机制、待遇领取、经办机构、统筹层级
青海省	机关事业单位职业年金实施办法	2014.10.1	基金筹集与投资、个人账户、记账方式、转移接续、待遇领取、监督检查
青海省	关于机关事业单位基本养老保险关系和职业年金转移接续有关问题的通知	2017.4.15	只转关系不转基金，转移额计算、接续、重复缴费的清缴、
青海省	机关事业单位工作人员养老保险制度改革实施细则	2014.10.1	参保主体、缴费机制、个人账户管理、记账方式、待遇领取方式
宁夏	关于机关事业单位工作人员养老保险制度改革的实施意见	2014.10.1	参保主体、缴费机制、待遇领取、基金投资
新疆	机关事业单位工作人员养老保险制度改革的实施意见	2014.10.1	参保主体、缴费机制、个人账户管理、职业年金待遇领取

注：本表资料由本书著者自行整理。

第二节　机关单位职业年金制度

根据《中华人民共和国宪法》规定，机关单位包括国家权力机关、行政机关、监察机关、审判机关、检察机关、军事机关。在我国养老保险制度体系中，依法应参加机关职业年金制度的机关单位除了指《宪法》中规定的六类机关单位以外，还包括由财政供养的人民团体、群团组织、共青团、民主党派以及其他依法应参加机关养老保险制度的单位。由于军事机关有其特殊性，因此本章单独论述军人职业年金制度。

一　全国机关单位职业年金改革

（一）改革历程概述

我国全面建立机关单位及其工作人员职业年金制度的时间起点是 2014 年 10 月 1 日。2015 年 1 月 14 日，国务院颁布了《关于机关事业单位工作人员养老保险制度改革的决定》（国发 [2015] 2 号），规定全国各级机关单位及其工作人员应建立职业年金制度，具体办法由国家人力资源和社会保障部、财政部研究制定。2015 年 3 月 27 日，国务院办公厅下发了《关于印发机关事业单位职业年金办法的通知》（国办发 [2015] 18 号），对职业年金制度做出具体设计，要求各地区按照《机关事业单位职业年金办法》规定，建立机关单位及其工作人员职业年金制度。《决定》和《办法》的发布时间虽然是 2015 年春季，但执行时间是 2014 年 10 月 1 日。《决定》和《办法》是推进全国机关单位及其工作人员职业年金建设的指导性制度，为改革指明了方向，确定了思路和框架。为了顺利推进全国机关单位及其工作人员职业年金制度改革，国家还制订实施了相关配套规定。2015 年 3 月份，国家人力资源和社会保障部、财政部下发了《关于贯彻落实〈国务院关于机关事业单位工作人员养老保险制度改革的决定〉的通知》（人社部发 [2015] 28 号），对缴费基数、"中人"待遇计发办法、养老金待遇计算等做出规定。2016 年 9 月 28 日，国家人力资源和社会保障部、财政部下发了《关于印发〈职业年金基金管理暂行办法〉的通知》（人社部发 [2016] 92 号）。《职业年金基金管理暂行办法》是我国首个职业年金基金管理部门规章，共计 53 条，对职业年金基金的委托管理、账户管理、受托管理、托管、投资管理以及监督管理等做出具体规定。之后，国家又快速制订实施了多部职业年金基金管理的规章制度。2017 年 1 月 12

日，国家人力资源和社会保障部、财政部下发了《关于机关事业单位基本养老保险关系和职业年金转移接续有关问题的通知》（人社部规〔2017〕1号）。2017年1月18日，国家人力资源和社会保障部办公厅下发了《关于印发《机关事业单位基本养老保险关系和职业年金转移接续经办规程（暂行）》的通知》（人社厅发〔2017〕7号）。为了贯彻落实《中华人民共和国个人所得税法》，财政部和国家税务总局于2018年12月末下发了《关于个人所得税法修改后有关优惠政策衔接问题的通知》，规定从2019年1月1日起，在职业年金缴费个人所得税计缴环节，取消了4%的封顶限制；在职业年金待遇领取个人所得税计缴环节，规定应按照新办法、新税率计税，对按月领取、按季度领取、按年领取等情形做出具体规定，规范了职业年金个人所得税。总体上看，国家对全国各级机关单位及其工作人员职业年金制度改革高度重视，从2015年1月份到2017年1月份连续制定实施了多部重要规章制度，建立起了机关单位及其工作人员职业年金制度框架体系，健全了我国机关单位及其工作人员养老保险制度体系（见表7-3）。

表7-3 机关单位及其工作人员职业年金制度及要点归纳（2014年至今）

职业年金制度	要点归纳
关于企业年金、职业年金个人所得税有关问题的通知（2014.1.1）	单位为职工缴职业年金部分不缴个人所得税。个人缴费部分享受4%优惠。月平均工资超过所在地上年职工月平均工资300%以上部分不计入计税基数。基金投资运营收益分配计入个人账户时，个人暂不缴纳个人所得税。不同领取方式领取职业年金时计征个人所得税规定
关于机关事业单位工作人员养老保险制度改革的决定（2014.10.1）	单位按工资总额8%缴费，个人按本人缴费工资4%缴费。工作人员退休后，按月领取职业年金待遇
机关事业单位职业年金办法（2014.10.1）	覆盖范围、缴费机制、基金构成与投资、个人账户、记账方式、转移接续、待遇领取、经办机构、监督检查、争议处理
关于机关事业单位基本养老保险关系和职业年金转移接续有关问题的通知（2014.10.1）	机关参保人养老保险关系转移接续后的职业年金补记；职业年金转移接续；职业年金个人账户管理和待遇计发

续表

职业年金制度	要点归纳
《关于印发在京中央国家机关事业单位工作人员养老保险制度改革实施办法的通知》（2014.10.1）	主要规定在京中央国家机关单位及其工作人员的基本养老保险缴费基数及构成、缴费比例、待遇计算、待遇领取等事项。对职业年金的规定只有一条（第九条）
《在京中央国家机关事业单位工作人员养老保险制度改革实施办法》（2014.10.1）	在京中央国家机关单位及其工作人员参加职业年金。单位按工资总额8%缴费，个人按缴费工资基数4%缴费。退休后按月领取职业年金待遇。职业年金基金由人力资源社会保障部负责集中受托管理；中央国家机关所属京外单位的职业年金实行属地化管理
关于贯彻落实〈国务院关于机关事业单位工作人员养老保险制度改革的决定〉的通知（2015.3）	缴费基数、"中人"待遇计发办法、养老金待遇计算
职业年金基金管理暂行办法（2016.9.28）	基金投资运营方式；基金管理机构评选委员会；委托人、代理人、受托人、托管人、投资管理人的权利义务责任；收益归属；投资范围和比例；年金计划变更和终止；审计监督；违规处理
职业年金基金管理运营流程规范（2016.10.31）	计划建账、缴费管理、归集户利息管理、待遇支付/转移管理、投资变更、基金报价和成交处理、清算交收、会计核算、费用管理、投资风险准备金管理、投资监督、信息披露报告、审计、计划变更和终止管理、指令发送及各方指令人权限和印鉴
机关事业单位基本养老保险关系和职业年金转移接续经办规程（暂行）（2017.1.18）	职业年金转移接续的情形、转移接续的基金项目、原参保单位纪实/补记与基金划转、跨省转移接续流程、企业年金转机关职业年金流程、基金不转移情形、待遇领取、改革前后制度衔接
职业年金基金归集账户管理暂行办法（2017.8.22）	归集账户用途、社保经办机构职责、托管银行职责、代理人权责、归集账户利息收入管理、托管协议管理、监督检查、信息化建设
关于规范职业年金基金管理运营有关问题的通知（2018.4.3）	职业年金基金市场化管理运营、基金归集账户与托管、基金归集账户问题查处、职业年金基金开销户管理、基金管理机构评选委员会、第三方机构咨询服务、代理人责任义务、监管
《关于个人所得税法修改后有关优惠政策衔接问题的通知》（2019.1.1）	领取待遇符合103号规定的不并入综合所得，全额单独计税。按月领取用月税率计税；按季领取平均分摊计入各月，按每月领取额用月税率计税；按年领取的用综合所得税率计税。因出境定居、死亡等情况下一次性领取的待遇用综合所得税率计税。除上述特殊原因外一次性领取的个人账户资金或余额用月税率计税

注：本表资料由本书著者自行整理。

（二）改革内容和主要特点

1. 构建了完整的职业年金制度体系。对制度依据、覆盖范围、单位缴费基数与缴费比例、工作人员缴费基数与缴费比例、基金组成、个人账户、记账方式、基金投资管理原则、单位缴费计入个人账户比例、基金投资运营收益计入个人账户管理、保险关系转移接续与个人账户资金转移、待遇计算、中人过渡措施、改革前后政策衔接、待遇领取条件与领取方式、经办机构与管理、基金投资运营、管理机构权力责任与义务、行政主管部门、监督检查、争议处理机制等主要内容均做出了具体规定。职业年金制度框架借鉴了企业年金制度框架体系，虽然它没有企业年金体系庞大，但足能保障我国机关单位及其工作人员职业年金稳健发展。

2. 重视职业年金基金投资收益运营管理。在表36列出的12项主要规章制度中，规范调节职业年金基金投资运营管理的规章制度为4项，占比33.3%。另外，《机关事业单位职业年金办法》《关于机关事业单位基本养老保险关系和职业年金转移接续有关问题的通知》《机关事业单位基本养老保险关系和职业年金转移接续经办规程（暂行）》也强调了职业年金基金管理。综上所述，2015年国家改革重心是构建机关单位及其工作人员职业年金制度体系，2016年以后迅速转向职业年金基金投资运营管理，对职业年金基金投资运营管理中涉及多个管理机构的权利义务与责任、基金归集账户与托管、基金开户与销户、基金管理机构评选委员会、基金投资运营方式、投资范围与比例、年金计划变更与终止、基金报价与成交处理、清算交收、会计核算、投资风险准备金管理、投资监督、信息披露、基金归集账户问题查处等做出严格规定。这充分表明国家和政府对职业年金基金的安全性和投资收益稳定性持审慎态度。

3. 对参保人职业流动中的待遇补记做出明确规定。职业年金补记分为两种情形。第一种情形是参加机关单位养老保险的工作人员因调动、辞退、辞职离开原机关单位，可享受职业年金补记待遇，待遇高低取决于本人此前在原机关单位工龄时间，补记资金实账划入个人账户，原单位支付所需资金。第二种情形是参加机关单位养老保险后入职企业的职工再次回流至机关单位，补记资金及投资收益划入本地机关单位基本养老保险统筹账户，参保人领取补记资金及投资收益的时间点是其领取养老金之时。如果参加机关单位养老保险的工作人员在退休前从机关再次流动到企业就职，不能重复享受补记待遇，原补记的职业年金转移和管理运营需按照国办发［2015］18 号文件规定执行。

4. 对转移接续的程序做出具体规定。养老保险参保人如果在 2014 年 10 月 1 日后调动、辞职、辞退，涉及的职业年金补记转移接续由原参保单位和社保经办机构负责。程序和步骤为：首先，原参保单位填写补记申请表，提供参保人工龄等证明材料，将所有资料报送转出地社保经办机构。其次，转出地社保经办机构根据参保人所在单位报送的全部资料，协助计算参保人的个人账户累计额，在查实后生成补记通知。再其次，参保人单位根据经办机构生成的补记通知，向原资金划拨渠道申请补记资金，并将资金转到社保经办机构指定的职业年金归集账户。最后，社保经办机构核实无误后，将补记资金划入参保人个人账户。

5. 对转移接续的类型和办理方式做出具体规定。一是企业年金向职业年金的转移接续。职业年金的参保人在企业就职，其在企业工作期间参加了本企业建立的企业年金，当其从该企业离职，流向机关单位工作时，需要将自己在企业建立的企业年金关系及积累基金转移到新入职的机关单位，即从企业年金转入职业年金。二是职业年金向职业年金的转移接续。这分为两种情况。第一种情况是省内的转移接续。职业年金的参保人在企业就职，可是该企业没有建立企业年金，本人没有企业年金，当其从企业离职，再次流入机关单位工作时，如果新入职的机关单位与其曾经工作过的机关单位隶属同一个省，转入地的社保经办机构需要将参保人原来的职业年金账户恢复为正常的缴费账户，继续管理运营。第二种情况是省际的转移接续。职业年金的参保人在企业就职，可是该企业没有建立企业年金，本人没有企业年金，当其从企业离职，再次流入机关单位工作时，如果新入职的机关单位与其曾经工作过的机关单位隶属不同省份，原来的职业年金需按跨省流程转移接续。

6. 对职业年金基金的转移接续做出具体规定。一是资金构成。可以转移接续的资金有四项：缴费资金、个人缴费本息划转资金、补记待遇、原转入的企业年金。二是转移接续的情形。基金转移接续分为两种情形。第一种情形为实账积累资金的转移接续。参保人个人账户实账积累资金如何转移接续，执行国办发〔2015〕18号文件规定。第二种情形是记账部分的转移接续。如果参保人新入职单位和离职单位隶属同级财政全额拨款，只需转移原"单位"累计记账额即可，不发生资金流，因为没有实账积累的资金，自然也不涉及个人账户资金问题。如果参保人从机关离职后进入企业工作，或者新入职单位和离职单位不隶属同级财政全额拨款，或者从财政全额拨款单位离职后进入非财政全额拨款单位工作，这时需要转移年、记实资金，资金由主管转出单位的同级财政拨付。如果参保人从非财政全额拨款单位离职后，进入财政全额拨款单位工作，个人账户实账积累资金随之转移，入职新单位以后，单位缴费需要采取记账方式管理。三是不同职业年金计划数和不同收益率的基金转移接续。如果参保人在一个省级管辖范围内参加了一个或多个职业年金，而且适用统一收益率时，参保人在本省内流动，只转移职业年金关系，不需要转移基金；需纪实的职业年金在纪实后转移接续。如果参保人在一个省级管辖范围内参加了一个或多个职业年金，而且适用不同收益率时，职业年金关系如何转移接续，国家授权各省自行研究具体办法。四是禁止转移基金的情形。参保人出现升学、参军、失业、新单位无职业年金或企业年金等情况时，则不转移基金，原参保地的社保经办机构保留其账户，继续管理运营个人账户资金。

7. 对职业年金个人账户管理和待遇计发做出具体规定。一是参保人在机关单位与企业之间相互流动，职业年金或企业年金个人账户资金要分类管理、分类计算收益①。二是参保人从机关单位离职，进入企业工作，并在企业退休，参加了本企业建立的企业年金，正常缴费、补记缴费和企业

---

① 资金类型分为四种：按照规定正常缴费形成的职业年金、参加本地机关单位养老保险试点的个人缴费本息划转的资金、补记的职业年金和企业年金。

年金累计额需合并计算，参保人按规定领取企业年金，一次性领取划转缴费累计额。三是参保人从机关单位离职，进入企业工作，并在企业退休，该企业没有建立企业年金，正常缴费和补记缴费累计额合并计算，按国办发〔2015〕18号文件规定领取职业年金，一次性领取划转缴费累计额。四是参保人从企业离职，进入机关单位工作，其在企业累计的企业年金基金按规定转移，并投资运营。如果参保人在机关单位退休，在过渡期内，企业年金累计额不纳入新办法标准与老办法标准的对比范围，按照国办发〔2015〕18号文件规定领取职业年金；过渡期之后，将职业年金累计额与企业年金累计额合并计算，按照国办发〔2015〕18号文件规定领取职业年金。五是参保人在职期间死亡，或者退休后死亡，正常缴费、划转缴费、补记缴费和企业年金累计余额可继承。六是参保人达到领取待遇的条件时，如果存在多个职业年金关系，领取地社保经办机构负责将各地的保险关系和资金归集到本地，参保人必须在本地领取待遇。七是在2014年10月1日改革之前参加地方试点、改革后纳入机关单位养老保险的人员，其改革前的个人缴费本息划入个人账户。

8. 对在京中央机关单位职业年金制度改革做出规定。2015年12月21日，国家人力资源和社会保障部、财政部下发了《关于印发在京中央国家机关事业单位工作人员养老保险制度改革实施办法的通知》（人社部发〔2015〕112号），规定《在京中央国家机关事业单位工作人员养老保险制度改革实施办法》从2014年10月1日开始执行。《实施办法》明确规定，在京中央国家机关单位及其工作人员要逐步建立"独立于"机关单位之外的养老保险体系。《实施办法》主要规定的是基本养老保险缴费、待遇计算等诸多事项，只有第九条对职业年金制度覆盖范围、缴费基数、缴费比例、职业年金基金托管、待遇领取方式、中央国家机关设置在北京地区以外的单位及工作人员职业年金"属地化原则"管理等六项做出了简单规定，据此无法看出拟逐步建立的"独立性"养老保险体系是否包括职业年金的独立性。

从上述改革内容和主要特征分析中可知，我国开创性建立的机关单位及其工作人员职业年金制度尽管在体系设计和实践发展等方面还面临诸多现实问题和难题，但这些初步的探索必将为健全多支柱养老保障制度体系提供宝贵经验。

（三）实践发展与待遇计发

1. 实践发展。一是职业年金参保情况。目前，国家尚未建立机关单位及其工作人员职业年金参保数据信息公示制度。机关单位及其工作人员职业年金参保缴费时间起点是 2014 年 10 月 1 日，然而 2015—2018 年《全国人力资源和社会保障事业发展统计公报》、2015—2018 年全国人力资源社会保障月度和季度数据、2015—2018 年度《中国劳动统计年鉴》、2015—2018 年《国民经济和社会发展统计公报》和 2015—2018 年《中国统计年鉴》中都没有机关单位及其工作人员职业年金参保数据。由于统计口径不同和工作人员流动性等诸多原因，目前全国机关单位工作人员总数尚不清楚，国家没有通过规范渠道连续发布全国机关单位工作人数。学术界给出的数据是估算数据，有的研究估算总人数大约 760 万人，有的研究估算总人数大约 800 万人，有的研究估算总人数大约为 1300 万人，有的研究估算大约有 1700 万人。职业年金是强制性的补充养老保险制度，全国机关单位工作人员总人数即参加职业年金总人数。二是职业年金基金积累与市场化投资运营。如果按照全国机关单位工作人员总人数 800 万人和单位缴费、个人缴费合计 12% 比例估算，则每年缴费总额约为 300 亿元。从 2014 年 10 月 1 日到 2019 年 10 月 1 日的五年中，如果不考虑投资收益，四年积累的职业年金基金约为 1500 亿元。由于全国机关单位及其工作人员职业年金实行实账积累和虚账记录相结合的个人账户管理制度，因此实账积累的基金达不到 1500 亿元。三是基金投资运营。2019 年 2 月 27 日，中国人寿养老保险公司受托了中央国家机关职业年金基金，实行市场化投资运营管理，但本次受托的基金总额是多少尚不得而知。这是中央机关单位首笔用于市场化投资运营的职业年金基金，标志着我国机关单位职业年金基金首次进入市场化投资运营轨道。《职业年金基金管理暂行办法》虽然明确规定了基金拥有较为广泛的投资范围，但也设置了基金投资股票等产品的比例上限。为确保第一笔职业年金基金收益稳定，国家在选择受托人、投资方向、投资方式（直投）时非常谨慎，多元化投资优质养老金产品，暂时未投资股票型养老金产品。中央国家机关职业年金基金投资运营具有明显示范作用。四是基金管理机构。目前，新疆、山东、河南等省份完成了受托人和投资管理人招标工作，上海、辽宁、福建、安徽等省份公示了受托人名单。尽管如此，机关单位及其工作人员职业年金基金仍未进入实质性的投资运营阶段。例如，即便选定了投资管理人，还要历时几个月时间才能做好基金配置、基金管理费率、基金管理机构考核办法、基金账户开立、资金划拨等后续工作。

2. 待遇计发。职业年金待遇计发办法并不复杂。举例说明，假设甲某（男）是公务员，每个月在扣除补贴后领取的薪酬为7000元，每个月职业年金缴费为7000元乘以4%，等于280元；所在单位每个月职业年金缴费额为7000元乘以8%，等于560元，则甲某每个月缴费合计为840元，每年合计缴费10080元。当甲某60周岁退休时，甲某职业年金个人账户累计额为28万元，按照计发月数139个月计算，每个月可以领取的职业年金待遇为280000元除以139个月，等于2014.39元。再加上一般来说高于职业年金待遇的基本养老保险金，甲某每个月的养老保障水平还是比较高的。假如，甲某是中人，还要再增加过渡期的养老金待遇部分，这样一来，甲某的养老保障水平就更高了。在机关单位职业年金制度改革之前和改革之初，有研究担心本次改革会导致机关单位工作人员养老待遇下降。从上述养老金静态估算可知，这种担心是多余的，机关单位工作人员参加职业年金虽然可能会降低即期消费，但养老金并未降低。

二 地方机关单位职业年金改革

（一）各省机关单位职业年金改革制度建设

从2014年10月1日起，全国各省实施了机关事业单位工作人员养老保险制度改革办法、实施细则、相关问题处理、制度衔接、过渡政策，也规定了"职业年金"条款，尽管各省制定的规章制度不算多，且有些条款比较简单，但却为健全职业年金制度奠定了很好的基础。2014—2019 年间，部分省份在上述改革基础上制定实施了机关单位及其工作人员职业年金改革办法和职业年金基金管理制度，对职业年金覆盖范围、单位缴费基数与比例、个人缴费基数与比例、基金构成与投资运营、基金管理机构评选、个人账户管理、记账方式、待遇领取条件与待遇领取方式、关系转移接续、基金转移、优惠税收政策、经办机构、统筹层级、监督检查等做出了具体规定。有的省份还紧密结合本地区特点出台具体措施。例如，辽宁省针对老工业基地复杂情况，对不同情况下的职业年金关系衔接、视同缴费年限认定、滞纳金补缴、重复参保清退、流转人员补记方案、基金转移接续等事项做出详细规定。甘肃和青海等省份制定了养老保险制度改革实施细则和政策解读，对建立职业年金制度的意义、覆盖范围、缴费机制、操作规程、过渡措施、新旧保险关系衔接以及其他社会各界关心的热点问题做出了解答，确保改革顺利推进。2018 年以来，天津市、陕西省和内蒙古自治区相继出台了机关事业单位职业年金基金管理实施办法。综上所述，各省对机关单位职业年金改革高度重视，均按照国家规定的时间节点、要求、框架体系、步骤等制订实施了适合本地区的职业年金制度。各省机关单位职业年金改革制度和要点（见表 7 – 4）。

表 7 – 4　　　　　　全国各省机关职业年金改革制度及要点归纳

省份	制度名称	生效时间	要点归纳
北京市	机关事业单位工作人员养老保险制度改革实施办法	2014.10.1	缴费机制、个人账户、记账方式、基金投资、待遇领取和继承
天津市	机关事业单位职业年金基金管理实施办法（试行）	2018.12.28	归集与账户管理、管理费、风险控制
天津市	关于推进我市机关事业单位工作人员养老保险制度改革的实施意见	2014.10.1	缴费机制、个人账户、基金投资、转移接续、待遇领取与权益处理
河北省	机关事业单位职业年金实施意见	2014.10.1	缴费机制、个人账户、基金投资、转移接续、待遇领取与权益处理

续表

省份	制度名称	生效时间	要点归纳
河北省	关于印发《河北省机关事业单位基本养老保险关系和职业年金转移接续经办规程（暂行)》的通知	2018.3.29	基本内容与要求、宣传培训、经办服务、分析报告制度、明确责任
河北省	关于机关事业单位工作人员养老保险制度改革的实施意见	2014.10.1	缴费机制、经办机构、基金投资
山西省	机关事业单位工作人员养老保险制度改革实施办法	2014.10.1	缴费机制、待遇领取方式、统筹层级
山西省	职业年金基金管理实施办法	2019.1.1	基金管理机构、职责分工、计划设置、基金归集、个人账户、待遇支付
内蒙古	机关事业单位工作人员养老保险制度改革实施办法	2014.10.1	缴费机制、个人账户、记账方式
内蒙古	职业年金基金管理实施办法	2019.1.7	基金管理、职责分工、计划设置、信息披露、基金归集、个人账户、转移接续、待遇支付、风险控制
内蒙古	关于做好职业年金基金管理运营工作的通知	2017.3.31	基金管理运营、组织领导、政策宣传
辽宁省	关于机关事业单位工作人员养老保险制度改革的实施意见	2014.10.1	参保主体、缴费机制、待遇领取
辽宁省	关于机关事业单位工作人员养老保险制度改革前后相关问题处理意见的通知	2017.12.7	企事业参保关系衔接、视同缴费年限认定、滞纳金补缴、重复参保清退、流转人员补记方案、基金转移接续
吉林省	机关事业单位工作人员养老保险制度改革实施办法	2014.10.1	缴费机制、经办机构、个人账户、记账方式、基金投资、转移接续
黑龙江	机关事业单位工作人员养老保险制度改革实施办法	2014.10.1	参保主体、缴费机制、经办机构
黑龙江	机关事业单位职业年金实施办法	2014.10.1	缴费机制、基金构成与投资、个人账户、记账方式、待遇领取、转移接续

省份	制度名称	生效时间	要点归纳
上海市	机关事业单位工作人员养老保险制度改革实施办法	2014.10.1	参保主体、缴费机制、基金构成与投资、个人账户、记账方式、待遇领取、转移接续、税收政策、经办机构
江苏省	关于机关事业单位工作人员养老保险制度改革的实施意见	2014.10.1	参保主体、缴费机制、统筹层级
浙江省	关于贯彻落实《国务院关于机关事业单位工作人员养老保险制度改革的决定》的实施意见	2014.10.1	参保主体、缴费机制、个人账户、记账方式、基金投资运营
浙江省	关于机关事业单位养老保险制度改革若干问题的处理意见	2014.10.1	记账方式、基金投资运营、军人职业年金转移接续、民办学校和民营医疗机构及其参保人员缴费与待遇领取
安徽省	关于机关事业单位工作人员养老保险制度改革的实施意见	2014.10.1	参保主体、缴费机制
福建省	关于机关事业单位养老保险制度改革若干问题的处理意见	2014.10.1	衔接政策、缴费基数、重计与补缴职业年金
江西省	贯彻落实《国务院关于机关事业单位工作人员养老保险制度改革的决定》的实施办法	2014.10.1	参保主体、缴费机制、个人账户、记账方式、基金投资、待遇领取月继承
山东省	机关事业单位工作人员养老保险制度改革实施办法	2014.10.1	过渡政策、衔接政策、经办管理
河南省	机关事业单位工作人员养老保险制度改革实施办法	2014.10.1	参保主体、缴费机制、经办层级
湖北省	关于机关事业单位养老保险制度改革的实施意见	2014.10.1	参保主体、缴费机制、领取方式、记账方式、基金投资运营
湖南省	关于机关事业单位工作人员养老保险制度改革的实施意见	2014.10.1	参保主体、缴费机制（其他事项按照国家相关规定办理）
广东省	关于贯彻落实《国务院关于机关事业单位工作人员养老保险制度改革的决定》的通知	2014.10.1	参保主体、缴费机制、个人账户、记账方式、基金投资、待遇领取方式

续表

省份	制度名称	生效时间	要点归纳
广东省	关于中央驻穗省属驻穗机关事业单位工作人员养老保险制度改革有关问题处理意见的通知	2016.9.1	"中人"视同缴费指数地区系数、单位缴费、改革前个人缴费本息发放
广东省	关于机关事业单位养老保险制度改革若干问题处理意见的通知	2017.12.1	缴费年限不足15年的费用补缴与养老金计发
广西	关于实行机关事业单位工作人员养老保险制度改革的实施意见	2014.10.1	参保主体、缴费机制、待遇领取方式
海南省	机关事业单位职业年金实施办法	2017.12.9	参保主体、缴费机制、基金构成与投资、个人账户、记账方式、待遇领取、转移接续、统筹层级、监督责任
海南省	关于机关事业单位基本养老保险参保缴费有关问题的通知	2016.4.29	参保登记、保费缴纳、
重庆市	机关事业单位工作人员养老保险制度改革实施办法	2014.10.1	参保主体、缴费机制、基金投资、个人账户、记账方式、待遇领取、转移接续、统筹层级
四川省	机关事业单位工作人员养老保险制度改革实施办法	2014.10.1	"中人"职业年金政策、参保主体、缴费机制、基金构成与投资、个人账户、记账方式、待遇领取、转移接续、统筹层级
贵州省	关于机关事业单位工作人员养老保险制度改革的意见	2014.10.1	参保主体、缴费机制、个人账户、记账方式、待遇领取、统筹层级
云南省	机关事业单位工作人员养老保险制度改革实施办法	2014.10.1	参保主体、缴费机制、记账方式、待遇领取与继承、经办机构
西藏	西藏自治区贯彻落实国务院关于机关事业单位工作人员养老保险制度改革决定实施意见的通知	2015.10.29	参保主体、缴费机制、个人账户
陕西省	关于机关事业单位工作人员养老保险制度改革的实施意见	2014.10.1	参保主体、缴费机制、待遇领取方式
甘肃省	机关事业单位工作人员养老保险制度改革实施办法	2014.10.1	参保主体、缴费机制、待遇领取方式

续表

省份	制度名称	生效时间	要点归纳
甘肃省	机关事业单位工作人员基本养老保险经办规程（暂行）	2014.10.1	缴费征缴与基数变更补（退）核定、个人权益规定及其他基本养老险规程
甘肃省	机关事业单位工作人员养老保险制度改革实施细则	2014.10.1	缴费年限不足15年的费用补缴办法
青海省	机关事业单位养老保险制度及配套完善工资制度改革工作方案	2015.3.5	提出要拟定职业年金办法和职业年金基金投资运营办法
青海省	关于贯彻落实《国务院关于机关事业单位工作人员养老保险制度改革的决定》的实施办法	2014.10.1	参保主体、缴费机制、待遇领取、经办机构、统筹层级
青海省	机关事业单位职业年金实施办法	2014.10.1	基金筹集与投资、个人账户、记账方式、转移接续、待遇领取、监督检查
青海省	关于机关事业单位基本养老保险关系和职业年金转移接续有关问题的通知	2017.4.15	只转关系不转基金，转移额计算、接续、重复缴费的清缴、
青海省	机关事业单位工作人员养老保险制度改革实施细则	2014.10.1	参保主体、缴费机制、个人账户管理、记账方式、待遇领取方式
宁夏	关于机关事业单位工作人员养老保险制度改革的实施意见	2014.10.1	参保主体、缴费机制、待遇领取、基金投资
新疆	机关事业单位工作人员养老保险制度改革的实施意见	2014.10.1	参保主体、缴费机制、个人账户管理、职业年金待遇领取

注：本表资料由本书著者自行整理。

（二）深圳市机关职业年金改革探索

深圳市机关单位及其工作人员养老保险制度改革和职业年金制度建设起步早，一直是"先行先试"，探索过程中积累了很多经验，也遇到了各种各样复杂问题。深圳市的改革探索为国家及各地区开展机关单位及其工作人员职业年金制度建设提供了有益的借鉴。深圳市主要做法和改革经验可归纳为以下几点：

1. 具有改革试验田的独特优势。深圳市机关单位职业年金是行政机关公务员分类管理改革的配套保障措施。2007 年深圳市被国家人事部选定为行政机关公务员聘任制改革试点地区，第二年又被国家公务员局确定为全国公务员分类管理改革试点地区。2008 年 8 月 7 日，深圳市发布了《深圳市行政机关聘任制公务员职业年金计划总体方案》，从聘任制公务员职业年金计划基本模式和职业年金计划基本内容两个方面对职业年金的实施范围、缴费基数、缴费比例、缴费办法、个人账户转移、待遇领取条件及标准、奖惩机制和具体管理等做出原则性规定。2010 年深圳市在总结试点经验基础上深化了职业年金制度改革。2010 年 5 月 27 日，深圳市出台了《深圳市行政机关聘任制公务员社会养老保障试行办法》，取代了《深圳市行政机关聘任制公务员职业年金计划总体方案》。《深圳市行政机关聘任制公务员社会养老保障试行办法》规定，在 2010 年 1 月 1 日以后新进入行政机关的聘任制公务员均缴纳职业年金。由此可知，深圳市紧紧把握住了历史机遇期，借助试点改革的优势，在聘任制公务员和行政机关工作人员职业年金制度建设方面取得了创新性实效。这为从 2014 年 10 月 1 日起施行的全国机关单位及其工作人员职业年金制度建设提供了有益的参考。

2. 探索建立了包括职业年金在内的三位一体养老保险制度。《深圳市行政机关聘任制公务员社会养老保障试行办法》规定，新入职聘任制公务员需参加社会基本养老保险、地方补充养老保险和职业年金。委任制公务员转为聘任制公务员也需参加三种保险，缴费由同级财政根据工龄长短一次性补齐。

3. 探索建立了社平工资与分级缴费比例关联制度。聘任制公务员缴费比例与月工资额、深圳市上年社会平均工资额挂钩，用聘任制公务员每月工资额除以深圳市上年社会平均工资额的商作为确定缴费比例的具体指标，如果商小于 3.0，则聘缴费比例为 8%；如果商大于等于 3.0，则缴费比例 9%。缴费比例每年动态调整一次。

4. 探索建立了奖惩机制和特殊事项解决机制。深圳市的改革除了规定聘任制公务员职业年金缴费基数、缴费比例、个人账户管理方式、待遇领取等内容之外，还建立了奖励机制、惩罚机制、企业年金向职业年金的转移接续措施、退役军人与委任制公务员补缴办法。国家于 2015 年颁布实施的《机关事业单位职业年金办法》虽然没有采纳深圳市职业年金制度中的奖励机制、惩罚机制、退役军人职业年金补缴措施和委任制公务员职业年金补缴措施，但职业年金的缴费基数、缴费比例、个人账户管理方式、待遇领取等规定与深圳市职业年金制度中的规定总体一致（见表 7 - 5）。

总体而言，深圳市行政机关公务员职业年金建设取得了很大成效。这充分体现了政府责任。不过，深圳市在探索聘任制公务员和行政机关工作人员职业年金制度过程中也遇到了诸多现实问题。例如，如果实账积累，则改革之前的应缴费用由财政负责还是由公职人员负责，如果由财政全部承担，则深圳市的财政压力太大。如果由公职人员补缴，则公职人员将会抵制改革，导致试点工作无法顺利推进。深圳市在两难选择之间探索出"虚账记录和实账积累"的制度模式。目前，全国机关单位及其工作人员职业年金采用的就是"虚账记录和实账积累"制度模式。

表 7 - 5 深圳市行政机关聘任制公务员职业年金办法要点归纳（2010 年）

规定	要点归纳
缴费基数（月工资额）	1. 综合管理类公务员月工资包括全国工资、特区津贴、工作性津贴、生活性补贴和改革性津贴。2. 行政执法类、专业技术类及其他实行薪级工资制度的公务员，月工资为薪级工资
缴费比例	1. 月工资在上年社平工资 3 倍以内的，缴费比例为 8%。2. 月工资达到或超过上年社平工资 3 倍的，缴费比例为 9%
个人账户	缴费列入年部门预算，按月划至个人账户。基金实行完全积累，采用个人账户方式管理
待遇领取	1. 依法退休的，个人账户积累额可一次或定期领取。2. 出国（境）定居的，个人账户余额一次性支付给本人。3. 去世的，个人账户余额一次性支付给法定继承人或指定受益人
奖励机制	1. 被国务院或中央主管部门授予荣誉称号的，以其获奖当月缴纳的职业年金为基数，一次性奖励 20 倍。2. 被省委省政府或中央直属机关记一等功的，一次性奖励 10 倍。3. 被市委市政府或省级以上直属机关记二等功的，一次性奖励 5 倍
处罚措施	1. 因被立案调查等原因暂停发放工资的，职业年金同时暂停缴交。经调查未受到处分或刑事处罚的，职业年金予以补缴；受到处分或刑事处罚的，职业年金不予补缴。2. 受到开除以外的行政处分的，在处分期间停缴职业年金。行政处分解除后，职业年金继续缴交，处分期间停缴的职业年金不予补缴

续表

规定	要点归纳
年金收回	1. 受到开除处分。2. 离开本市行政机关后，因其在本市行政机关聘任期间的行为受到刑事处罚的。3. 离开本市行政机关，并在其他机关事业单位退休，享受委任制公务员或事业单位退休待遇的
转移接续	在原工作单位参加过企业年金的，可将资金转入职业年金个人账户。解除聘任关系后，可以将职业年金个人账户余额一次性转移至新就业单位的企业年金账户；若未就业或虽已就业但新就业单位尚未建立企业年金的，职业年金个人账户可由原管理机构继续管理

注：本表资料由本书著者自行整理。

综上所述，经过多年的努力建设，机关事业单位及其工作人员职业年金法规制度建设、经办业务实践发展、基金市场化投资运营等方面均取得积极进展。虽然 2014 年 10 月 31 日到 2015 年末，我国很多地区对职业年金基金采取记账式方式管理，但是从 2016 年 1 月 1 日开始，以上海市为代表的地方政府开始做实个人账户，职业年金基金累计额不断增加。截止到 2019 年 12 月，全国机关事业单位职业年金参保人数超过了 1700 万人，职业年金基金总额超过了 1600 亿元。2019 年春季，中央机关职业年金基金正式市场化投资运营。基金管理机构遴选工作也顺利推进。这些进展预示着我国职业年金制度将不断完善。

第三节　退役军人职业年金制度

军人职业年金制度是指现役军人所在单位及其退役军人本人在参加基本养老保险的基础上，建立的补充性养老保险制度。军人职业年金制度是国家强制实施的军人补充性养老保险制度。我国军人职业年金制度建设时间起点是 2014 年 10 月 1 日。2015 年 9 月 30 日，国家人力资源和社会保障部、财政部、总参谋部、总政治部、总后勤部印发了《关于军人职业年金转移接续有关问题的通知》（后财 [2015] 1727 号），规定《通知》施行时间是 2014 年 10 月 1 日。这一时间点和机关事业单位职业年金制度改革时间点相同。《通知》对军人职业年金的缴费机制、覆盖范围、缴费承担、管理部门、计算标准、转移接续等做出了具体规定。

军人职业年金制度和机关事业单位职业年金制度虽然在制度前提、缴费比例、实施时间、法律属性、制度目标等多个方面均相同，但由于军队机关、军人与机关事业单位、工作人员不同，军人职业年金制度有其独特性，故本章单独设立一节论述军人职业年金制度。军人职业年金包括现役军人职业年金和退役军人职业年金两个部分。《通知》主要是对退役军人的职业年金转移接续做出具体规定，对现役军人职业年金基本没有规定。这是因为国家本次实施的军人职业年金改革制度规定，军人在军队服役期间，本人不需要实际缴费，所在单位也不为现役军人建立职业年金账户，军人只有在退役且参加基本养老保险时才涉及职业年金补助核算和转移接续等事项。所以，本节仅论述退役军人职业年金制度。

一　覆盖范围

退役军人职业年金制度覆盖对象有五类人员：一是计划分配到地方的军队转业干部，这些退役军人的去向主要是机关事业单位和企业。如果有的军官和文职干部选择自主择业，这种情况下则不能享受退役军人职业年金补助待遇，但可以享受到安置地政府逐月发给的退役金。二是军队复员干部，这些退役复员干部的去向主要是企业。三是由政府安排工作的退役士兵，这些退役士兵的去向主要是机关事业单位。四是自主就业的退役士兵。五是武装警察。对此，《通知》第十四条有明确规定。以下四类人员不属于退役军人职业年金制度覆盖人员：一是军队管理的离退休干部、士官。二是移交地方政府安置的离退休干部、士官。三是一至四级伤残人员。四是自主择业的军队转业干部。前三类军人在退役时，国家主要采取退休方式、供养方式安置，退役军人按原来的退役政策享受相应的待遇，因此这些退役军人不能享受军人职业年金补助待遇。

二　补助计缴

（一）补助制度和资金来源

军队及退役军人职业年金制度和上述介绍的机关事业单位职业年金制度在缴费机制、资金划转等多方面存在差异。国家对退役军人职业年金实行"补助"制度，也就是说，军人在服役期间不需要实际参保缴费，军队也不给军人建立职业年金个人账户，即军人在军队服役期间没有职业年金这一补充性的养老保险，自然也就没有实账积累资金。只有在军人退役时，国家才给其一次性的职业年金补助资金。全部职业年金补助资金全部由中央财政承担，总后勤部统筹安排，军人所在单位的财务部门负责补助、资金划转和转移接续等具体工作。当军人退役时，其所在单位的财务部门一次性算清纪实职业年金补助资金。

（二）补助标准

职业年金补助标准计算办法分类设定，具体设为两类，一类针对军官、文职干部、士官；另一类针对义务兵和供给制学员。

1. 军官、文职干部、士官的职业年金补助计缴基数为军官、文职干部、士官在军队服役期间各个年份的月度缴费工资额，补助计缴比例为12%，其中个人缴费比例为4%，所在单位缴费比例为8%。一次性补助总额等于本人服役期间所有月度缴费额之和，补助计缴时间从2014年10月1日开始计算。

2. 义务兵和供给制学员的补助计缴办法与军官、文职干部、士官的补助计缴办法不同，补助计缴基数为本人退役时当年的下士月度缴费工资起点标准，补助计缴比例为12%，其中个人缴费比例为4%，所在单位缴费比例为8%，一次性补助总额等于本人退役时当年的下士月度缴费工资起点标准乘以12%，再乘以2014年10月1日后本人服役月数之后得出的乘积。

（三）补助的月度缴费工资

职业年金补助标准计算办法中涉及两个主要指标：月度缴费工资额和

月度缴费工资项目构成。

1. 月度缴费工资额分类设定，具体设为两类，一类针对军官、文职干部、士官；另一类针对义务兵和供给制学员。两类人员的月度缴费工资的修正调整计算公式不同。军官、文职干部、士官的月缴费额＝月工资额×调整系数。义务兵和供给制学员的月缴费额＝退役当年下士月工资起点标准×调整系数。两个公式中的"调整系数"均指养老保险缴费工资调整系数，都是1.136。设定调整系数的主要原因是军队没有参照国家机关事业单位职业年金制度增设用于个人缴费的基本工资，设定调整系数目的是把军人实际工资数额修正为缴费工资，进而确保退役军人的养老保障水平和法定权益。

2. 月度缴费工资项目构成。退役军人职业年金补助标准计算中的月度工资项目由基本工资、军人职业津贴、工作性津贴、生活性补贴、艰苦边远地区津贴、驻西藏部队特殊津贴、高山海岛津贴、地区附加津贴和奖励工资等项目构成。需要说明，退役军人职业年金补助标准计算中涉及的月度缴费工资的项目构成和退役军人养老保险补助标准计算中涉及的月度缴费工资的项目构成不同，后者分为改革前和改革后两种情况，在2014年10月1日之前的月度缴费工资项目构成是基本工资、军人职业津贴、工作性津贴、生活性补贴和奖励工资。2014年10月1日以后的月度缴费工资项目构成和退役军人职业年金补助的月度缴费工资项目构成相同。

（四）补助资金利息和补助标准

补助资金按照国家规定的利率计息，在军人退役时一次算清记实后，按规定支付给退役军人。从2014年10月1日起，退役军人职业年金补助标准估算值（见表7－6）。

表7－6　　　　　退役军人职业年金补助标准估算值　　　　　单位：万元

分类	标准	分类	标准	分类	标准
义务兵	1.52	上士（自主择业）	3.52	正团职（计划分配工作的转业干部）	5.7

续表

分类	标准	分类	标准	分类	标准
下士	2.34	上士 （政府安置就业）	4.0	副团职 （计划分配工作的转业干部）	5.0
中士	2.96	四级军士长 （自主择业）	4.1	正营职 （计划分配工作的转业干部）	4.5
		四级军士长 （政府安置就业）	4.7	副营职 （计划分配工作的转业干部）	4.1

三　资金核发

补助资金核发指国家补助给退役军人的职业年金直接核发给军人本人，还是直接核发给退役军人就业单位或退役军人就业地社会保险经办机构。补助资金核发与职业年金待遇领取不同。补助资金核发分为正常核发和禁止核发。

（一）正常核发

正常核发针对五类退役军人，分为五种情况：一是按照计划分配到各类企业就职的转业干部。二是由政府安排到各类企业就职的退役士兵。三是复员干部。四是自主就业的退役士兵。五是军人在服役期间死亡，其职业年金待遇及相关权益由合法继承人依法继承。

（二）禁止核发

禁止核发针对四类退役军人，分为四种情况：一是自主择业的转业干部。二是退休干部、士官和文职。三是一级到四级伤疾军人。四是已参加年金的退伍军人和供养军人。这一类退役军人在参军入伍之前或者参加了企业年金，或者参加了机关事业单位职业年金①。

---

①　经本人申请，由原参保地社保经办机构依据军人所在团级以上单位出具的《军人退休（供养）证明》，按照有关规定支付年金待遇。

四 转移接续

（一）入职机关事业单位的退役军人职业年金转移接续

入职机关事业单位工作的转业干部和退役士兵，其职业年金补助资金汇入安置地社保经办机构（区县级以上）职业年金银行账户。军人所在单位财务部门负责出具并邮寄《军人职业年金缴费凭证》和汇款。接收安置单位负责办理职业年金转移接续手续。

（二）入职企业的退役军人职业年金转移接续

转业干部、复员干部、退役士兵及自主就业退役士兵如果进入企业工作，军人所在单位财务部门需将补助资金交给退役军人，但需要向其出具格式化的缴费凭证。

（三）制度对接

退役军人在退役后参加工作，若用人单位建立企业年金，退役军人需要将缴费凭证和补助资金交给用人单位，由用人单位负责转移接续工作。

（四）择业规定

军官和文职干部在退役后如果选择自主择业，安置地政府会依法按月发放其退役金，其在退役时不能享受职业年金补助待遇。如果自主择业的转业干部进入财政供养的党政机关单位和事业单位工作，其退役金从入职后的下一个月停止发放。转业干部安置工作部门将职业年金补助资金拨付当地社会保险经办机构。

（五）个人账户

如果军人在参军入伍前已经参加了企业年金或职业年金，参军入伍时个人账户资金不转至服役的军队，由原来的管理机构继续管理运营。军人退役后参加职业年金或企业年金，按规定转移接续两类年金个人账户。

综上分析，在退役军人职业年金转移接续规定中，补助资金的划转分为两种情况，一种情况是，如果退役军人入职企业工作并参加城镇企业职工基本养老保险或者参加城乡居民基本养老保险的，职业年金补助资金由本人自行管理。另一种情况是，如果退役军人入职机关事业单位工作并参加机关事业单位养老保险的，职业年金补助资金划转到安置地社会保险经办机构，不能由本人自行管理。

五　待遇领取

当退役军人达到法定退休条件并依法办理退休手续后，按规定领取职业年金。举例说明，假设军人甲某（男）退役后按计划被分配到机关单位工作，如果甲某每月的缴费基数为 8000 元，则每个月职业年金缴费额为 8000 元乘以 4%，等于 320 元，所在单位每个月缴费额为 8000 元乘以 8%，等于 640 元，那么甲某个人缴费与单位缴费的合计额是 960 元/月，全年累计缴费额是 11520 元。当其退休时职业年金个人账户累计额为 30 万元，按照计发月数 139 个月计算，则甲某每个月可以领取到的职业年金待遇为 300000 元除以 139 个月，等于 2158.27 元，即甲某在退休后可以连续领取每个月 2158.27 元标准的职业年金待遇。甲某还可以领取基本养老保险金，基本养老保险金一般都高于职业年金养老金，甲某的养老保障水平还是很高的。

第四节　职业年金税收征管政策

我国在制定职业年金税收制度时借鉴了企业年金个人所得税制度建设经验和国外部分国家年金税收制度建设经验。目前，我国已经建立起机关事业单位工作人员职业年金个人所得税 EET 税收制度。它促进了我国机关事业单位职业年金发展和养老保障事业发展。

一　税收政策的发展沿革

我国机关事业单位工作人员职业年金税收政策的发展与改革历程可以划分为以下三个阶段。

（一）改革探索阶段

我国机关事业单位职业年金税收制度改革起始于事业单位职业年金税收制度改革。2011 年 7 月 24 日，国务院办公厅颁布了 2011 年 37 号文件，37 号文件不是一个文件，而是 9 个文件，其中的第九个文件是《事业单位职业年金试行办法》（国办发〔2011〕37 号之 9），9 号文件提到了职业年金税收政策，但是 9 号文件并没有对事业单位工作人员职业年金个人所得税做出具体规定，仅在第十四条规定"职业年金的税收政策由国务院财政税务主管部门另行制定。"国家出台 37 号文件的目的是推进事业单位分类改革，9 号文件不过是本次改革的配套文件之一。2013 年 12 月之前，我国尚未建立机关事业单位工作人员职业年金个人所得税制度，机关事业单位工作人员职业年金个人所得税制度处于酝酿阶段。

（二）实质征管阶段

2013 年 12 月 27 日，国家税务总局下发了《关于做好企业年金 职业年金个人所得税征收管理工作的通知》（税总发〔2013〕143 号），要求各地区根据财政部、人力资源和社会保障部、国家税务总局在 2013 年 12 月 6 日制定的《关于企业年金 职业年金个人所得税有关问题的通知》（财税〔2013〕103 号）的规定，做好职业年金个人所得税征收管理工作。103 号文件执行时间是 2014 年 1 月 1 日，是我国第一部规范职业年金个人所得税的部门规章。103 号文件规范调节的只是事业单位工作人员职业年金个人所得税，而非机关单位工作人员职业年金个人所得税。因为，我国是从 2014 年 10 月 1 日开始正式建立机关单位及其工作人员职业年金制度。10 月 1 日资金，我国一直没有单独制定机关单位工作人员职业年金个人所得税制度。所以，103 号文件适用于规范调节机关单位工作人员职业年金个人所得税。2013 年 12 月到 2018 年 12 月，我国确定了机关事业单位工作人员职业年金个人所得税 EET 税收制度模式，即在缴费环节和基金投资收益环节免税，在领取职业年金待遇时缴税。

（三）新个税法阶段

2018 年 12 月 27 日，财政部、国家税务总局印发了《关于个人所得法修改后有关优惠政策衔接问题的通知》（财税［2018］164 号），废止了 2013 年 103 号文件中的第三条第 1 项和第 3 项。这标志着新《个人所得税法》实施后，机关事业单位工作人员职业年金个人所得税制度建设进入了新的历史阶段。

二　103 号文件征税规定

（一）缴费环节个人所得税

机关事业单位依法为工作人员缴纳的职业年金费用，在计入工作人员职业年金个人账户时，职工个人无须缴纳个人所得税。单位缴费基数是职工工资总额，缴费比例是 8%。如果单位的缴费比例超过了 8%，则超出的部分不予免税。职业年金个人缴费部分，国家给予 4% 优惠政策，即个人缴费在不超过本人缴费工资计税基数的 4% 标准内的部分可以免征，超过 4% 的部分不予免税。岗位工资与薪级工资之和超过本地上年职工月平工资 300% 部分不计入计税基数。综上可知，机关事业单位工作人员职业年金缴费中的单位缴费部分和个人缴费部分可以享受一定比例的个人所得税优惠待遇，但优惠比例存在封顶线。

（二）基金投资收益分配环节个人所得税

职业年金基金投资运营收益分配计入参保人个人账户时，参保人个人无须缴纳个人所得税。

（三）职业年金领取环节个人所得税

1. 2014 年 1 月 1 日以后领取的职业年金，需根据职业年金缴付时间和职业年金待遇领取时间不同，依法缴纳个人所得税。具体分为两种情况：一是按月领取职业年金，则领取额需计入综合所得，按月税率计税。二是按年或季领取职业年金，则领取额应均摊到各月（领取额除以 12 个月），按月税率计税。

2. 机关事业单位职业年金参保人在 2014 年 1 月 1 日之前缴费，在 2014 年 1 月 1 日以后开始领取职业年金待遇的，可以从领取的职业年金待遇中减去 2014 年 1 月 1 日前已缴纳的个人所得税（含单位缴费和个人缴费），差额部分按照 103 号文件第三条第 1 项的规定缴税。应纳税所得额 = 领取的年金 ×（1 – 2014 年 1 月 1 日前缴付的年金缴付金额/全部缴费金额）。如果职业年金参保人采取分期方式领取职业年金待遇，可按 2014 年 1 月 1 日前缴费额占全部缴费额百分比减计当期应纳税所得额，余额按 103 号文件规定缴税。

3. 职业年金参保人因出境定居而一次性领取的个人账户资金；或参保人死亡后，指定受益人或法定继承人一次性领取的个人账户余额，允许领取人将领取额按 12 个月分摊到各月，按 103 号文件规定缴税。对个人除上述特殊原因外一次性领取的个人账户资金或余额，不允许分摊，而就其一次性领取额，单独作为一个月工资薪金所得，依规缴税。

（四）缴税实例计算

公务员甲某于 2017 年退休。2018 年 4 月份，甲某领取 2018 年 1—3 月份的职业年金待遇 7500 元，甲某 4 月份收入应缴纳多少个人所得税呢？按照 103 号文件规定，甲某实际领取的 7500 元职业年金待遇应分摊为三个月的收入，不扣除标准扣除费用，全额按照税率计征税款，则甲某应缴纳个人所得税额为：

应扣缴税额 =（应纳税所得额/计税金额 ÷ 分摊月份数 × 税率 – 速算扣除数）× 分摊月份数 =（7500 ÷ 3 × 10% – 105）× 3 = 435 元

机关事业单位职业年金参保人在退休后领取的公共养老保险金待遇只有基本养老保险金和职业年金两项。由于领取的基本养老金免税，故涉及应缴纳个人所得税的项目只有职业年金待遇。故上述例题中不包含基本养老金等其他项目。

三 新个税法的征税处理

2019 年 1 月 1 日正式实施的《关于个人所得税法修改后有关优惠政策衔接问题的通知》调整了机关事业单位工作人员职业年金个人所得税处理政策。在 EET 税收政策下，除了职业年金基金投资收益划入参保人个人账户仍免税外，参保人在职业年金缴费和职业年金待遇领取时的个人所得税扣除标准与计税方式都发生了变化。主要变化有：

（一）职业年金缴费取消了个人所得税的税前扣除比例限制

2019 年 1 月 1 日起施行的新《中华人民共和国个人所得税法实施条例》第十三条规定，机关事业单位工作人员缴纳的职业年金费可以在缴纳个人所得税之前全额扣除。由此可知，机关事业单位参保人按照《机关事业单位职业年金办法》所缴费用可在税前扣除，不再受 103 号文件规定的只能在 4% 优惠比例内扣除的限制。

（二）调整了职业年金待遇领取时的个人所得税计算方式

1. 正常情况缴税。正常情况缴税指的是参保人正常退休并领取职业年金待遇的个人所得税征缴。2019 年 1 月 1 日以后，机关事业单位职业年金参保人在达到法定退休年龄并依法领取的职业年金待遇需按照《关于个人所得税法修改后有关优惠政策衔接问题的通知》规定，全额单独计算应纳税款，不再并入综合所得。其中，按月领取的职业年金，适用月税率计税；按季领取的职业年金，领取额需均摊到各月，按适用月税率计税；按年领取的职业年金，适用综合所得税率计税，不再执行财税 103 号文件规定的平均分摊入月计税的方法。

举例说明，假设公务员甲某于 2018 年退休。2019 年 4 月份，甲某领取 2019 年 1—3 月份的职业年金待遇 7500 元，甲某 4 月份收入应缴纳多少个人所得税呢？按照《关于个人所得税法修改后有关优惠政策衔接问题的通知》规定，甲某实际领取的 7500 元职业年金待遇全额单独计算应纳税款。由于甲某按季领取职业年金，领取额需均摊到各月，按每个月领取额适用月税率计税。则甲某应缴纳的个人所得税计算过程和应缴纳的税额为：7500 ÷ 3 = 2500 元，2500 元小于 5000 元个税起征点，所以甲某不用缴纳个人所得税。即按照新规定，和 2019 年 1 月 1 日之前依据 103 号文件计算的个人所得税额相比，甲某 2019 年可节省个人所得税额为 435 元 × 4 = 1740 元。进一步假设，甲某按年领取职业年金待遇，每年领取总额为

（7500÷3）×12＝30000元，小于全年应纳税所得额36000元，适用的综合所得税率为3%，速算扣除数为0元，甲某全年应缴纳的个人所得税为30000×3%＝900元。对比而言，按月份领取或者按季度领取都比按年度领取更经济。本例题在计算中也不涉及基本养老金与其他项目。

2. 特殊情况缴税。特殊情况具体分为两种情况，一种情况是参保人出国（境）定居，第二种情况是参保人死亡后。这两种特殊情况下的职业年金待遇个人所得税如何处理呢？无论是参保人因出国或出境定居而一次性领取额，还是参保人死亡、指定受益人或法定继承人一次性领取额，都需按财税 [2018] 164号文件规定，适用综合所得税率计税。

3. 兜底情况缴税。兜底情况缴税指的是除了上述几种情况以外的其他一次性领取职业年金待遇的个人所得税处理。凡是符合这一兜底情况而一次性领取的待遇额，不可使用年综合所得税率计税，只能使用月税率计税。因为使用月度税率表计税时，一次性领取的职业年金资金视同单独一个月工资薪金所得计税，即月度税率表是按月计税，年度综合税率表按年计税，后者的计税金额因除以12（月）变小①。

第五节　职业年金发展与改革的学术讨论

2014年10月1日起，我国全面实施机关事业单位职业年金制度。在此前后，学术界展开了积极而有益的讨论，取得了很多宝贵成果，有力促进了政策制定和立法建设。考虑到职业年金发展前沿和现实需要，本章主要分析2013年到2019年学术界讨论的焦点问题②。

一　职业年金改革方向和战略设计

学术界对我国机关事业单位及其工作人员职业年金改革方向和战略设

---

① 两者区别是，月税率表计算出的纳税额高于年综合所得税率计算出的纳税额。

② 本节综述涉及的学者较多，且有的还引用某学者连续若干年的文献，考虑到各位学者的科研连续性和行文规范性等因素，不逐一标注每一篇文献的具体出处。读者可通过书后参考文献进一步研读。

计的研究可以划分为两个阶段：2014 年 10 月 1 日之前和 2014 年 10 月 1 日之后。在 2014 年 10 月 1 日之前，由于国家没有全面实施覆盖机关事业单位及其工作人员和军队及军人的职业年金，国内学术界主要讨论事业单位及其工作人员职业年金改革困境、失败原因与制度帕累托改进条件（杨燕绥，2011—2012）以及确立机关事业单位及其工作人员职业年金的"三个联动"改革方向（郑秉文，2008—2010）等战略决策问题。2014 年 10 月 1 日之后，学术界主要讨论机关事业单位及其工作人员职业年金制度顶层设计（金维刚，2014—2016）、职业年金基金委托代理风险与博弈（郑秉文，2014—2017）、提高职业年金基金市场化投资运营收益、个人养老金信托文化与公职人员养老权益保障制度（杨燕绥，2015—2018）、国际经验借鉴（胡继晔，2013—2017；龙玉其，2014—2018；孙守纪，2012—2017）、职业年金制度改革与地方代表性改革个案研究（何文炯，2017—2018；龙玉其，2014—2018；董登新，2018—2019；李长远，2012—2013）、反腐与职业年金养廉（林东海，2011—2014；韩冰洁，2018；周志凯，2014；俞贺楠，2016；何伟，2015）。

二 职业年金改革成本和财政负担

机关事业单位和企业的养老保险制度差异较大，两种制度"并轨"需考虑改革的机会成本、经济成本以及面临的社会风险、政治风险（唐钧，2014）。因此，公务员养老保险制度改革和建立职业年金制度除了应考虑现存问题、立法议程之外，还应考虑改革费用，国家应把握好财政支付压力和财务管理制度建设两道关口，做好机关事业单位及其工作人员职业年金制度改革的顶层设计（林东海，2014 2015）。在具体制度设计中，可采用预测仿真等计量工具测算机关事业单位及其工作人员职业年金制度改革财政压力（米红，童素娟；2015—2017），精算评估机关事业单位统筹账户财政负担，确保财政支出可持续（许鼎，2016—2017）。当然，这些改革探索需借鉴美国和加拿大等一些国家公共部门工作人员职业年金制度改革经验，尤其应借鉴这些国家的公职人员职业年金债务风险及应对措施

（孙守纪，2013—2017）。

三 职业年金基金金融投资产业化

胡继晔（2013—2017）、杨长汉（2017—2018）、董克用（2011）和张锐（2016—2018）等专家学者认为，职业年金基金与银行、证券、保险、信托的融合速度加快，成为新金融产品。我国应改变职业年金基金的财政管理思维，应用金融思维规划基金投资不同金融产品，培育基金市场，提高职业年金基金资产管理能力，确保职业年金基金保值增值，构建职业年金基金金融产业体系。规范各个职业年金基金管理机构是关键环节（李连仁，2015—2018）。

四 职业年金个人所得税征缴政策

机关事业单位及其工作人员的职业年金税收政策学术研究主要可归纳为三个方面。一是支持论。我国现行的 EET 职业年金税收优惠制度符合国情。二是修正论。生涯仿真测算职业年金与个人所得税政策结果显示，宏观税收红利和参保人微观个体边际税率之间存在不匹配等问题，国家应修正 EET 个人所得税政策（闫俊，2014—2015）。2019 年 1 月 1 日起，新《个人所得税法》和职业年金税收新政 164 号文件正式生效，这表明修正论被国家采纳。三是替换论。替换论和支持论、修正论都不同，主张将 EET 税收制度替换为 TEE 税收制度。我国目前采用的 EET 税收制度虽然是国际主流的职业年金税收制度，但是 EET 税收制度不适合我国，我国应采用成本更低的 TEE 税收制度，具体做法是在职业年金缴费环节将划入个人账户的缴费按比例分成若个档，每个档设置不同的税收优惠比例，第一个档位享受免税待遇，第二个档位按月薪单独纳税，第三个档位及以上不再享受税收优惠待遇。TEE 税收制度与现行税收制度没有重大冲突。不过，这种观点也认为，TEE 税收制度只是一种过渡性的税收优惠制度（牛海，2014 等）。

五　职业年金养老保障替代率水平

有研究指出，我国的职业年金养老替代率和 OECD 国家替代率相比，存在保障水平低且群体差异大、职业年金基金资产配置与投资绩效低等问题（吕惠娟，刘士宁；2015—2016）。职业年金的养老替代效用尚不清晰（张继民，2015）。在缴费环节，职业年金缴费率科学性是养老保险制度公平的核心（席恒，2012—2017），国家应做实缴费基数，建立缴费率、缴费年限与工作年限结合的养老金机制动态平衡。在财务管理制度设计环节，我国采用"记账 + 虚账"制度模式，不应再单纯考虑收支问题，更应考虑职业年金与企业年金的衔接性及待遇领取支撑力（张继民，2015）。做好包括"中人"在内的所有参保群体的职业年金替代率测算及敏感性分析（薛惠元，2015—2019；张盈华，2015—2017；王亚柯，2015—2016），实施延迟退休政策（周志凯，2014—2018）。

除了上述讨论主题以外，学术界还研究了商业保险对职业年金基金市场化投资运营的影响（曾海军，2015—2016）、参保人员养老权益（杨燕绥，2015—2018；闫俊，2014—2015）、政府责任与战略定位（李长远，2013—2014）和名义账户改革（张盈华，2015—2017）等内容，这些研究丰富了职业年金和养老保险理论体系。

第八章　企业年金和职业年金案例分析

案例一　企业年金纠纷是否属于人民法院受理的劳动争议案件?[①]

【案情介绍】

2013 年 9 月 1 日,福建省 AB 市鹭岛免税商场有限公司 (原为国有企业,现已改制,以下简称鹭岛公司) 制定了《AB 市鹭岛免税商场有限公司企业年金方案》,该方案做出了一个原则性的规定:职工的企业年金待遇高低取决于鹭岛公司的经济效益高低,如果鹭岛公司经济效益好,则采取多补措施;如果鹭岛公司经济效益不好,则采取少补或不补措施。《鹭岛公司企业年金方案》的实施范围是具有 AB 市户籍的在职员工,还规定了具体缴费方案和方案实施日期。2014 年 1 月 20 日,AB 市人力资源和社会保障局复函同意鹭岛公司实施企业年金方案。2013 年 12 月至 2018 年

[①]　本案例素材采集至搜狐网,原素材采集时间是 2018 年 12 月 17 日。读者若想了解原素材,可参见搜狐网《企业年金纠纷属劳动争议,法院应受理》,2016 年 10 月,搜狐网 (http://www.sohu.com/a/117201656_448998)。同时需说明,出于合法性与尊重考虑,本书对所有案例涉及的相关组织名称、数据、日期和人名等都做了必要的掩饰性处理。本书中使用的所有案例只供理论分析之用,并无意暗示或说明某种管理行为是否有效,也无意指责涉及的相关组织、人员、法规对与错。

间，鹭岛公司陆续向 AB 市企业企业年金发展中心缴纳企业年金费，覆盖对象仅为 28 名高层管理人员，并给这些高层管理人员补交了 2010 年 1 月至 2013 年 8 月的企业年金费。鹭岛公司普通员工并未享受企业年金权益。2016 年 5 月 17 日，涂明瑞等 39 名职工因鹭岛公司改制而相继离职。涂明瑞在办理离职手续时得知鹭岛公司没有为包括自己在内的普通职工缴纳企业年金，于是和鹭岛公司的企业年金主管部门沟通，并在 2016 年、2017 年间多次去鹭岛公司的上级主管部门 AB 市投资控股有限公司、AB 市国有资产管理委员会以及有关政府部门上访。由于多次上访无果，2018 年 9 月 20 日涂明瑞等 39 名职工向 AB 市劳动争议仲裁委员会申请仲裁，要求鹭岛公司补交 2010 年 1 月至离职期间的企业年金。

　　AB 市劳动争议仲裁委员会认为，涂明瑞等 39 名职工的诉讼请求不属于劳动争议受案范围，且已过仲裁时效，于是做出不予受理裁决书。涂明瑞等 39 名职工在法定期间内向人民法院提起诉讼，请求判令鹭岛公司为涂明瑞等 39 名职工补交 2010 年 1 月至离职期间的企业年金。2018 年 11 月 3 日，一审人民法院审理后认为，涂明瑞等 39 名职工的诉讼请求不属于人民法院受理范围，驳回起诉。涂明瑞等 39 名职工不服一审法院判决，在法定期限内向 AB 市中级人民法院提起上诉，AB 市中级人民法院根据原《企业年金试行办法》第二十二条和《企业年金办法》第三十条规定，认为该争议属于人民法院受理范围，于是将案件发回一审法院重新审理。

　　在审理过程中，法院形成了两种不同意见：第一种意见主张，企业年金属于基本养老保险范畴。涂明瑞等 39 名职工与鹭岛公司之间关于企业年金补缴争议应适用养老保险制度调节和约束。1999 年国务院出台的《社会保险费征缴暂行条例》第二十六条规定"缴费单位逾期拒不缴纳社会保险费、滞纳金的，由劳动保障行政部门或者税务机关申请人民法院依法强制征缴。"既然企业年金属于基本养老保险范畴，则鹭岛公司就应该依法履行强制性缴费义务。鹭岛公司和社会保险征缴部门形成了被管理与管理的行政法律关系，鹭岛公司不给涂明瑞等 39 名职工缴纳企业年金费，违反了行政管理法，损害了劳动者利益、国家利益和社会保障制度。鹭岛公司没有放弃参保的权利。法律也没有赋予劳动争议仲裁机构和人民法院评判的依据和空间。另外，根据《社会保险行政争议处理办法》的规定，社会保险缴费基数审核、待遇核定与给付为社会保险经办机构应履行的法定职责，若出现争议，应定性为行政案件，人民法院不宜当作劳动争议案件审理。涂明瑞等 39 名职工应另循其他法律途径解决争议问题。

第二种意见主张，企业年金的法律性质是一种补充性的养老保险制度，是企业自愿建立、职工自愿参与的福利制度，它和法律强制实施的养老保险制度不同。原《企业年金试行办法》和《企业年金办法》及相关法律法规均未赋予社会保险部门强制征缴企业年金费用的权力，涂明瑞等 39 名职工要求鹭岛公司补缴企业年金费引发的争议不是社会保险争议，应视为职工福利待遇纠纷。原《企业年金试行办法》和《企业年金办法》规定，因订立或者履行企业年金方案发生争议的，按国家有关集体合同争议处理规定执行。涂明瑞等 39 名职工与鹭岛公司之间发生的福利待遇纠纷属于劳动争议受案范围，仲裁机构和人民法院均应受理。

【争议焦点】

1. 企业年金纠纷是否属于人民法院审理的劳动争议案件的受案范围？

【案例分析】

首先，涂明瑞等 39 名职工与鹭岛公司之间发生的企业年金纠纷属于劳动争议受案范围，人民法院应当受理。根据原《企业年金试行办法》和《企业年金办法》规定，企业年金方案是一种集体合同，因履行企业年金方案产生的争议，当事人协商解决不成的，可以向劳动争议仲裁委员会申请仲裁，对仲裁裁决不服的，可以在法定期限内向人民法院提起诉讼。对此，《劳动法》第 84 条第 2 款也做了同样的规定。综上分析，涂明瑞等 39 名职工与鹭岛公司之间发生的企业年金纠纷应属于人民法院审理的劳动争议案件的受案范围。一审法院审理中的第二种观点与此相同。

其次，第一种观点认为企业年金应归属于基本养老保险范畴，这是不对的。分析这个问题需要厘清两点：企业年金的法律性质、企业年金与企业基本养老保险制度的区别。企业年金的法律性质是企业及职工在参加基本养老保险制度的基础上，企业自主建立、职工自愿参与的补充养老保险制度。对此，原《企业年金试行办法》和《企业年金办法》已明确规定。企业年金与基本养老保险制度的区别主要有：一是法律地位不同。企业年金是补充性养老保险制度；基本养老保险是主导型的养老保险制度。二是建设主体不同。企业年金建设主体是企业，而非政府。基本养老保险制度的建设主体是国家，责任主体是政府。三是缴费机制不同。企业年金制度是企业与个人两方缴费，国家给予税收优惠政策支持，政府不直接给予财政补贴。基本养老保险制度是企业和个人缴费，政府补贴，实际是三方出资，国家承担无限责任，也给予税收优惠政策，例如领取养老金免税。四是参与原则不同。企业年金采用自愿建立和参与原则，基本养老保险制度是强制参与原则。五是制度模式不同。企业年金采用个人账户完全积累制度模式；基本养老保险制度采取统账结合制度模式。六是产品属性不同。企业年金提供的是私人产品，企业年金基金归个人所有，具有私有产权属性。基本养老金提供的是公共产品，社会统筹部分不归个人所有，不具有私有产权属性。七是制度的侧重点不同。企业年金更注重效率原则；基本养老保险注重公平原则，收入再分配的特征突出。综上，企业年金和基本养老保险不同，第一种观点将企业年金视为基本养老保险制度是错误的。

【总结与反思】

从本质上而言，企业年金和基本养老保险不同。企业年金既不属于社会保险五种具体制度之一，又不属于商业保险，也不是用人单位给予职工的一种福利待遇。一审法院在审理中出现的第二种观点错误认为，企业年金是用人单位给予在岗职工的一种特殊的福利待遇，而福利待遇争议属于劳动争议范畴，进而推断企业年金争议应属于劳动争议仲裁和诉讼受案范围。我国已经明确规定，企业年金是一种次要的、辅助的、补充性的养老保险制度，不是企业给予职工的一种福利制度。关于企业年金的性质，理论界还有多种不同观点，有的观点认为企业年金是一种激励机制，有的观点认为企业年金是一种延期工资制度，有的观点认为企业年金是一种长期契约制度，有的观点认为企业年金是一种年终分红制度，有的观点认为企业年金是一种生活补贴制度。这些理论观点虽然各有一定的道理，但是它们都与我国法律法规对企业年金性质的界定不一致，我国的企业年金是一种具有补充性质的、法定的养老保险制度。

案例二　企业年金失踪之谜①

【案情介绍】

2013 年 12 月 23 日，广东省 NM 市科迪商贸有限公司（以下简称科迪公司）通过了《NM 市科迪商贸有限公司企业年金方案》，之后报送 NM 市劳动和社会保障行政部门备案。2014 年 1 月 20 日，科迪公司接到 NM 市劳动和社会保障行政部门同意实施企业年金方案的复函，企业年金方案正式生效。2014 年 1 月 21 日，科迪公司为员工缴纳企业年金。2015 年 6 月 11 日，科迪公司又为职工补缴了 2010 年 1 月至 2013 年 8 月的企业年金。2015 年，科迪公司与职工李明宝正式解除劳动关系。李明宝在离职时听说科迪公司在 2013 年时就为领导层和一批普通职工缴纳了企业年金。科迪公司的企业年金方案明确规定，科迪公司的企业年金的实施范围为具有 NM 市本地户籍的在职员工。李明宝认为自己符合享受条件，可是却没有享受企业年金待遇，合法权益受到侵犯，于是和科迪公司相关部门沟通，双方协商未果发生争执，由此产生纠纷。此后，李明宝曾对科迪公司没有按照其月工资的实际数目为其缴纳企业年金问题四处讨说法，多次向 NM 市劳

---

① 本案例素材采集至新浪网，原素材采集时间是 2018 年 12 月 17 日。原素材以新闻报道形式分析了企业职工和用人单位之间的企业年金待遇争议。读者如想了解原素材，可参见卜凡《谁动了我的企业年金？》，2007 年 11 月，找法网（http：//news. sina. com. cn/o/2007 - 11 - 19/153212930574s. shtml）。

动和社会保障行政部门以及 NM 市人民政府等部门反映情况，但都因无法提供直接证据而无果。2018 年 9 月 20 日，李明宝向 NM 市劳动争议仲裁委员会申请仲裁，NM 市劳动争议仲裁委员会认为李明宝的仲裁时效已过，不予受理。李明宝不服仲裁决定，在法定期限内向当地人民法院提起诉讼。

【争议问题】

1. 人民法院受理的依据是什么？
2. 本案是否超过诉讼时效？
3. 企业年金待遇享受时间如何计算？
4. 企业年金方案生效时间应从何时开始计算？

【案例评析】

1. 人民法院受理的依据是什么。原《企业年金试行办法》第二十二条和《企业年金办法》第三十条规定："因订立或者履行企业年金方案发生争议的，按国家有关集体合同争议处理规定执行。"李明宝和科迪公司之间的纠纷应按照集体合同争议处理。《中华人民共和国工会法》《中华人民共和国劳动法》《中华人民共和国劳动合同法》《集体合同规定》都规定了集体合同履行阶段产生的纠纷，当事人可以申请仲裁和提起诉讼（见表 8 - 1）。综上分析，李明宝和科迪公司之间的企业年金纠纷属于人民法院受案范围，法院受理此案有法律依据。

表 8 - 1　　　我国关于集体合同争议申请仲裁和提起诉讼法规

法规	年份	具体规定
《集体合同规定》第 55 条	2004	因履行集体合同发生的争议可以通过协商、仲裁和诉讼解决。当事人协商解决不成的，可以依法向劳动争议仲裁委员会申请仲裁

续表

法规	年份	具体规定
《工会法》第 20 条	2009	企业违反集体合同，侵犯职工劳动权益的，工会可以依法要求企业承担责任；因履行集体合同发生争议，经协商解决不成的，工会可以向劳动争议仲裁机构提请仲裁，仲裁机构不予受理或者对仲裁裁决不服的，可以向人民法院提起诉讼。如果提起诉讼的，则按照诉讼法所规定的诉讼管辖来执行
《劳动法》第 84 条	2009	因履行集体合同发生争议，当事人协商解决不成的，可以向劳动争议仲裁委员会申请仲裁；对仲裁裁决不服的，可以自收到仲裁裁决书之日起十五日内向人民法院提起诉讼
《劳动合同法》第 56 条	2012	用人单位违反集体合同，侵犯职工劳动权益的，工会可以依法要求用人单位承担责任；因履行集体合同发生争议，经协商解决不成的，工会可以依法申请仲裁、提起诉讼

注：本表资料由本书著者自行整理。

一审人民法院裁定李明宝的诉讼请求不属于人民法院受理范围，驳回起诉的判决确属不当。NM 市中级人民法院认为李明宝提出的诉讼请求即要求被告科迪公司补缴企业年金属于人民法院受理范围，并将案件发回一审人民法院重新审理的决定是正确的。

2. 本案是否超过诉讼时效。2018 年 9 月 20 日，李明宝依法向 NM 市劳动争议仲裁委员会申请仲裁，NM 市劳动争议仲裁委员会认为李明宝的仲裁时效已过，决定不予受理。被告科迪公司也在一审人民法院审理此案时辩称，李明宝要求科迪公司补缴企业年金的请求已超过诉讼时效。诉讼时效究竟有没有过，需要明确两个问题：一是诉讼时效的起止时间点和期限。民事诉讼时效期间为二年，法律另有规定的除外。主张权益的劳动者应当在知道或应当知道权利被侵害之日起两年内投诉、仲裁、诉讼。本案例中，李明宝在 2015 年办理离职手续时得知权利受到侵犯。所以，诉讼时效起始点应从这个时间点开始计算。之后一直向 NM 市劳动和社会保障部门和 NM 市人民政府反映问题，并向 NM 市劳动争议仲裁委员会申请仲裁，始终也没有中断维权。二是诉讼时效终止与诉讼时效中断、诉讼时效中止的区别。本案例中，被告科迪公司辩称该公司从 2014 年 1 月 21 日开始为员工缴纳企业年金，2015 年 6 月 11 日为职工补缴 2010 年 1 月至 2013 年 8 月的企业年金。故原告李明宝于 2018 年 9 月 27 日起诉，已过两年的诉讼时效。那么本案例是否为诉讼时效终止呢？诉讼时效终止是指民事权利受到侵害的权利人在法定的时效期间内不行使权利，当时效期间届满时，人民法院对权利人的权利不再进行保护①。本案例中，原告李明宝从知道权利被侵害时起至提起诉讼期间曾多次向有关政府部门反映问题，并完整地保留了相关部门的受理记录，甚至是进门条，应视为诉讼时效中断，并非诉讼时效终止。

3. 企业年金待遇享受时间如何计算。李明宝提出科迪公司应该为其补缴 2010 年 1 月至离职之间的企业年金，科迪公司辩称，公司的企业年金制度于 2013 年 12 月制定，2014 年 1 月 20 日获批准实施，2015 年 6 月 11 日才补缴 2010 年 1 月至 2013 年 8 月的企业年金。李明宝虽然是在 2015 年正式办理离职手续，但其实际上从 2010 年 3 月份开始就已不在为科迪公司工作。从时间上判定，李明宝实质性离职在先，科迪公司建立企业年金制度在后。所以，李明宝根本无权享受科迪公司的企业年金待遇，就是无权享受 2015 年 6 月补缴的 2010 年 1 月至 2013 年 8 月的企业年金。然而，李明宝却认为企业年金作为补充性的养老保险，虽不是政府部门强制执行，但是须由企业集体协商制定规则，交多交少则跟企业的效益相关。科迪公司的企业年金是从 2010 年开始缴纳，而那时自己仍在职，为科迪公司效益的取得做出了贡献，所以有权享受这部分待遇。

4. 企业年金方案生效时间应从何时开始计算。本案中，科迪公司建立的企业年金制度生效何时生效涉及三个时间点：第一个时间点是科迪公司通过企业年金方案的时间，即 2013 年 12 月 23 日。第二个时间点是 NM 市

---

① 诉讼时效终止、诉讼时效中止和诉讼时效中断不同。诉讼时效中断是指在诉讼时效期间进行中，因发生一定的法定事由，致使已经过的时效期间统归无效，待时效中断的事由消除后，诉讼时效期间重新起算。诉讼时效的中止指在诉讼时效期间的最后 6 个月内，因不可抗力或者其他障碍不能行使请求权的，诉讼时效中止。从中止时效的原因消除之日起，诉讼时效期间继续计算。

劳动和社会保障行政部门备案时间点①，即2015年1月20日。第三个时间点是科迪公司的企业年金方案生效的时间点。究竟哪个时间点是科迪公司的企业年金方案正式生效的合法时间点呢？

2004年5月1日起施行的原《企业年金试行办法》第六条和《企业年金办法》第十条规定，原劳动保障行政部门（人力资源和社会保障行政部门）自收到企业年金方案文本之日起15日内未提出异议的，企业年金方案即行生效。由此可知，制定企业年金方案是企业内部行为，企业年金方案是否具有合法性并不以企业制定年金方案的时间为准，而应以原劳动和保障行政部门（人力资源和社会保障行政部门）的无异议决定时间或备案时间为准（企业执行方案时间可以比备案时间晚）。原劳动和保障行政部门（人力资源和社会保障行政部门）在备案后会给报送单位发一份《企业年金方案报送备案回执单》，回执单上写有报送时间和备案时间。本案中，科迪公司制定企业年金方案的时间是2013年12月23日，在原劳动和社会保障行政部门的备案时间2014年1月20日。也就是说，科迪公司的企业年金方案从2014年1月20日产生法律效力，2013年12月23日到2014年1月20日，科迪公司的企业年金方案并无法律效力，只在科迪公司内部具有约束力。当且只有在科迪公司法人的申请行为转变成具体行政行为后才算正式具有法律效力。

【法院审理与最终判决】

2018年9月27日，李明宝向一审法院提起诉讼。一个多月后，一审法院裁定其诉讼请求不属于人民法院受理范围，驳回起诉。李明宝对一审法院判决不服，上诉至NM市中级人民法院。NM市中级人民法院审理认为，李明宝的诉讼请求即要求被告补缴企业年金，依照原《企业年金试行办法》第二十二条和《企业年金办法》第三十条的规定，属于人民法院受

---

① 2008年3月11日，十一届全国人大一次会议第四次全体会议审议通过国务院机构改革方案，同意组建人力资源和社会保障部，不再保留劳动和社会保障部。由于本案例时间跨度大，从2004年跨越到2018年。所以，本案例分析时根据时间点变化使用不同名称。

理范围，遂将案子发回原审法院重新审理。2014 年，一审法院经审理认为：一是本案为劳动争议案件。原告李明宝和被告科迪公司之间的劳动关系合法有效，应受劳动法律、法规的保护和约束。按照原国家劳动和社会保障部颁布的《企业年金试行办法》和《企业年金办法》的有关规定，科迪公司在 2013 年 12 月 23 日制定、2014 年 1 月 20 日经原劳动和社会保障行政部门备案后实施的《NM 市科迪商贸公司企业年金方案》具有集体合同的效力，该方案对于 2013 年 12 月 23 日时仍然在职的员工及被告科迪公司具有相当于集体合同的约束力，按照该方案，被告科迪公司应当为 2013 年 12 月 23 日时在职的 NM 市户籍员工李明宝缴纳企业年金。二是李明宝享受企业年金待遇的时间点截止到其离开科迪公司前，离开科迪公司后已经没有资格在享受企业年金待遇。三是对被告科迪公司提出的诉讼时效已过的主张不予采纳。理由是原告李明宝为维护自己权益多次向政府有关部门反映问题，应视为诉讼时效中断，而不是诉讼时效已过。四是科迪公司应补缴的企业年金数额，应当根据《NM 市科迪商贸公司企业年金方案》规定，以职工的月工资额及提取比例确定。因李明宝离职时间已久，按照被告科迪公司每次缴纳的平均数确定原告的应得数额，即以 2010 年 1 月至原告李明宝 2015 年离职时，被告科迪公司每月缴纳企业年金的平均数总和，作为原告应得的数额。按照判决，科迪公司为李明宝补缴近 4.5 万元的企业年金。2014 年 11 月 18 日，李明宝正式收到一审法院的判决书。李明宝对一审法院的判决结果不服，上诉至 NM 市中级人民法院。2016 年，NM 市中级人民法院做出判决，维持原判。李明宝不服二审法院判决，以一审法院和二审法院判决认定事实不清，判决错误，请求广东省高级人民法院再审本案。2018 年，广东省高级人民法院依法组成合议庭对本案进行了审查，做出民事裁定书，维持一审法院和二审法院判决。

【总结与反思】

1. 应承认并尊重劳动者的历史贡献。李明宝从 2010 年 3 月份起就已不再为科迪公司提供劳动，科迪公司也已不再向其发放工资和为其缴纳社会保险费，双方劳动关系在当时似乎已实际解除，但李明宝正式办理离职手续的时间是2015年，是在科迪公司建立企业年金制度之后。换言之，科迪公司为职工缴纳并补缴企业年金时，李明宝仍在职，所以不应被排除在外。本案例中，像李明宝这样被排除在外的职工有几百人之多，和李明宝一同起诉的职工就有26人。其中有些人确实是在科迪公司建立企业年金制度之前离职，但也要承认并尊重劳动者的历史贡献，应根据这些职工的有效工作期限给予适当补偿。毕竟，企业年金与公司的经济效益挂钩，即用于缴纳企业年金的费用来自于科迪公司的利润。

2. 用人单位建立企业年金制度的动机和参保对象的确定都不应具有歧视性特征。很多企业认为，建立企业年金制度的主要目的是激励职工，有些用人单位并非将所有职工纳入年金制度体系，而是选择那些技术、业务骨干或核心层、管理层人员。这其中时常会掺入一些不公平因素。为职工提供企业年金福利待遇虽然是企业自愿行为，但也应在"普惠"和"特殊"之间寻找平衡，使其在切实发挥激励重点员工作用同时提高其他职工的工作积极性。

本案一个突出的特点是，企业年金方案已然实施，却并没有按照其中规定为所有符合条件的职工缴纳，企业年金成为一种"特权"，而这一切当事人都不知情。更为严重的是，面对这种问题，当事人很难举证。企业年金管理中心只能查职工的账户，所以职工只能证明自己没有，不能证明别人有，也不能证明别人从什么时候开始交，甚至连公司的企业年金方案都很难看到。本案中反映出来的问题，在实践中普遍存在，应当引起企业和社会各界深刻反思。

3. 企业年金方案生效时间应统一规定。《企业年金试行办法》第六条，劳动保障行政部门自收到企业年金方案文本之日起15日内未提出异议的，企业年金方案即行生效。在实践中，企业年金方案生效时间有两种情况，一种是企业计划实施年金方案的日期。例如，2018年12月11日江苏省泰兴市人力资源和社会保障局发给泰兴市博扬服饰有限公司的《关于泰兴市博扬服饰有限公司企业年金方案备案的函》复函："该方案符合《企业年金试行办法》规定的要求，同意从 2018 年 1 月 1 日起建立企业年金制度，望认真组织实施。"这里的 2018 年 1 月 1 日应该是泰兴市博扬服饰有限公司企业方案中写明的公司计划实施年金方案的日期。复函落款日期是 12 月 11 日，这表明企业年金方案生效的时间是公司计划实施年金方案的日期，而不是人力资源和社会保障局给企业复函的落款时间。另一种是当地人力资源和社会保障局给企业复函的落款时间。例如，2018 年 3 月 2 日，江苏省扬州市人力资源和社会保障局发给宝应县广播电视传媒集团有限公司《关于宝应县广播电视传媒集团有限公司企业年金方案备案的复函》内容如下："该方案符合《企业年金办法》规定的基本要求，同意从 2018 年 3 月起建立企业年金制度，并按企业年金制度组织实施。"这表明企业年金方案生效的时间是人力资源和社会保障局给企业复函的落款时间，而不是公司计划实施年金方案的日期。

尽管企业年金方案生效时间存在分歧，但实践中应以当地人力资源和社会保障局给企业复函的落款时间为准。

案例三　职工辞职，单位可以"没收"企业年金?[①]

【案情介绍】

1994 年 7 月，王丽丽（女）签约入职新疆维吾尔自治区 TX 市天眼人力资源服务公司（以下简称天眼公司）。双方签订的劳动合同约定，天眼公司制定的各项规章制度为劳动合同组成部分。天眼公司从 7 月份开始为王丽丽缴纳企业年金[②]。2004 年 6 月，王丽丽和天眼公司签订了无固定期限劳动合同。2017 年 9 月，王丽丽的企业年金个人账户总额为人民币

---

①　本案例素材来源于找法网，原素材采集时间是 2018 年 12 月 17 日。读者若想了解原素材，可参见找法网《用人单位解除与劳动者劳动关系的举证责任如何分担?》，2011 年 3 月，找法网（http：//china. findlaw. cn/laodongfa/shehuibaoxian/53676. html）。

②　从 2000 年开始，企业补充养老保险被企业年金替代。本案例跨越 2000 年，为方便读者理解，故本案例统一使用企业年金。本章中其他处与此同。

107820.22 元。由于要去国外照顾留学的儿子，2017 年 9 月 5 日王丽丽向天眼公司递交了书面辞职申请。9 月 17 日，天眼公司为王丽丽办理了退职手续。但是，天眼公司拒绝将企业年金中单位缴费部分转入王丽丽在社会保险经办机构的企业年金个人账户，而是划入天眼公司企业年金基金。王丽丽和天眼公司多次协商未果后，向当地劳动争议仲裁委员会申请仲裁，劳动争议仲裁委员会不予受理。2018 年 1 月 31 日，王丽丽向人民法院提起诉讼。

在庭审中，王丽丽和天眼公司就企业年金归属展开激烈争论。王丽丽坚持认为天眼公司为其划转的企业年金应属其个人财产。天眼公司辩称，企业年金不属于工资范畴，依据《TX 市企业年金试行意见》规定，企业有自行制定企业年金实施方案的权利，企业年金的缴纳具有非强制性。另据天眼公司于 1994 年 5 月 5 日制定的《TX 市天眼公司职工企业年金暂行办法》第五条第六款规定：职工被开除、除名、辞退或因个人原因解除劳动合同或离开的，取消其享受企业年金的资格，原记入的企业年金归入天眼公司企业年金基金。该办法经天眼公司联席会议审议通过。1994 年 7 月 26 日，TX 市社会保险管理局发给天眼公司的备案函中明确指出：企业年金基金应该专款专用，《TX 市天眼公司职工企业年金暂行办法》第五条第六款关于"归企业所有"规定，应明确为"归企业年金基金等"。上述《TX 市天眼公司职工企业年金暂行办法》合法有效，现王丽丽因自身原因解除劳动合同，天眼公司依据规定，将天眼公司为王丽丽缴纳的企业年金归入天眼公司企业年金基金，于法有据。法院经审理后认为，根据《TX 市企业年金试行意见》，职工在严重违法、违纪、自动离职等情况下，企业年金待遇的处理由企业年金方案规定。

【争议问题】

1. 王丽丽是否丧失享受企业年金待遇的条件？
2. 如何评价法院的判决。

【案例评析】

1. 王丽丽是否丧失享受企业年金待遇的条件。企业年金制度不是强制性的养老保险制度，企业有权自主制定、修改企业年金方案，并约定企业缴纳的企业年金分配给职工的标准、比例、权利义务关系。《TX 市天眼公司职工企业年金暂行办法》第五条第六款规定"因个人原因解除劳动合同或离开企业的，取消其享受企业年金的资格，此前缴纳的企业年金归入企业年金基金"有效。王丽丽是由于个人原因离开企业，符合第五条六第款规定情形，因此丧失了享受企业缴纳部分划入个人账户待遇的条件。但是，王丽丽自己缴纳的部分仍归个人所有。因为，王丽丽企业年金个人账户和天眼公司企业账户是分户管理，天眼公司企业缴费部分应当按照企业年金方案规定比例计算的数额计入王丽丽的企业年金个人账户，王丽丽个人缴费额计入自己的企业年金个人账户。尽管个人账户内积累的企业年金资金归属于王丽丽，但是王丽丽并不具有领取这笔资金的条件，领取这笔资金的条件时出国定居、死亡、法定退休、完全丧失劳动能力等四种情况，王丽丽是出国陪读，不属于四种情况之一，故不可以领取个人账户内的资金。

2. 如何评价法院的判决。法院判决王丽丽不能享受天眼公司缴纳的企业年金份额是正确的，但是法院的判决理由存在值得商榷之处。法院判决依据的是《TX 市企业年金试行意见》第十一条规定："职工在严重违法、违纪、自动离职等情况下，企业年金待遇的处理，由企业年金方案规定。"王丽丽是主动辞职，并非严重违法、违纪，那么是不是自动离职？自动离职是职工根据用人单位和自身情况擅自离职，而强行解除与用人单位的劳动关系的一种行为。《中华人民共和国企业劳动争议处理条例》第二条第（一）项中的"自动离职"是指职工擅自离职的行为。自动离职主要有三种情形：职工因辞职未获批准或者要求解除合同未被同意，便擅自离职或违约出走；职工未说明原因不辞而别；受优厚待遇诱惑而擅自"跳槽"。

据此衡量，王丽丽并不是自动离职。王丽丽是主动辞职，主动辞职是劳动者主动向用人单位提出解除劳动合同或劳动关系的行为。主要有两种情况：一种情况是用人单位存在暴力、恐吓、威胁等行为强迫职工劳动或不按合同约定支付工资等违法行为。另一种情况是职工主观上想离职，此时只要提前 30 日以书面形式通知用人单位解除劳动合同关系。本案中，王丽丽属于第二种情况。

【法院判决】

法院审理后判决，天眼公司的主张合规，驳回了王丽丽的诉讼请求。

【总结与反思】

1. 企业年金制度的"非强制性"不等于企业可以随意"没收"职工的企业年金权益。从 1991 年我国首次提出探索建立补充性养老保险制度至今，建立企业年金制度的用人单位基本都是自主、自愿制定企业年金方案，其通常做法是将职工在本单位的工龄、职级、贡献、职务、岗位等设定为指标，依据这些指标确定企业缴费划入职工个人账户的标准、比例、时间节点。一般来说，职工对单位的贡献越大、在本单位工作年限越长、职务越高，则单位分配给该职工的企业年金份额就越大。例如，有的企业规定，职工在本单位工作 1—5 年，单位缴费部分划入职工个人账户的比例是 5%；职工在本单位工作 6—10 年，单位缴费部分划入职工个人账户的比例是 15%；职工在本单位工作 11—15 年，单位缴费部分划入职工个人账户的比例是 30%；职工在本单位工作 16—20 年，单位缴费部分划入职工个人账户的比例是 50%；职工在本单位工作 21 年以上，单位缴费部分划入职工个人账户的比例是 100%。有的企业规定，职工一直工作到退休，才可以 100% 领取单位缴费部分划入职工个人账户的资金，否则就"没收"全部已经划入职工个人账户的资金，将其归入企业年金基金、特殊账户或重新分配给其他在岗职工。在本案例中，天眼公司把单位缴费部分划入王丽丽个人账户资金"没收",归入企业年金基金。天眼公司辩称,公司划入王丽丽个人账户的企业年金单位缴费部分不属于王丽丽的工资范畴。这是以企业年金制度的"非强制性"为借口,剥夺王丽丽的企业年金基金权益。

企业给职工分配年金基金权益是对职工历史贡献的肯定,不应随意设置约束性享受条件。企业建立年金制度是对职工以前工作成绩的肯定和对当前工作的认可、鼓励。王丽丽于1994年7月入职天眼公司,2004年6月又与天眼公司签订了无固定期限的劳动合同,2017年9月方辞职,供职23年,是一位在天眼公司长期工作的好员工。王丽丽已经履行了部分合同义务,天眼公司不应凭正在履行的合同进行非法追溯。即使剥夺王丽丽合同权益的条件合法,也只能剥夺正在履行的合同所对应的合同权益,也不可以剥夺已经履行完毕的劳动合同权益。

2. 企业应转变观念,应高度重视规范、责任、诚信和社会形象,切实履行职责。企业年金制度最早起源于美国快递公司,当时企业认为年金是对资本家员工的恩赐。20世纪80年代末期,美国政府和法律扭转了"资本家恩赐"思维错误,要求企业严格执行企业年金的契约责任和义务。目前,我国部分企业仍存在"企业恩赐"思维,不仅在企业年金享受时设置障碍,而且还实施歧视性做法,将一部分所谓的"对单位作用不大"的职工排除在外。本案中,王丽丽从1994年7月入职到2017年9月辞职,共为天眼公司效力了23年。这表明天眼公司对其能力和成绩是认可的,等于承认王丽丽是个优秀的员工。但其错误理解劳动法的法制精神、契约原则且借"法律"名义无情地剥夺优秀职工企业年金基金权益的做法实在是不太地道。企业建立年金制度也是树立形象、规范制度,担当社会责任的表现。尊重职工权益,履行职责即是既是法制建设的要求,也是构建和谐社会的要求。

案例四　停薪留职员工的企业年金纠纷如何解决？[①]

【案情介绍】

2008 年 8 月份，刘莫林被吉林省腾达实业集团股份有限公司（以下简称腾达集团）聘为市场部经理。入职后，刘莫林每年工作业绩都很突出。2012 年 11 月份，腾达集团领导层研究决定将刘莫林派往沈阳，出任集团下设的沈阳市腾达电子科技有限公司（以下简称腾达电子）副总经理，2013 年 1 月份，刘莫林到岗履职。2014 年 3 月份起，刘莫林兼任腾达电子下属的网络服务公司经理，后根据腾达集团要求，网络服务公司与腾达电子脱钩，刘莫林与腾达电子签订了停薪留职协议，出任脱钩后的网络服务公司（后变更为沈阳市宏泰网络商贸公司）经理。2015 年 9 月份，网络服务公司由于经营不善倒闭。此后，刘莫林一直未到腾达电子上班。2016 年 8 月 27 日，腾达电子停发了刘莫林工资，并不再为其缴纳企业年金（还停缴了基本养老保险费和基本医疗保险费）。2016 年 12 月份，腾达电子向腾达集团总部上报书面请示，提出了关于刘莫林等 17 名职工违反腾达电子纪律的几点处理意见，请求对刘莫林按辞退处理。2017 年 3 月 22 日，腾达电子按照腾达集团的批示，在《沈阳晚报》上刊登公告，要求刘莫林等 17 人在规定时间内办理转档手续。刘莫林看到公告以后，便与腾达电子和腾达集团协商。由于双方多次协商未果，刘莫林于 2017 年 4 月 25 日向沈阳市和平区劳动争议仲裁委员会申请仲裁，仲裁委员会裁决双方的劳动关系仍然存在，腾达电子应为刘莫林缴纳企业年金、基本养老保险费和基本医疗保险费。裁决书下达后，腾达电子不服，在法定期限内起诉至沈阳市和

[①]　本案例素材来源于河南省邓州市人民法院网，原素材采集时间是 2018 年 12 月 17 日。读者若想了解原素材，可参见王冬泽《用人单位解除与劳动者劳动关系的举证责任如何分担？》，2009 年 7 月，河南省邓州市人民法院网（http://dzsfy.hncourt.gov.cn/public/detail.php? id = 94）。

平区人民法院，请求依法确认双方的劳动关系已经终止，被告刘莫林的仲裁时效已过，驳回刘莫林要求缴纳企业年金的诉讼请求（此外刘莫林还提出恢复工作以及补发工资、基本养老保险费、基本医疗保险费等诉讼请求）。

【争议问题】

1. 刘莫林和腾达电子的劳动关系是否已经终止？
2. 刘莫林申请劳动仲裁是否已经超过法定期限？
3. 刘莫林的企业年金缴费问题应该如何解决？

【案例评析】

1. 刘莫林和腾达电子的劳动关系是否已经终止。分析这个问题需要明晰两点：一是谁举证，以证明双方的劳动关系存续与否。是刘莫林举证以证明自己和腾达电子之间的劳动关系存续？还是腾达电子举证来证明公司已经和刘莫林不存在劳动关系？在本案例中，主张双方已经不存在劳动关系的一方是腾达电子，而不是刘莫林。如果腾达电子想证明公司与刘莫林之间已经不存在劳动关系，则需拿出充分的证据来证明双方的劳动关系已经终止，即腾达电子应承担举证责任。那么，腾达电子是否应承担举证责任呢？对此，2001 年 4 月 30 日起施行的《最高人民法院关于审理劳动争议案件适用法律若干问题的解释》第十三条做出了明确规定：因用人单位做出的辞退、解除劳动合同等决定而发生的劳动争议，用人单位负举证责任。依据这一条可知，腾达电子应承担举证责任。然而，在案件审理过程中，腾达电子一直未能举证腾达集团做出辞退、解除劳动合同的书面批复。这也就是说，腾达电子没有拿出足够的、充分的证据，表明腾达电子、腾达集团已经辞退刘莫林，解除了与刘莫林的劳动合同。对此，腾达电子应承担举证不能的败诉责任。据此反推，刘莫林和腾达电子之间的劳动关系依然存在。二是腾达电子在大众媒体上发布的转档公告是否可以作为解除劳动关系的依据。腾达电子在《沈阳晚报》上发布公告的目的是通知刘莫林等人转档，该公告不能作为解除劳动关系的依据，即使刘莫林确属严重违反单位纪律，腾达电子应依据《中华人民共和国劳动法》《中华人民共和国劳动合同法》的相关规定依法依规明确违纪事项，规范处理，然而，腾达电子一直未能拿出辞退刘莫林的规范性书面文件，这可以解释为腾达电子始终没有对刘莫林违纪问题做出处理，这表明刘莫林与腾达电子之间的劳动关系并没有终止。

2. 刘莫林申请劳动仲裁是否已经超过法定期限。腾达电子认为，刘莫林申请劳动仲裁已经超过了仲裁时效。厘清这个问题需要明晰两点：一是仲裁权利的行使时间是什么时候？二是仲裁时效的期限是多久？接下来将这两个问题融合到一起加以解释。《中华人民共和国劳动争议调解仲裁法》第二十七条明确规定了申请劳动争议仲裁的起始时间和权利期限，起始时间从劳动争议发生之日起开始计算，权利期限是 1 年①。本案中，腾达电子在《沈阳晚报》上刊登公告的时间是 2017 年 3 月 22 日，刘莫林看到公告后于 2017 年 4 月 25 日向沈阳市和平区劳动争议仲裁委员会申请仲裁，时间长度为 35 天，没有超过 1 年。因此，刘莫林申请劳动争议仲裁没有超过法定期限。腾达电子计算刘莫林申请劳动争议仲裁时效的起点是 2016 年 8 月 27 日，可是这个时间点并不是双方"劳动争议发生之日"，双方发生劳动争议的时间点是腾达电子在《沈阳晚报》上发布公告以后，即 3 月 22 日以后。因此，腾达电子计算刘莫林申请劳动争议仲裁时效的起点错误。

3. 刘莫林的企业年金缴费问题应该如何解决。综上所述，刘莫林和腾达电子之间的劳动关系依然存在。腾达电子应为刘莫林补缴所欠的基

---

① 劳动争议案件适用《劳动争议调解仲裁法》，劳动争议申请仲裁的时效期间为一年。仲裁时效期间从当事人知道或者应当知道其权利被侵害之日起计算。但对于 2008 年 5 月 1 日前发生的劳动争议案件，有关仲裁时效和起诉的规定及适用《劳动法》。《劳动法》关于仲裁时效规定于第八十二条：提出仲裁要求的一方应当自劳动争议发生之日起六十日内向劳动争议仲裁委员会提出书面申请。劳动关系存续期间因拖欠劳动报酬发生争议的，劳动者申请仲裁不受规定的仲裁时效期间的限制；但是，劳动关系终止的，应当自劳动关系终止之日起一年内提出。本案例发生时间在 2008 年 5 月 1 日以后，因此适用《仲裁法》。

本养老保险费，由于职工参加企业年金的前提是参加基本养老保险保险制度。因此，腾达电子应依法补缴企业年金，补缴起点是 2016 年 8 月 27 日。

【法院判决】

沈阳市和平区人民法院经审理后，根据《中华人民共和国劳动法》第七十条、七十二条，《最高人民法院关于审理劳动争议案件适用法律若干问题的解释》第十三条，《中华人民共和国劳动合同法》第十条、十一条、三十九之规定，判决刘莫林和腾达电子之间的劳动关系依然存在。腾达电子在判决生效之日起 30 日内依法为刘莫林补签劳动合同，缴纳企业年金（还有基本养老保险费和基本医疗保险费）。一审判决后，腾达电子不服，上诉至沈阳市中级人民法院，二审法院经审理后，判决驳回上诉，维持原判。

【总结与反思】

1. 腾达电子存在过错行为。在处理刘莫林违纪和解除劳动关系等具体问题上，腾达电子都存在一定过错。刘莫林停薪留职，腾达电子是同意的。然而此后，无论是腾达电子还是腾达集团都没有及时对刘莫林做出辞退处理的决定，等于认同刘莫林仍然是腾达电子、腾达集团的在册职工。这是腾达电子在职工管理上出现了问题。腾达电子强调刘莫林违反了单位的制度，但是违反单位内部的规章制度不能等同于违反国家的法律法规，即企业内部制度不能对抗法律法规。腾达电子不能因为刘莫林停薪留职、不到单位上班就以此作为解除与其劳动关系的理由。刘莫林虽然停薪留职，但仍是腾达电子的在册职工，单位应该为其缴纳企业年金和社会保险费。因此，一审法院和二审法院判决腾达电子为刘莫林补缴企业年金、基本养老保险费和基本医疗保险费是正确的。

2. 企业做出任何事关职工切身利益的决定应兼顾实体和程序的合规性。企业在辞退或解除劳动合同时既要全面考虑企业的权利、义务、责任，又要考虑程序、方式、方法。首先，企业应查清事实，并将查明的书面材料送达被辞退的职工本人，允许职工本人申辩。其次，企业一经做出辞退职工的决定后，应同时做出辞退决定书，并以书面通知形式通知职工，且应向职工交待，如其不服辞退决定，可以向当地劳动仲裁委员会申请仲裁。在本案例中，腾达电子并没有向刘莫林送达书面辞退决定书。刘莫林是在报纸公告上得知自己被辞退的信息。腾达电子在辞退程序、方式、方法等方面存在不合规之处。

3. 在劳动争议案件中，企业和职工双方应明确举证责任承担主体和分担原则。根据我国《民事诉讼法》等有关规定以及相关司法解释，一般情况下，民事诉讼的举证原则是"谁主张、谁举证"。然而，在劳动争议案件中，法定举证责任和民事争议的举证责任不同。用人单位和职工往往不知道这一点。在劳动争议案件中，特定情形下，法律直接规定由用人单位承担举证责任，即法律明确了举证责任。根据《最高人民法院关于审理劳动争议案件适用法律若干问题的解释》第 13 条和《最高人民法院关于民事诉讼证据的若干规定》第 6 条的规定：用人单位做出的辞退、解除劳动合同、减少劳动报酬等决定而发生的劳动争议，用人单位负举证责任。理解本条规定，应明晰如下两层含义：第一层含义是，在劳动争议案件中，用人单位的举证责任重大。如果用人单位对其做出的辞退、解除劳动合同、减少劳动报酬等决定的事实不能充分举证或举证不力，就将承担举证不能的不利后果。第二层含义是，举证责任的规定虽然是法定举证责任的规定，但是并不意味着职工不承担任何举证责任，在法定的由用人单位承担举证责任的事实之外，对其余的事实，仍然由当事人依照"谁主张、谁举证"的原则来承担举证责任。在本案例中，腾达电子依法负有举证责任，由于其举证不力，故被一审法院和二审法院判决败诉。

案例五　企业年金方案调整可以扣减内退职工待遇吗?[①]

【案情介绍】

安紫杉（女）系江苏省 VF 市（地级市）户籍居民，出生于 1962 年 4 月，1989 年 5 月调入 VF 市万家乐商城工作（以下简称万家乐商城，国有企业）。2007 年 12 月，万家乐商城根据劳动和社会保障部在 2004 年 5 月 1 日施行的《企业年金试行办法》建立企业年金制度。万家乐商城职工代表大会通过了《VF 市万家乐商城建立职工企业年金的暂行办法》，对企业年金的建立原则、覆盖范围、待遇计发办法、决策管理、组织机构等做出了详细规定。万家乐商城于当月向 VF 市社会保险经办机构缴纳了企业年金费，职工个人承担缴费责任。为了管理好企业年金基金，万家乐商城于 2008 年 1 月成立了企业年金基金管理理事会，企业年金基金管理理事会由万家乐商城的人力资源部门、工会等几个部门以及职工代表等人员组成，行使企业年金基金管理职责。之后，企业年金基金管理理事会制定了《VF 市万家乐商城基金管理理事会管理办法》，该办法第十一条规定，企业年金基金管理理事会可以根据实际情况提出修改万家乐商城企业年金方案的建议。

根据《VF 市万家乐商城建立职工企业年金的暂行办法》的规定，安紫杉属于企业年金制度的覆盖对象，万家乐商城也为其履行了相应的缴费义务。2012 年 3 月，安紫杉以身体多病、难以坚持工作为由，向万家乐商城提出书面内退申请，经履行批准手续后，安紫杉内退休养。

2012 年 6 月万家乐商城改制，原国有股全部退出，由全体员工持有。

[①] 本案例素材采集自向日葵保险网，原素材采集时间是 2018 年 12 月 17 日。读者若想了解原素材，可参见王清、曹芳《企业补充养老保险个人账户遭扣减怎么办?》，2017 年 7 月，向日葵保险网（http://www.xiangrikui.com/yanglaobaoxian/changshi/64759.html）。

同年 9 月，企业年金基金管理事会研究决定，对企业年金的分配提出修改意见，其中有一个修改意见是降低内退职工的企业年金分配标准：对于本单位的内退职工，以法定退休年龄为准，当其年龄距离法定退休年龄每减少 1 年，则企业年金待遇就扣减 15%。如果其年龄距离法定退休年龄不满 1 年时，则按照 1 年计算。企业年金基金管理事会还提出，内退职工扣减的企业年金计入万家乐商城企业年金基金。企业年金基金管理事会提出的修改意见经万家乐商城董事会批准后即付诸实施。

2017 年 4 月，安紫杉达到法定退休年龄。在办理退休手续时，万家乐商城向其支付企业年金个人账户资金 12706.73 元。安紫杉向 VF 市社会保险经办机构咨询后得知，万家乐商城为其在社会保险经办机构开具的个人账户上的企业年金连同利息共计 23202.70 元，不是万家乐商城给付的 12706.73 元。安紫杉认为万家乐商城应按其个人账户上的企业年金全额 23202.70 元支付，于是找到万家乐商城相关部门沟通。然而，万家乐商城负责部门坚持认为给付安紫杉的企业年金个人账户资金 12706.73 元没有错误。双方多次协商未果，产生争议。

2017 年 12 月 22 日，安紫杉向 VF 市劳动争议仲裁委员会提出仲裁申请，要求万家乐商城按其个人账户上的企业年金全额 23202.70 元发放。VF 市劳动争议仲裁委员会于 12 月 24 日做出书面答复，不予受理。2018 年 1 月 6 日，安紫杉将万家乐商城起诉至当地人民法院。

在庭审中，安紫杉提出，万家乐商城已经把企业年金计入自己的企业年金个人账户，根据《VF 市万家乐商城建立职工企业年金的暂行办法》的规定，记入职工个人账户的企业年金为职工个人所有。万家乐商城虽然已经改制，但是企业年金并没有列入改制财产，改制以后的万家乐商城不应该享有企业年金的所有权，万家乐商城扣减自己的企业年金个人账户资金是侵权行为。虽然《VF 市万家乐商城建立职工企业年金的暂行办法》明确规定，解释权在董事会，但是万家乐商城改制前后的董事会所代表的利益不同，而且董事会的解释也不能任意扩大而违反《VF 市万家乐商城建立职工企业年金的暂行办法》的规定。《VF 市万家乐商城基金管理理事会管理办法》第十一条与职工代表大会通过的《VF 市万家乐商城建立职工企业年金的暂行办法》相违背，这是万家乐商城自行设权，且修改决定未经万家乐商城监事会批准同意，在程序上不符合规定，不能作为扣减自己企业年金个人账户资金的依据。

万家乐商城辩称，《VF 市万家乐商城建立职工企业年金的暂行办法》和《VF 市万家乐商城基金管理理事会管理办法》第十一条均合规有效。万家乐商城改制以及所有制性质均不会导致万家乐商城民事权利与义务的变更，和改制以前的万家乐商城一样，改制以后的万家乐商城承接了原来法人单位的权利、义务和责任。由于经济业绩不佳，万家乐商城采取不定期缴费做法。在改制资产评估基准日后，万家乐商城又缴纳了 426 万元的企业年金费用，这笔钱应该算作改制以后的万家乐商城缴纳的企业年金费用。在改制以后，万家乐商城的决策机构虽然是股东会和董事会，但是代表职工权益的工会也参与企业年金制度修订。至于基金管理理事会提出的降低内退职工企业年金分配标准的建议，工会没有反对，而且持赞同意见。也就是说，降低内退职工企业年金分配标准也是工会的决定，修改方案报董事会以后，董事会通过了修改意见。由此可知，降低内退职工企业年金分配标准的改革措施具备了职工与万家乐商城协商的合法要件，程序合法，应当作为万家乐商城实施企业年金方案的依据。

【争议问题】

1. 万家乐商城扣减内退职工企业年金待遇的做法是否有正当依据？

2. 安紫杉是否具有万家乐商城企业年金待遇"享受权"？

3. 安紫杉应享受哪些企业年金待遇？

4. 万家乐商城计算的企业年金个人账户资金额和 VF 市社会保险经办机构计算的资金额不一致，当以何为准。

【案例评析】

1. 万家乐商城扣减内退职工企业年金待遇的做法是否有正当依据？在

庭审中，安紫杉强调万家乐商城自行设权、董事会的解释违反《VF市万家乐商城建立职工企业年金的暂行办法》规定、降低内退职工企业年金待遇的决定未经万家乐商城监事会批准同意，认为万家乐商城程序违规。那么，万家乐商城是否具有修改企业年金方案的权力？是否具有扣减内退职工企业年金待遇的权力？扣减行为是否具有依据？是否合规、正当？

从 1991 年国务院下发第 33 号文件至今，国家一直采取鼓励和指导的态度引导企业建立企业年金制度，从未强制企业建立企业年金制度。无论是《关于企业职工养老保险制度改革的决定》《关于深化企业职工养老保险制度改革的通知》《关于建立企业补充养老保险制度的意见》《企业年金试行办法》《企业年金办法》还是《中华人民共和国劳动法》等都是如此。故万家乐商城具有修改企业年金方案的权力。

企业年金强调"在岗"和切实为应人单位提供"实质性"的服务，满足这些条件才可能享受企业年金待遇。安紫杉不具备这些条件，万家乐商城扣减其企业年金分配额度并无不当。安紫杉不应以在岗职工为标准，提出同权待遇要求。万家乐商城采取逐年扣减办法，已经照顾了内退职工利益。安紫杉 50 周岁办理内退，55 周岁达到法定退休年龄。这五年间，万家乐商城也给予了一定数额的企业年金待遇。在企业年金方案修改过程中以及实施前后，万家乐商城监事会并没有提出反对意见，工会也没有提出反对意见，职工代表也没有提出反对意见，这表明万家乐商城遵循了民主原则，以集体协商方式通过了内退职工企业年金待遇分配修改方案，其做法符合国家关于企业年金制度建设的规定，在万家乐商城内部完全具有正当的效力。安紫杉虽然是"在册"职工，内退后也继续缴纳个人应缴部分，但其不是"在岗"职工，也不再为万家乐商城提供"实质性"服务，因此万家乐商城降低分配给内退职工的企业缴纳部分是合规的，也是合情、合理的。综上分析，万家乐商城扣减安紫杉企业年金待遇的做法并无不当。

2. 安紫杉是否具有万家乐商城企业年金待遇"享受权"。内退指的是职工从岗位上退下来休养的制度，是用人单位内部退养制度，内退主要存在于国有企业。内退职工领取一定数额内退生活费，有的用人单位还给予年功津贴和专项补贴等待遇，用人单位会按照一个基数继续为其缴纳社会保险费，不过这个基数低于在岗时期的缴费基数。实践中，内退职工常无法享受奖金和津贴等待遇。内退职工是否继续缴纳企业年金个人缴费部分以及能不能继续享受企业分配给职工的企业年金待遇部分，这些均由企业自行决定。在本案例中，安紫杉是否具有万家乐商城企业年金待遇"享受权"，这需要看安紫杉是否具备享受企业年金待遇的法定条件和万家乐商城设定的条件。在法定条件上，职工享受企业年金待遇的前提是必须参加基本养老保险，并按时足额缴费。安紫杉在内退前和内退后一直参加基本养老保险和企业年金，并持续缴费，符合法定条件。在万家乐商城设定的条件上，安紫杉在内退前符合条件，在内退后具备部分条件。虽然万家乐商城逐年扣减单位缴纳的、分配给职工的企业年金待遇部分，但安紫杉个人缴费部分仍正常缴纳。因此安紫杉具有一定的万家乐商城企业年金待遇"享受权"。

3. 安紫杉应享受哪些企业年金待遇。我国企业年金采取完全积累的个人账户模式，个人账户内的资金由职工个人缴纳部分、用人单位划给职工个人的部分、两方缴费的投资收益等三个部分组成，个人账户内的资金产权归属于职工本人。安紫杉在内退前一直参加万家乐商城的企业年金，自己缴纳的部分已经计入个人账户，资金产权属于安紫杉个人；单位缴纳的划入安紫杉个人账户的资金也应归安紫杉个人所有。万家乐商城应把安紫杉内退前的企业年金个人账户资金总额计算出来，支付给安紫杉。内退后，安紫杉自己缴纳的企业年金部分应该归属于安紫杉个人，万家乐商城应该给予支付，万家乐商城逐年划入安紫杉个人账户内的资金也应归属于安紫杉个人，但万家乐商城逐年扣出的资金不应归属于安紫杉个人账户，安紫杉也不应主张此权利。需要强调的是，万家乐商城只能扣减单位分配给安紫杉的企业缴纳的资金，不能扣减安紫杉自己缴纳的企业年金个人账户资金。而且，万家乐商城在计算应支付给安紫杉的企业年金个人账户资金时，还要把企业年金基金投资收益部分给付安紫杉。

4. 万家乐商城计算的企业年金个人账户资金额和 VF 市社会保险经办机构计算的资金额不一致，当以何为准。

我国现行企业年金法规和政策都明确规定，虽然有自主、自愿建立企业年金制度的权利，但是企业制定年金方案后必须报送本地人力资源和社会保障行政部门备案，如果人力资源和社会保障行政部门在 15 日内没有提出异议，企业年金方案即行生效。也就是说，企业年金制度生效的前置条件时必须先通过人力资源和社会保障行政部门形式性备案审查，《企业年金试行办法》第六条对此有明确规定。在本案例中，万家乐商城有权利自行调整企业年金个人账户资金额的计算方法和标准，但其应以二次备案的形式告知人力资源和社会保障行政部门，否则计算出的企业年金个人账户资金额和社会保险经办机构计算的资金额就可能不一致。尽管《企业年金试行办法》只规定了首次备案制度而没有对二次报送备案做出规定，但是企业在修改年金方案以后仍应向人力资源和社会保障行政部门二次备案，已接受其监督管理。本案例没有交代万家乐商城在修改企业年金方案以后是否向人力资源和社会保障行政部门二次报送备案。从案例已有信息推断，万家乐商城在修改企业年金方案以后应该没有向人力资源和社会保障行政部门二次报送备案，否则两者计算出的金额不应该有如此大的差距。社会保险经办机构仍然按照万家乐商城首次备案的资料计算安紫杉的待遇。对此，万家乐商城存在过错。延展分析，如果本案争议事件发生在 2018 年 2 月 1 日之后，就不会出现上述含混不清的问题，因为《企业年金办法》明确规定，企业变更后的年金方案经职工代表大会或者全体职工讨论通过后需重新报送人力资源和社会保障行政部门。

【法院判决】

一审法院审理认为，万家乐商城有权调整企业年金方案。一是从本质上说，企业年金制度是一种辅助性、补充性的养老保险制度。参加企业年金的职工只有在达到法定领取条件时才可以领取，否则不得申领。二是企业把年金划入参保职工的个人账户只是一种记账方式，并不是确定职工个人账户资金所有权的方式，之所以这样处理，目的是方便计算和管理，并不表明职工已经享有或最终享有个人账户资金，职工不享有排除企业干预、管理的绝对权利。三是虽然万家乐商城于 2012 年完成了改制，企业所有制性质发生变化，改制后的万家乐商城也确未支付相应的对价，取得企业年金的所有权，但企业年金应当有人管理，改制后的万家乐商城承担起改制前企业的管理责任，对企业年金事宜实施管理是正当的。四是万家乐商城制订的《VF 市万家乐商城建立职工企业年金的暂行办法》和扣减内退职工待遇的修改方案有效。国家只有企业年金的指导性政策，并无强制性要求，此时的企业年金实施与否、如何实施完全是企业的自主权，万家乐商城在履行民主程序的前提下制定的《VF 市万家乐商城建立职工企业年金的暂行办法》不具有违法情形，《VF 市万家乐商城建立职工企业年金的暂行办法》的主要内容也与《企业年金试行办法》的要求一致，因而《A 市万家乐商城建立职工企业年金的暂行办法》有效。《VF 市万家乐商城基金管理理事会管理办法》授权基金管理理事会"根据实际情况对方案的修改调整提出建议"有效，此为经职工代表大会讨论通过的民主意见，因此《VF 市万家乐商城基金管理理事会管理办法》第十一条的内容并不属于万家乐商城或基金管理理事会自行设权。虽然，基金管理理事会提出的"扣减内退职工待遇的修改意见"上只有万家乐商城董事会签署同意意见并加盖公章，万家乐商城监事会未签署意见，但从实际情况看，万家乐商城监事会在"修改意见"实施过程中直至诉讼过程中均未提出反对意见；从"扣减内退职工待遇的修改意见"的内容看，其解决了制定《VF 市万家乐商城建立职工企业年金的暂行办法》时未能预见到的一些实际问题，并不违背《A 市万家乐商城建立职工企业年金的暂行办法》中奖优罚劣、视贡献大小作不同处理的相关精神，符合企业年金制度的功能需求。一审法院最终判决安紫杉败诉，驳回其诉讼请求。

【总结与思考】

1. 一审法院判决正确，但存在不当之处。一是法院混淆了企业年金待遇享有权和领取权。享有权指的是职工是否具有享受企业年金待遇的权利，领取权指的是职工是否达到领取企业年金个人账户资金的权利，按照原《企业年金试行办法》和《企业年金办法》的规定，职工只要具备以下四个条件之一就可以领取企业年金待遇：达到法定退休年龄、去世、出境定居、完全丧失劳动能力。一审法院指出"一般只有在职工达到国家规定的退休年龄并符合享受企业年金相关条件后才能支取，不得提前支取。"这指的是领取权，和本案例争议的享有权不是一回事儿。安紫杉虽然符合"达到法定退休年龄"，但双方争议的问题不是安紫杉可不可以领取企业年金待遇，而是安紫杉有权享有多少企业年金待遇。二是法院混淆了个人账户资金归属权和企业自主修订权。一审法院认定，企业将年金记入职工个人账户是一种记账方式，便于企业年金的计算和管理，并不表明职工已经享有或最终享有个人账户中的企业年金，故职工不享有排除企业干预、管理的绝对权利。关于个人账户资金归属权，我国目前采取的是完全积累的个人账户制度，职工个人缴纳的资金、企业划入职工个人账户的资金、两者投资收益资金等三个部分都属于职工个人所有。这种积累是实账积累，不可以虚账运行，不能将其解释为一种记账方式。关于企业自主修订权，我国现行企业年金规章制度的确没有强制企业建立企业年金制度，企业只要遵循民主原则、采取集体协商机制就可以修改企业年金方案。

2. 企业年金计入职工个人账户是否即归个人所有。关于这个问题，理论界存在分歧。有一种代表性的观点认为，企业年金计入个人账户并不必然归职工个人所有。理由如下：一是企业年金计入职工个人账户属于一种记账方式，目的是为了方便企业年金的计算和管理，并不代表一旦计入个人账户即归职工个人所有。这与原《企业年金试行办法》和《企业年金办法》中关于企业年金采用个人账户管理方式的规定一致。在本案例中，一审法院就持本观点。二是职工对企业年金拥有的是一项期待权，用人单位具有企业年金方案调整权,一个例证是《关于建立补充养老保险制度的意见》第十六条规定:"职工在严重违法、违纪、自动离职等情况下,企业年金待遇的处理,由企业年金方案规定。"本条表明用人单位对职工个人享受企业年金待遇具有调整权,这表明单位缴费及收益部分计入职工个人账户的资金并非一定即为职工个人所有。否则,当职工出现严重违法、违纪、自动离职等情形时又岂能调整、重新支配呢?三是企业有权将扣减的企业年金计入企业年金基金,将所有权归属于全体在职职工。我国现行的企业年金规章制度对此尚无明确规定。在我国企业年金发展历程中,很多企业都将扣减的企业年金计入企业年金基金,将所有权归属于全体在职职工,这是一个普遍的做法。在本案例中,A市社会保险经办机构制定的《企业年金账户管理规定》就指出,企业应该在企业年金方案中明确企业缴费部分及投资收益的归属权比例,可以100%收回,可以部分收回,也可以全部划给职工。企业收回的本金和收益既可由企业作为激励措施分配给其他职工,也可以充抵下一期企业缴费金额。综上所述,企业年金即使记入职工个人账户,并不表明职工已经享有或最终享有,职工不享有排除企业管理的绝对权利。

反对上述观点的学者主张,无论是企业缴费的部分、职工个人缴纳的部分以及两者投资收益部分,只要计入职工个人账户就应归属于职工个人所有。本书同意这种观点,理由如下:一是记账方式论不符合现行法规制度。我国企业年金实行的是完全积累的个人账户制度,而且是实账积累制度。这在原《企业年金试行办法》和《企业年金办法》中都有明确规定。这些规定确认了个人账户上的企业年金基金权益的私有性。也就是说,企业缴费应按比例计入职工企业年金个人账户部分、职工个人缴费额部分、企业年金基金投资运营收益部分都应计入企业年金个人账户。在实践中,有的企业赋予企业年金基金权益公共性,扣减已经划入职工企业年金个人账户的资金,将其归入全体职工资产,这种做法否定了职工的历史贡献,不值得提倡。原《企业年金试行办法》和《企业年金办法》还明确规定了企业年金个人账户资金领取条件、转移接续、受益人、法定继承,这也肯定了企业年金个人账户资金归职工个人所有。综上所述，企业年金计入职工个人账户不应被视为一种记账方式。二是期待权论错误解读了"享受资格"和"领取条件"。期待权论主张，职工仅对个人账户内的企业年金基金权益具有一种期待权，企业有调整权。该观点对职工的"享受资格"和"领取条件"存在错误解读，因为职工达到法定退休年龄是"领取"企业年金的条件，不是职工是否有权"享受"企业年金待遇的条件。该观点还偏重企业对企业年金方案的处置权、调整权、资金回收权，这无疑是强化了企业使用缴费及投资收益资金惩戒部分职工的作用，有悖于企业年金的激励价值。三是扣减论扩大了企业的权利，淡化或部分否定了职工的历史贡献。企业年金是养老保障制度，不是企业的福利制度，也不是企业自设的奖惩机制，企业虽然对企业年金方案具有一定的自由调整权，但其做法不得与国家关于企业年金建设的精神相悖。职工在达到法定退休条件时才可领取企业年金待遇是出于对职工养老保障权益、老年生活质量和安全性的考虑，达不到法定条件的不能领取，但不能据此认定是对职工企业年金基金权益的剥夺，更不能以企业有自行设立企业年金的权利为由，认定职工个人账户内的基金权益不归职工个人所有。

3. 企业应尊重职工的历史贡献。企业虽有自行建立和调整企业年金制度的权利，但是个人账户中的企业年金基金权益是个人的私有财产，企业不应随意剥夺，不应将企业年金制度建立在否定职工历史成绩的基础上，否则就是对企业年金制度含义的曲解和对职工权益的非法剥夺。内退职工对用人单位的贡献肯定小于在岗职工的贡献，企业应始终承认内退职工的身份，尊重并保护其合法权益，无论企业改制是否。按照国家对企业改制后内退职工企业年金的指导思想和相关规定，改制后的企业无特殊原因，均应保护内退职工合法权利。随着我国企业年金法律法规体系逐步健全，内退职工的企业年金基金权益受侵犯事件将会越来越少。

案例六 工资清单上的企业年金项等同于劳动合同约定吗?[①]

【案情介绍】

2008 年 11 月份,湖北省武汉市职业经理人周平岩经上海市巅峰人才猎头公司介绍,与上海市兴顺国际贸易有限公司(以下简称兴顺公司)达成口头聘用意向,职务是兴顺公司总经理助理,兴顺公司承诺月薪 30000元。兴顺公司还表示公司已经建立了企业年金制度,在周平岩正式入职后,兴顺公司每个月为周平岩缴纳 4500 元的企业年金。周平岩感觉条件不错,于是向原单位递交了辞职报告,来到上海兴顺公司工作。由于周平岩工作敬业,成绩突出,不久被晋升为兴顺公司分管行政工作的副总经理,月薪上涨到 40000 元。在此期间,兴顺公司一直与周平岩签订有书面劳动合同,但劳动合同中没有对企业年金的支付方式和数额做出明确规定。2015 年 12 月,周平岩与兴顺公司之间的劳动合同到期,兴顺公司决定不再与周平岩续约,双方劳动关系自然终止。当周平岩到兴顺公司办理离职手续并结算工资时,发现在兴顺公司结算费用中没有企业年金,兴顺公司明确答复,周平岩不享有企业年金待遇,周平岩与兴顺公司协商未果后,向兴顺公司所在地的劳动争议仲裁委员会申请仲裁。

周平岩认为,自己入职时,兴顺公司明确表示每个月为其缴纳企业年金,并在工资清单中"不随工资发放福利"一栏中明确列出了企业年金(公司支出)4500 元。这一证据能表明兴顺公司已经为自己缴纳了企业年金,应当将这笔属于他的企业年金待遇返还给他。同时,周平岩了解到2016 年 1 月,兴顺公司已经将企业年金方案上报当地劳动保障行政部门

---

① 本案例素材采集至 110 法律咨询网,采集时间是 2018 年 12 月 17 日。读者若想了解原素材,可参见 110 法律咨询网《补充养老保险待遇纠纷》,2008 年 11 月,110 法律咨询网(http://www.110.com/ask/question-11471.html)。

（社会保险基金管理中心负责）备案，并决定于 2016 年 6 月 1 日起执行。因此，兴顺公司应给付自 2008 年 11 月以来的 10.8 万元企业年金。

兴顺公司指出，计提企业年金是兴顺公司自主行为。以前，兴顺公司的企业年金费来源于兴顺公司前身上海市某三资企业超缴费基数 200% 的返还款，兴顺公司将这笔返还款作为员工福利。兴顺公司计提企业年金的时间只持续 3 年，2007 年 11 月到 2010 年 11 月。后来兴顺公司考虑到各种情况停止计提企业年金费。周平岩在入职后仅享受了 2 年待遇。期间，兴顺公司逐步完善企业年金方案，并报送当地劳动保障行政部门，周平岩离开兴顺公司时，兴顺公司没有接到劳动保障行政部门的备案复函，企业年金方案无法正式生效。且根据企业年金方案规定，企业年金制度覆盖范围只能是兴顺公司在册在岗员工，离职员工不能享受。因此，周平岩不能享受更无权要求先行分配。

【争议问题】

1. 工资清单上的企业年金支付等同于劳动合同约定吗？
2. 周平岩可以享受兴顺公司的企业年金待遇吗？

【案例评析】

1. 工资清单上的企业年金支付项等同于劳动合同约定吗？周平岩享受兴顺公司的企业年金待遇需要具备三个条件。第一个条件是周平岩必须满足参加企业年金的前提条件。原《企业年金试行办法》和《企业年金办法》规定，企业年金是基本养老保险制度的补充性养老保险制度，参加企业年金的前提是职工必须先参加基本养老保险制度。也就是说，周平岩必须在兴顺公司先参加基本养老保险并按时足额缴费，然后再参加企业年金，履行缴费义务后方可享受企业年金待遇。在本案例中，周平岩是否参加了基本养老保险并按时足额缴费尚不清楚。

第二个条件是双方在劳动合同中约定了企业年金项。我国的劳动合同是格式文本，其中包含"保险和福利待遇"项和附加项。如果周平岩在与兴顺公司签订的劳动合同中"保险和福利待遇"项下约定了企业年金待遇或以附加条款约定了企业年金待遇，那么兴顺公司就必须按照约定给付企业年金待遇。如果劳动合同中没有约定企业年金待遇项，那么周平岩就不能要求兴顺公司给予企业年金待遇。

第三个条件是工资清单上的企业年金支付项必须被确权认定。周平岩的工资清单中"不随工资发放福利"一栏中虽然明确列出了企业年金（公司支出）4500元，但是周平岩在入职后并没有和兴顺公司确权，没有把工资清单上的企业年金支付项和劳动合同挂钩，也没有单独做出约定，一直也未明确企业年金的缴费标准、起止时间、给付方式、待遇标准等事宜。如此一来，主动权就掌握在兴顺公司手中，兴顺公司以停止计提企业年金费为由拒绝向周平岩给付企业年金待遇就是一个典型例证。

综上所述，周平岩不具备享受企业年金待遇的三个条件。那么，周平岩是否就不能享受工资清单上的企业年金支付项（福利）呢？

2. 周平岩可以享受兴顺公司的企业年金待遇吗？如果严格按照我国企业年金法律法规的硬性规定，周平岩无法享受兴顺公司的企业年金待遇，但是并不是说周平岩不可以享受工资清单上的企业年金"福利"待遇。因为在其入职时，兴顺公司正在完善企业年金制度，没有向劳动保障行政部门备案，即并没有正式实施企业年金制度。兴顺公司在当地劳动保障行政部门备案时间是2016年1月，实施企业年金方案时间2016年6月1日。也就是说，兴顺公司的企业年金方案从2016年6月1日起产生法律效力。周平岩离职时间是2015年12月31日，当时兴顺公司尚未实施企业年金方案。周平岩自然无权享受2016年6月1日以后的企业年金待遇，但有权享受2015年12月31日以前的工资单上的福利金，即兴顺公司按月给付给周平岩的4500元，这笔钱不是兴顺公司给付的企业年金待遇，而是职工"福利"。周平岩入职后，兴顺公司计提的所谓的企业年金费（实际是福利费）的时间长度为2年，即周平岩可以享受2年的福利待遇。按照每个月4500元计算，周平岩至少可以享受的福利待遇总额是4500元乘以12个月，再乘以2年，即108000元。

【总结与反思】

在本案例中，周平岩和兴顺公司都存在一定过错。周平岩的过错有：一是入职后没有确权。周平岩如果在入职后将工资单上的福利与劳动合同挂钩或单独约定，就不会发生后来的争议。二是错误地将工资单上的福利项等同于劳动合同条款之一。工资单上的项目不能等同于劳动合同条款。

兴顺公司的过错有：一是未履行解释义务。在周平岩入职时，兴顺公司应该向其解释清楚计提福利费的来源和预计停止计提时间，不能模糊对待，这种粗放的管理方式和不严谨的工作态度为后来的双方争议埋下了隐患。二是混淆了企业年金和福利，解释错误，做法错误。周平岩入职时，兴顺公司所说的企业年金并不是真正的企业年金，而是职工福利待遇。尽管兴顺公司在工资清单中"不随工资发放福利"一栏中明确列出了"企业年金"字样，但由于兴顺公司当时并没有正式实施企业年金方案，企业年金制度并不存在，所谓的"企业年金"实际上就是福利，而非企业年金。

案例七　职工工伤死亡后的企业年金余额继承如何分割？

【案情介绍】

2015 年 11 月 30 日凌晨 2 点，陕西省大同市鑫贸矿业集团有限公司（以下简称鑫贸矿业集团）职工张志学伙同该公司职工刘某等 5 人，盗窃鑫贸矿业集团财物，被保卫部部长康宝业带人抓获。之后，张志学等 6 人被鑫贸矿业集团开除。2016 年 3 月 21 日 18 时，康宝业到鑫贸矿业集团正门对面的某饭店就餐，就餐后返回鑫贸矿业集团上夜班，当他走到马路中间时，受到张志学等人暴力侵害，经抢救无效死亡。事发后，张志学等人供认不讳，交代了袭击康宝业的原因是康宝业生前因履行职责行为而使自己被鑫贸矿业集团开除。工伤保险经办机构认定，康宝业的死亡属于工亡，由于鑫贸矿业集团没有为康宝业缴纳工伤保险费，康宝业家人无法从工伤保险基金中获赔补偿金，鑫贸矿业集团比照工伤保险死亡待遇标准向康宝业家人给付一次性死亡补助金 623900 元、丧葬补助金 21514 元、抚恤金 1860 元，总计 647274 元。由于康宝业是鑫贸矿业集团企业年金制度覆盖范围内在岗职工，死亡时其企业年金个人账户余额为 124630 元。康宝业的父亲康和平因独生儿子死亡悲伤过度，一病不起，加上长期患有高血压等慢性病，1 个月后突发脑梗病逝。康宝业的母亲李红由于和公婆长期不睦，半年后便改嫁他乡。康和平和李红曾出资 12000 元购买了一套住房，并投资 45000 元进行了装修。康宝业祖父、祖母与康宝业母亲李红在企业年金分割上发生争执，争议未果诉至人民法院。

在企业年金分割上，一审法院存在三种不同观点。

第一种观点认为：康宝业意外死亡，未指定受益人，故按照《中华人民共和国继承法》规定，企业年金应按照法定顺序继承。现在，康宝业的父亲康和平业已去世，母亲李红也改嫁他人，并无第一顺序继承人，只能按第二顺序继承，企业年金应由康宝业的祖父、祖母继承。

第二种观点认为：企业年金应由康宝业母亲李红全额领取。理由是康宝业的父亲康和平去世后，按《中华人民共和国继承法》规定，李红是企业年金的唯一第一顺序继承人。至于李红是否改嫁，与继承权无关。同时根据《中华人民共和国婚姻法》规定，父母与子女间的关系，不因父母离婚而消除。

第三种观点认为：企业年金应由母亲李红领取，但康宝业的祖父称已借款 15000 元为康宝业和康和平办丧事。因此，按《中华人民共和国继承法》第三十三条规定："继承遗产应当清偿被继承人依法应当缴纳的税款和债务"。据此，继承企业年金遗产时应当清偿被继承人康宝业所欠债务。

【争议问题】

1. 职工工伤死亡后遗留的企业年金个人账户余额是否可以作为遗产处理？

2. 如果可以作为遗产，企业年金个人账户余额应该怎样分配？

【案例评析】

1. 职工工伤死亡后遗留的企业年金个人账户余额是否可以作为遗产处理？《企业年金试行办法》第十四条规定："职工或退休人员死亡后，其企业年金个人账户余额由其指定的受益人或法定继承人一次性领取。"在本案例中，康宝业死于突发性暴力事故，尚未且无法指定具体的受益人，企业年金个人账户余额由法定继承人依法继承。因此，康宝业死亡后遗留的企业年金个人账户余额是否可以作为遗产处理。

2. 企业年金个人账户余额应该怎样分配？康宝业死亡后，对其遗产的继承即已开始。康宝业的父亲康和平与母亲李红均系法定的第一顺序继承人，均有权继承康宝业遗留的企业年金。

在本案例中，李红改嫁与否，均不能割断她与康宝业的母子关系，不影响继承权。康宝业祖父所说的办丧事借的钱不能算作康和平生前所欠债务，作为康和平的父亲，有义务为儿子办丧事，故而 15000 元债务不应该从企业年金中扣除。按照《中华人民共和国婚姻法》和《中华人民共和国继承法》的相关规定，康宝业去世后，企业年金应由康宝业的父母按照第一顺序继承，其父亲和母亲应各得 62315 元。康和平去世后，他应分得的 62315 元企业年金又按第一顺序，由妻子李红、父母、母亲三个平均分割，三人应各得 20771.7 元。

【总结与反思】

对于一般性遗产的法定继承问题，《中华人民共和国继承法》有明确规定，很多劳动者均已知晓。但是，有些劳动者对企业年金个人账户余额、基本养老保险金个人账户余额和住房公积金是否可以作为遗产由法定继承人依法继承往往比较困惑。本案例涉及的是企业年金个人账户余额继承问题。《企业年金试行办法》第十四条规定，企业年金个人账户余额可以被法定继承人依法继承，但是对遗产的分割方式没有规定，这也就是说，企业年金个人账户余额继承分割应依据《中华人民共和国继承法》，具体依据为《继承法》第十条。

需要清晰的是，如果说康宝业的企业年金个人账户余额是"遗产"，那么法律依据是什么呢？《中华人民共和国继承法》第三条规定，"遗产"是公民死亡时遗留的个人合法财产。个人合法财产包括七种类型：第一种是公民的收入。第二种是公民的房屋、储蓄和生活用品。第三种是公民的林木、牲畜和家禽。第四种是公民的文物、图书资料。第五种是法律允许公民所有的生产资料。第六种是公民的著作权、专利权中的财产权利。第七种是公民的其他合法财产。康宝业的企业年金个人账户余额不是前六种类型的个人合法财产，只能用第七种判定，即康宝业的企业年金个人账户余额属于其生前的个人合法财产。尽管可以依据《中华人民共和国继承法》第三条判定劳动者企业年金个人账户余额属于遗产，但由于《企业年金试行办法》和《中华人民共和国继承法》都没有做出更为细致的规定，使得有些劳动者常难以厘清。

拓展而论，本案例中提到的工亡补助金的分配则与企业年金不同，因为工亡补助金不是死亡职工的遗产，其性质是精神损害抚慰金，是对死亡职工亲属的精神抚慰，因而不是遗产，自然也不可以继承。具体规定可见最高人民法院《关于确定民事侵权精神损害赔偿责任若干问题的解释》。

案例八　异地未签约代理员是否可享受企业年金待遇？[①]

【案情介绍】

2013 年 7 月 21 日，江苏省南京市凯基科技有限公司（以下简称凯基

[①] 本判裁案例素材采集至 110 法律咨询网，采集时间是 2018 年 12 月 17 日。原争议案主要争议事项是工资补偿和违约金补偿，本书仅从企业年金争议角度做出解析。读者若想了解原素材，可参见 110 法律咨询网《齐方库诉南京＊＊医疗器械有限公司、南京＊＊医疗器械有限公司劳动争议案》，2010 年 12 月，110 法律咨询网（http：//www.110.com/ziliao/article－193801.html）。

公司）依法设立。为了开发河北省秦皇岛市及周边地区市场，凯基公司在互联网上发帖子征召业务代理人。秦皇岛市户籍公民齐方库给凯基公司回帖子，表示愿意负责开发秦皇岛市及周边地区市场，凯基公司同意合作，并对齐方库进行了面试。通过面试后的齐方库和凯基公司商谈了相关事宜，两方将合作关系定义为委托代理关系，凯基公司给齐方库出具了授权委托书，商定的薪酬结构为底薪（每月基本工资）1500 元，外加 3% 业绩提成，工资表以电子邮件形式发送到齐方库邮箱，两方其他业务往来沟通方式也主要是电子邮件。之后，齐方库以凯基公司名义在秦皇岛市及周边地区开展业务，订立合同，销售产品，回收销售款，凯基公司负责发货。2014 年 7 月 11 日，凯基公司指派齐方库为江苏省南京市宏图商贸有限公司（以下简称宏图公司）销售产品，并负责回款工作，业务范围仍然为秦皇岛市及周边地区，宏图公司给齐方库出具了委托代理书。齐方库的底薪仍然是 1500 元，提成基数为凯基公司和宏图公司的销售额合计数，工资表仍由凯基公司以电子邮件形式发到齐方库的电子邮箱。2014年 12 月份，齐方库得知凯基公司和宏图公司的企业年金制度都规定，为派驻在异地、销售业绩等级在 B 档及以上的销售员缴纳企业年金，自己的销售业绩等级一直是 B 档，符合参加企业年金的条件，于是向凯基公司提出为其补缴企业年金的要求，凯基公司人事部核实后认定，齐方库的销售业绩等级确实为 B 档，之后给予口头答复，不过声称齐方库是否可以享受企业年金待遇必须经凯基公司领导层商议决定。但是，凯基公司此后一直未给予落实。2016 年 7 月 15 日，凯基公司通知齐方库，双方解除合作关系。齐方库认为凯基公司违法侵害了自己的合法权益，于是在 2016 年 10 月 23 日向当地劳动争议仲裁委员会申请仲裁。2016 年10 月 30 日，劳动争议仲裁委员会做出不予受理、审理案件确认书。齐方库为维护自己的合法权益，向当地人民法院提起诉讼，请求判令自己和凯基公司之间具有劳动关系，凯基公司应为自己补缴企业年金。同时也将宏图公司一并列为被告。

在庭审中，凯基公司辩称：一是凯基公司和齐方库之间的法律关系是代理关系，而不是齐方库所称的劳动关系。该劳动关系最早确定于 2013 年凯基公司成立之初，当时凯基公司给齐方库出具的是授权委托书，齐方库并没有就双方的民商事委托代理关系提出任何异议，等于是承认双方的法律关系不是劳动关系，现如今要求一审法院认定其与凯基公司的法律关系为劳动关系，属于不合法的要求，凯基公司没有义务为其缴纳企业年金。二是凯基公司没有对齐方库进行日常管理。凯基公司考虑到齐方库销售产品具有灵活性、自由性，故而从确定委托代理关系之日起就没有给齐方库下达销售任务额，不对其进行常规业绩考核，对齐方库没有日常管理，齐方库也不需要打卡考勤，不需要遵守凯基公司对南京本地员工所制定的各项规章制度。三是齐方库主观上存在欺诈故意。齐方库在 2006 年 7 月份和凯基公司建立委托代理关系时，没有告知其与秦皇岛市乐迪创意有限公司（以下简称乐迪公司）仍然保持有劳动关系。秦皇岛市社会保险基金管理中心出具的齐方库社会保险缴费证明显示，齐方库是在乐迪公司参加社会保险，齐方库和乐迪公司具有劳动关系，这足可以证明凯基公司和齐方库之间没有劳动关系。齐方库是在合理安排好单位本职工作的同时额外销售凯基公司的产品，增加部分经济收入。齐方库诉请法院判定自己和凯基公司建立了劳动关系，而故意隐瞒了自己和乐迪公司保持有劳动关系的事实，这是一种欺诈行为。不仅如此，在齐方库在职位申请表上填写的有关履历信息也与事实不符，主观上存在欺诈故意。2016 年 7 月，凯基公司主动和齐方库商量结束双方的委托代理关系时，提出以齐方库的底薪为计算标准，向齐方库支付 3 个月的经济补偿金，当时齐方库并没有补偿企业年金的要求。如今主张企业年金待遇，属于过分要求。综上所述，齐方库的请求没有事实和法律依据，请求一审法院驳回齐方库的诉讼请求。宏图公司的辩称意见和凯基公司相同。

　　一审人民法院审理查明：2013 年 7 月，齐方库通过互联网方式与凯基公司联系并商定合作事宜，凯基公司给齐方库出具的是授权委托书，双方一直没有签订书面劳动合同。2016 年 7 月，凯基公司通知齐方库解除合作关系。齐方库于 2016 年 10 月 23 日向劳动争议仲裁委员会申请仲裁。凯基公司和宏图公司则以辩称理由予以答辩。一审法院另查明，齐方库的社会保险缴费记录是 2003 年 11 月至 2014 年 12 月，缴费单位是乐迪公司。2015 年 1 月之后以灵活就业人员身份缴纳社会保险费。

以上事实，有劳动争议仲裁委员会做出不予受理、审理案件确认书、凯基公司向齐方库发出的电子邮件（工资表）、凯基公司和宏图公司出具的授权委托书、齐方库以凯基公司名义与相关单位签订的销售合同、短信摘抄记录、交通银行秦皇岛市支行出具的账户账务历史记录、2014 年 7 月 11 日凯基公司书面通知、凯基公司经营企业许可证、宏图公司经营企业许可证、宏图公司企业法人营业执照、秦皇岛市社会保险基金管理中心出具的证明、齐方库的职位申请表等证据予以证明。

【争议问题】

1. 齐方库和凯基公司、宏图公司之间的法律关系是民事委托代理关系还是劳动关系？

2. 齐方库是否可以享受凯基公司的企业年金待遇？

3. 职业劳动者可以在多家单位同时享受企业年金待遇？

【案例评析】

1. 齐方库和凯基公司、宏图公司之间的法律关系是民事委托代理关系还是劳动关系。齐方库和凯基公司之间是否存在劳动关系是齐方库享受企业年金待遇的前提条件？这需要分两个阶段加以分析，第一个阶段是齐方库在 2013 年 7 月份与凯基公司建立委托代理关系之日起一直到 2015 年 1 月份齐方库从乐迪公司离职并转变为灵活就业人员前。第二个阶段是齐方库在 2015 年 1 月份从乐迪公司离职并转变为灵活就业人员起到 2016 年 7 月齐方库与凯基公司解除法律关系之日止。在第一个阶段，齐方库在乐迪公司缴纳社会保险费，凯基公司据此认为此时的齐方库是有签约单位的劳动者，不可以再与凯基公司之间形成劳动关系。这需要分两种情况讨论，第一种情况是齐方库的劳动关系虽然在乐迪公司，但是其并没有为乐迪公司提供实质性的服务，齐方库或属于乐迪公司下岗人员或内退职工，劳动关系保留在乐迪公司，由乐迪公司依法缴纳社会保险费，自己同其他合法公司建立委托代理关系，由于本案例没有交代齐方库是否是乐迪公司的下岗人员或内退职工，所以本书所做的分析也是推断性分析。如果这种推断情况真实存在，那么齐方库是可以和凯基公司建立委托代理关系的，也可以确定劳动关系的，我国《劳动合同法》及相关现行法律法规并没有禁止劳动者同时和两家以上用人单位签订劳动合同，只是规定劳动者同时和两家以上的用人单位签订劳动合同时不得损害前一家用人单位的合法权益，如果严重损害了前一家用人单位的合法权益，后一家用人单位也要承担赔偿连带责任，这也就是，如果两家用人单位同意，劳动者是可以同时与两家以上的用人单位签订劳动合同。第二种情况为齐方库不是乐迪公司的下岗员工，而是在岗员工，如果是这种情况，那么齐方库只要不损害乐迪公司的合法权益，也未影响自己的正常工作，是可以依法与凯基公司建立委托代理关系或劳动关系。在第二个阶段，齐方库已经不再是乐迪公司的职工，而是一个灵活就业人员，此时齐方库可以和凯基公司建立委托代理关系或形成劳动关系。综上所述，无论是哪一种情况，齐方库都可以与凯基公司建立委托代理关系或形成劳动关系，至于是否形成了劳动关系以及是否可以享受企业年金待遇还需要进一步深入分析。

在庭审中，凯基公司辩称，凯基公司和齐方库之间的法律关系是委托代理关系，不是劳动关系。这就需要厘清劳动关系的含义和判定依据。劳动关系是指用人单位和劳动者之间形成的权利义务关系，在劳动关系中，劳动者对用人单位具有人身依附性，遵守用人单位规章制度，受用人单位监督、管理、命令、指示、指挥、调度，为用人单位提供非自主性的有偿劳动或服务；用人单位应依法向劳动者支付劳动报酬。我国《关于确立劳动关系有关事项的通知》规定了认定劳动关系的条件，即用人单位聘用劳动者但又没有与劳动者签订书面劳动合同，如果同时具备下列三种情形的，双方劳动关系成立。

第一种情况是用人单位和劳动者均符合我国法律、法规规定的主体资格。用人单位的主体资格是财产条件、技术条件和组织条件。劳动者的主体资格是年龄标准、体力标准、智力标准和行为自由标准。本案例中，凯基公司为依法成立的法人组织，具有用人单位主体资格。齐方库具有劳动者主体资格。在庭审中，凯基公司并没有提供有力证据，以否定齐方库具有法律、法规规定的主体资格。凯基公司尽管出具了齐方库在秦皇岛市社会保险基金管理中心参保缴费情况的证明，但不能凭借这一个证据就否定齐方库具有的劳动者主体资格。

第二种情况是用人单位依法制定的各项劳动规章制度适用于劳动者，后者受用人单位管理，从事用人单位安排的有报酬的劳动。在庭审中，齐方库向法庭提供了凯基公司、宏图公司先后给自己出具的授权委托书，证明自己是在为凯基公司和宏图公司销售产品和回款，是在为两家单位提供劳动和服务，接受凯基公司的管理和指示，为宏图公司销售产品就是遵照凯基公司的指示，这些表明了自己提供劳动和服务没有自主性。齐方库还向法庭出具了每月底薪、提成额、自己与凯基公司工作往来的 14 份电子邮件、25 份手机短信记录等证据。《关于确立劳动关系有关事项的通知》还规定了认定劳动关系时可参照的五类凭证，例如用人单位为职工发放工资的凭证、职工工资发放花名册、劳动者在入职时按照用人单位要求填写的"登记表"和"报名表"、用人单位的考勤记录、用人单位向劳动者发放的"工作证"和"服务证"、其他劳动者的证言。齐方库提供了上述凭证中的一部分，例如"岗位申请表"和"工资发放凭证"，这些表明齐方库一直在凯基公司的指示和管理下工作，自己与凯基公司之间形成了事实上的劳动关系。

第三种情况是劳动者提供的劳动或服务是用人单位业务的组成部分。在本案例中，齐方库销售的产品是凯基公司指定销售的产品，是凯基公司的业务组成部分。综上所述，齐方库与凯基公司形成了事实上的劳动关系。

在庭审中，凯基公司坚持认为，凯基公司和齐方库之间的法律关系是民事委托代理关系，不是劳动关系，凯基公司没有对齐方库实施管理、考核、考勤等行为。然而，齐方库提交的工资发放表凭证记录了每月基本工资和应发底薪等信息，这些表明凯基公司一直对齐方库进行考核和管理。2014 年 7 月 11 日，凯基公司以书面通知形式要求齐方库为宏图公司工作，这也表明凯基公司一直在对齐方库进行考核和管理。此外，凯基公司要求齐方库填写"岗位申请表"，如果齐方库和凯基公司之间只是民事委托代理关系，那么凯基公司为什么要求齐方库填写"岗位申请表"而非代理资格申请表或委托授权申请表呢？综上，一审人民法院依据《劳动法》《劳动合同法》《劳动合同法实施条例》相关规定，于 2017 年 4 月 21 日做出民事判决：凯基公司与齐方库存在劳动关系。判决生效后，凯基公司在法定期限内未提出上诉。

齐方库与宏图公司之间不存在劳动关系。因为，齐方库为宏图公司服务是受到凯基公司的通知和指派，宏图公司没有为齐方库支付月基本工资，齐方库的月基本工资仍然由凯基公司支付。

2. 齐方库是否可以享受凯基公司的企业年金待遇？我国 2004 年 5 月 1 日施行的《企业年金试行办法》明确规定，劳动者享受企业年金待遇的前提条件是必须先参加基本养老保险。齐方库享受企业年金待遇需要满足三个条件：

一是齐方库与凯基公司之间具有劳动关系。就这个条件而言，前文已经做了分析，可以认定齐方库和凯基公司之间具有劳动关系。对此再做进一步讨论，2008 年 1 月 1 日起施行的《劳动合同法》第 14 条规定"用人单位自用工之日起满 1 年不与劳动者订立书面劳动合同的，视为用人单位与劳动者已订立无固定期限劳动合同。"在本案中，凯基公司从 2013 年 7 月与齐方库建立用工关系，到 2016 年 7 月份解约，共历时三年，一直也未与齐方库订立书面劳动合同。尽管 2013 年 7 月到 2015 年 12 月间，齐方库在乐迪公司缴纳社会保险，但是 2015 年 1 月到 2016 年 7 月间，齐方库已经不再是乐迪公司的职工，而是灵活就业人员，这一期间凯基公司为什么不与齐方库订立书面劳动合同呢？根据《劳动合同法》第 14 条规定，应视为凯基公司与齐方库已订立无固定期限劳动合同。

二是必须参加凯基公司的基本养老保险。就这个条件而言，齐方库没有在凯基公司缴纳基本养老保险费，齐方库尽管在乐迪公司参加基本养老保险并实际缴费，但缴费地是自己户籍所在地的秦皇岛市，不是凯基公司所在地的南京市。职工必须在本单位参加基本养老保险后方可参加本单位的企业年金，这里都强调"本单位"，所以齐方库不具备这个条件。

三是符合凯基公司规定的其他条件。就这个条件而言，凯基公司规定，派驻在异地的销售员的业绩考核等级在 B 级以上就可以享受企业年金待遇，齐方库满足这一条件。

综上分析，齐方库满足享受企业年金待遇三个条件中的两个条件，因此不能享受凯基公司的企业年金待遇。

3. 职业劳动者可以在多家单位同时享受企业年金待遇。按照《企业年金试行办法》规定，劳动者不可以同时在两家以上用人单位享受企业年金待遇。就算凯基公司给予齐方库企业年金，齐方库也不能同时在宏图公司享受企业年金待遇。鉴于凯基公司和宏图公司也存在一定过错，因此两家公司应给予齐方库适当的经济补偿①。

【总结与反思】

1. 齐方库存在一定过错行为。一是齐方库在与凯基公司建立合作关系时，存在虚假填报个人信息和单位信息的事实。在庭审中，凯基公司也指出了齐方库存在欺诈行为。二是齐方库一直未向凯基公司提出签订劳动合同的要求，就算在 2008 年 1 月失业后也未提出签订劳动合同的要求。尽管凯基公司存在过错，但作为当事人的齐方库也应主动维护自己的合法权益。三是如果齐方库在 2007 年 12 月 31 日前以乐迪公司在岗职工身份与凯

---

① 2018 年 2 月 1 日《企业年金办法》施行，也规定劳动者不可以同时在两家单位。由于本案例发生时间在 2018 年 2 月 1 日之前，所以本书依据《企业年金试行办法》分析案例。

基公司建立合作关系，确实存在不当做法。虽然我国现行劳动法规没有禁止一个劳动者可以同时与两家以上用人单位形成劳动关系，但是在劳动实践中，一个劳动者基本只与一个用人单位签订劳动合同，这既是对用人单位的保护，也是对劳动者权益的保护。齐方库的做法虽然不能算违法，但毕竟不符合社会普遍做法和主流价值观。

2. 用人单位存在一定过错。一是凯基公司在异地雇佣业务员有一个不能明说的意图，就是为了节约成本。但依法应给异地业务员的法定待遇也不应找各种借口不予兑现。空间距离不是判定劳动者与用人单位是否存在劳动关系的法定要件。二是在 2015 年 1 月以后也未与齐方库签订书面劳动合同，此时齐方库已经是灵活就业人员，凯基公司存在主观故意。三是不能用委托代理关系替代劳动关系。综上所述，凯基公司存在违法行为和不道德行为。

3. 判断劳动关系的关键点是劳动者对用人单位具有人身依附性和财产依附性。如果劳动者具备劳动者主体资格，判断这两种依附性可考虑如下一些因素：劳动者的业务活动是否受用人单位紧密的指示、监督、管理、支配、调度；用人单位是否按照一定的时间或标准向劳动者支付工作报酬；劳动者提供的劳动是用人单位业务的组成部分。人身依附性和财产依附性缺一不可，在本案例中，如果凯基公司不给齐方库支付底薪，而只是按照一定销售额提成，那么双方之间的法律关系就属于平等主体之间的委托代理关系。拓展性列举一个实例，有的保险公司和通信公司委托农村自然人代替本公司收费，委托协议约定保险公司和通信公司对自然人具有监督权和管理权，但不给自然人底薪，只是按照收费额的一定比例支付劳动报酬。这种情况下，一般不应认定双方形成了事实劳动关系。然而，在本案例中，凯基公司对齐方库紧密管理，又按月支付底薪和提成，两方存在人身依附性和财产依附性。

案例九　企业改制导致职工无法享受企业年金，谁之过？[①]

【案情介绍】

2004 年 2 月 8 日，陕西省西安市佳和铝业有限公司（以下简称西安铝业）正式实施《陕西省西安市佳和铝业有限公司企业年金方案》，从当日起为所有在岗职工缴纳企业年金。缴费基数为西安铝业 2003 年度在岗职工工资总额，缴费比例为 4%，每个月由西安铝业代扣代缴，职工个人不缴费。《陕西省西安市佳和铝业有限公司企业年金方案》第三条第 4 款规定了三种企业年金再分配情况：一是职工被西安铝业除名。二是职工被西安铝业开除。三是因职工本人原因提前解除劳动合同。当职工出现三种情况中的任何一种情况时，西安铝业就收回为其缴纳的全部企业年金，按照程序另行分配。三种情况适用于短期合同。

2013 年 9 月 30 日，西安铝业改制，解除了所有职工劳动合同，之后只和一部分职工重新签订劳动合同。王满意等 54 人没有被续签劳动合同。王满意离职后很快又重新就业，但新用人单位陕西省西安市鑫达铝业公司（以下简称鑫达公司）尚未建立企业年金制度，因此王满意无法把西安铝业的企业年金个人账户转移到鑫达公司，仍由西安铝业委托的企业年金基金受托人管理。

2016 年 4 月 14 日，王满意委托律师张明致函西安铝业，要求西安铝业确认自己在西安铝业享受企业年金待遇。4 月 21 日，西安铝业给予答复，声称王满意不能享受西安铝业的企业年金待遇。在与西安铝业协商未果后，王满意于 5 月 10 日向劳动人事争议仲裁委员会申请劳动仲裁，但劳

---

① 本案例素材采集至新浪网，原素材采集时间是 2018 年 12 月 17 日。读者若想了解原素材，可参见辽宁正合律师事务所陈宁律师新浪博客《谁动了我的企业年金蛋糕？》，2014 年 2 月，新浪网（http://blog.sina.com.cn/s/blog_5b46d29a0102ec38.html）。

动人事争议仲裁委员会不予受理。王满意不服，向人民法院提起诉讼。

【争议问题】

1. 王满意可否享受西安铝业的企业年金？

【案例评析】

1. 王满意可否享受西安铝业的企业年金？

王满意究竟是否可以享受西安铝业为其缴纳的企业年金权益，这需要解释清楚以下三个问题。一是王满意是否参加了基本养老保险。《企业年金试行办法》规定，职工参加用人单位企业年金的前提条件是必须先参加基本养老保险，并按时足额缴费。本案例没有交代王满意是否参加了基本养老保险，但既然已经参加了企业年金，可以认定王满意已经参加了基本养老保险。二是王满意是否丧失了享受企业年金权益的条件。《陕西省西安市佳和铝业有限公司企业年金方案》第三条第4款规定的三种不能享受企业年金权益的情况为：除名、开除、因职工本人原因提前解除劳动合同。王满意不属于三种情况中的任何一种情况，这三种情况对王满意没有约束力。王满意离职的原因是西安铝业单方面解聘，王满意无过错。三是王满意维权是否超过了仲裁时效期间。西安铝业坚持认为，王满意和西安铝业解除劳动合同的时间是2013年9月30日，向劳动人事争议仲裁委员会申请劳动仲裁的时间是2016年5月10日，已经超过了法定的仲裁时效期间。《中华人民共和国劳动争议调解仲裁法》规定，劳动争议申请仲裁的时效期间为一年，计算起点应该是当事人知道或应当知道自己的权利被侵害之日。2016年4月14日，王满意委托律师张明致函西安铝业，要求西安铝业确认自己在西安铝业享受企业年金待遇。4月21日，西安铝业给予答复，声称王满意不能享受西安铝业的企业年金待遇。也就是说，王满意从2016年4月21日起才知道自己的企业年金权益遭到西安铝业侵害。5月10日，王满意向劳动人事争议仲裁委员会申请劳动仲裁，时间间隔是20天，没有超过一年。西安铝业计算的仲裁时效期间错误，其主张没有法律依据。综上所述，王满意应享有西安铝业为其缴纳的企业年金权益。

【审理结果】

一审法院判决王满意享有西安铝业为其缴纳的企业年金权益，二审法院维持原判。

【总结与反思】

在本起争议案件中，王满意没有过错，理应享有西安铝业为其缴纳的企业年金权益。王满意自始至终都非常理性地按照法律法规的程序维护自己的合法权益，处理得当。西安铝业的做法于情、于理、于法都不合适。从情感角度而言，王满意在职期间没有违纪等侵害西安铝业权益的行为，西安铝业应考虑老职工的感情，就算老员工离职了，也应顾念旧情，不能因为老职工离职了就肆意侵害老职工的合法权益。从道理角度而言，西安铝业有些不讲道理，王满意没有丧失享有西安铝业为其缴纳的企业年金的权益，但是西安铝业置理于不顾，强硬剥夺王满意的合法权益，实属"霸王"做法、粗放行为。从法律角度而言，西安铝业违法了相关法规，做法也与事实不符，确属不当。而且，西安铝业的做法也背离了企业年金制度的设立初衷。

案例十　缓刑人员可以申领企业年金待遇吗？①

【案情介绍】

2001 年 8 月 1 日，湖南省长沙市户籍居民曲昱哲与湖南省长沙市美亚物业有限公司（以下简称美亚物业）签订无固定期限劳动合同，任职美亚

---

① 本案例素材采集至搜狐网，原素材采集时间是 2018 年 12 月 17 日。读者若想了解原素材，可参见邛崃市人社局《员工被依法追究刑事责任，公司能单方解除劳动合同吗？》，2018 年 5 月，搜狐网（http://www.sohu.com/a/233458125_99964865）。

物业财务部部长。2015年7月11日，曲昱哲因挪用公款投资房地产被美亚物业告上法庭，一审法院以挪用公款罪判处曲昱哲有期徒刑一年，缓刑一年。

2016年3月4日，美亚物业召开领导层会议，研究决定解除美亚物业与曲昱哲签订的劳动合同，理由是曲昱哲触犯了刑罚并被判刑。会议决定随后获美亚物业职工代表大会代表组长联席会议审议通过。2016年7月20日，美亚物业做出《解除劳动合同通知书》，解聘起始日期为2016年7月20日。当日，美亚物业3位工作人员将《解除劳动合同通知书》送到曲昱哲家中，曲昱哲拒收。美亚物业工作人员最后将《解除劳动合同通知书》留给了曲昱哲。工作人员返回公司后如实汇报了整个过程，美亚物业研究决定，出具了《解除（终止）劳动合同证明书》，将《解除（终止）劳动合同证明书》装入曲昱哲档案。由于曲昱哲一直不到美亚物业办理解聘手续，美亚物业便把其档案委托给长沙市瑞达人才公司管理，从2016年9月1日起停缴曲昱哲的社会保险费。

2015年7月11日，曲昱哲进入缓刑考察期，此后一直没有上班，美亚物业停发了其工资待遇。曲昱哲向美亚物业提出申领企业年金待遇的要求。美亚物业根据《企业年金试行办法》和《长沙市美亚物业公司企业年金方案》给予答复，声称只有符合以下三种法定情况的职工方可领取企业年金待遇：依法退休、死亡、出境定居。曲昱哲不符合三种情况中的任何一种情况，所以无权申领企业年金待遇。曲昱哲认为美亚物业侵害了自己的合法权益，于2017年5月24日向当地劳动人事争议仲裁委员会申请仲裁，请求裁决美亚物业给付企业年金待遇12.15万元。劳动人事争议仲裁委员会认为仲裁时效已过，于2017年6月7日做出《不予受理通知书》。曲昱哲表示不服，将美亚物业告上法庭，诉称自己一直没有收到《解除劳动合同通知书》，和美亚物业的劳动关系一直存续，请求法院判令美亚物业给付企业年金待遇12.15万元。

一审法院审理认为：曲昱哲提出的两项诉讼请求都没有法律依据，也不符合事实，故都不应被支持。一是曲昱哲提出的关于双方劳动关系存续的请求不应得到支持。《中华人民共和国劳动合同法》第 39 条第 6 款规定，劳动者被依法追究刑事责任的，用人单位可以解除劳动合同。曲昱哲虽然不需要入狱服刑 1 年，但是其毕竟也是触犯了刑罚，美亚物业解聘并无过错。但从 2016 年 7 月 10 日到 2016 年 7 月 20 日间，双方仍存在劳动关系。二是曲昱哲提出的美亚物业应给付企业年金待遇 12.15 万元的要求也不应被支持，因为《长沙市美亚物业企业年金方案》规定，曲昱哲不符合申领企业年金待遇的条件。一审法院依据《中华人民共和国劳动合同法》第 39 条第 6 款、《中华人民共和国民事诉讼法》第 142 条规定，驳回曲昱哲的两项诉讼请求。

在一审法院判决后，曲昱哲、美亚物业均不服判决，都在法定期限内上诉。曲昱哲称：一是自己和美亚物业之间的劳动关系一直存续，美亚物业解聘自己的程序违法。美亚物业解聘自己没有事先通知美亚物业的工会，在诉讼中对解聘时间点表述含糊，或为 2016 年 3 月 4 日或为 2016 年 7 月 20 日，未将解聘决定及时通知自己，一审判决认定自己拒收《解除劳动合同通知书》没有法律依据。美亚物业于 2017 年 9 月 28 日还给自己报销了 2016—2017 年间发生的医疗费，表明劳动关系存续。二是企业年金是自己的福利待遇，美亚物业应给付解聘后的企业年金待遇。美亚物业制定的《长沙市美亚物业企业年金方案》程序违规，也未告知自己，不能作为拒绝给付企业年金待遇的依据。故请求二审法院改判美亚物业给付企业年金待遇 12.15 万元。

美亚物业称：美亚物业解聘曲昱哲合法、合规、合理。反倒是曲昱哲存在不配合的主观故意。美亚物业解聘曲昱哲的时间明确，并无矛盾，给曲昱哲报销医疗费不能表明双方劳动关系存续。曲昱哲不具备申领企业年金待遇的条件，其请求没有事实依据和法律依据。

【争议问题】

1. 曲昱哲享有美亚物业为其缴纳的企业年金权益的期限是多久？

2. 曲昱哲是否可以申领企业年金待遇？

【案例评析】

1. 曲昱哲享有美亚物业为其缴纳的企业年金权益的期限是多久？分析这个问题需要厘清两点：一是曲昱哲与美亚物业之间的劳动关系是否还存续。如果双方的劳动关系已经不存在了，则美亚物业可以依据美亚物业企业年金方案停止为其缴纳企业年金；如果双方的劳动关系仍然存续，则曲昱哲就可以享有美亚物业为其缴纳的企业年金权益。那么，曲昱哲与美亚物业之间的劳动关系是否还存续呢？曲昱哲是缓刑人员，缓刑人员的法定权利虽然受到限制，但不等同于曲昱哲与美亚物业之间的劳动关系必然解除，《中华人民共和国刑法》第七十五条规定，缓刑人员应遵守法律、行政法规，服从监督；应按照考察机关的规定报告自己的活动情况；应遵守考察机关关于会客的规定；离开所居住的市、县或者迁居，应当报经考察机关批准。第七十五条并没有对缓刑人员是否可以正常就业做出限制性的规定，这就说明缓刑人员在缓刑期间可以继续参加工作，即除了不允许入职党政军群公职单位、国有企业及参军入伍等法律限制之外，缓刑人员可以正常就业，原单位可以依法解聘，也可以继续保留劳动关系。在本案例中，美亚物业依据《中华人民共和国劳动合同法》第 39 条第 6 款规定解除与曲昱哲劳动合同并无不当。二是美亚物业与曲昱哲之间的劳动关系终止的时间点从何时开始计算。曲昱哲被判处有期徒刑的日期是 2015 年 7 月 11 日，考验期结束时间是 2016 年 7 月 10 日，美亚物业在 2016 年 3 月 4 日到 19 日之间召开会议研究解除美亚物业与曲昱哲签订的劳动合同。2016 年 7 月 20 日，美亚物业做出《解除劳动合同通知书》。美亚物业随后出具了《解除（终止）劳动合同证明书》，2016 年 9 月 1 日起停缴曲昱哲的社会保险费。《解除劳动合同通知书》和《解除（终止）劳动合同证明书》都不能表明美亚物业与曲昱哲之间的劳动关系已经解除，《解除劳动合同通知书》只不过是证明美亚物业与曲昱哲之间形成了解除劳动合同的证明，是美亚物业通知曲昱哲解除劳动合同的通知性的文本，例如通知曲昱哲何时到美亚物业办理解聘手续，是否给予经济补偿金等内容。《解除

(终止）劳动合同证明书》只是一个程序性的文件，证明美亚物业与曲昱哲解除劳动合同的事实，但并没有涉及解除劳动合同是否属于合法解除的实质性内容。《解除终止劳动合同证明书》也可能是不合法的，这种情况通常是用人单位违法解除劳动合同或者无缘无故终止劳动合同关系。曲昱哲从2015年7月11日开始进入考验期，到2016年3月3日期间，美亚物业并没有研究解聘事宜，说明美亚物业依然保留了曲昱哲的劳动关系。曲昱哲考验期结束时间是2016年7月10日，从7月10日到20日，曲昱哲与美亚物业之间的劳动关系存续，即从2016年3月4日到2016年7月20日之间，曲昱哲与美亚物业之间的劳动关系依然存在。2016年9月1日，美亚物业停止曲昱哲缴纳社会保险费，这也表明2016年8月31日之前，曲昱哲与美亚物业之间的劳动关系依然存在。综上所述，从曲昱哲参加美亚物业企业年金计划到2016年8月31日之间，曲昱哲有权享受美亚物业为其缴纳的企业年金权益，但前提是这一期间曲昱哲和美亚物业都履行了企业年金缴费义务。

2. 曲昱哲是否可以申领企业年金待遇？关于美亚物业是否应向曲昱哲支付企业年金及收益12.15万元。根据原劳动和社会保障部《企业年金试行办法》第十二条、第十三条的规定，曲昱哲不符合从其企业年金个人账户中提前提取资金的法定条件。《企业年金试行办法》规定的申领条件与劳动合同是否解聘没有直接因果关系，即使曲昱哲与美亚物业终止了劳动关系，如果不符合《企业年金试行办法》规定的申领条件，也不可以申领企业年金待遇。劳动合同存续与否不是申领企业年金待遇的条件。曲昱哲是否为缓刑人员也与申领企业年金待遇无关。只是因为曲昱哲没有达到《企业年金试行办法》规定的申领条件而已，所以曲昱哲上诉请求美亚物业支付企业年金待遇没有法律依据。

【二审法院判决】

二审法院审理后认为，曲昱哲、美亚物业的上诉理由均不能成立，对双方的上诉请求均不予支持。一审判决认定事实清楚，适用法律正确，驳回上诉，维持原判。

【总结与反思】

美亚物业基于曲昱哲被依法追究刑事责任的事实，解除与曲昱哲的劳动合同，并无不当。美亚物业出于合法考虑，也为避免随意解除劳动合同，在做出解聘决定前报请了美亚物业职工代表大会代表组长联席会议审议，此举符合《中华人民共和国工会法》第三十五条规定。美亚物业虽然在解聘曲昱哲的决定时间点上存在久而未决的问题，但是曲昱哲以此主张美亚物业违法解除劳动合同缺乏法律依据。尽管2017年9月28日美亚物业为曲昱哲报销了医疗费用，但在美亚物业已做出解除双方劳动合同决定且从2016年9月停缴曲昱哲的社会保险、双方并无管理与被管理的用工事实存在的前提下，仅以医疗费用的报销不能作为认定双方劳动关系存续的依据。

案例十一　夫妻离婚，职业年金怎样分割①

【案情介绍】

付浩峰（男）是山东省QQ市户籍居民，系当地某非财政全额供款事业单位在编职工。孙敏梅（女）是山东省QQ市户籍居民，系当地某国有企业职工。2012年11月16日，付浩峰与孙敏梅登记结婚。婚后，付浩峰与孙敏梅感情不睦，经常为一些生活琐事发生争吵。2018年12月，孙敏梅向当地人民法院提起了离婚诉讼，并主张要求分割付浩峰的职业年金个人账户资金。在庭审中，孙敏梅提供《机关事业单位职业年金办法》《山东省机关事业单位职业年金办法》及付浩峰的职业年金查询记录，用以证明付浩峰的职业年金包括个人缴纳和单位缴纳部分，均归付浩峰个人所

---

① 本案例素材采集至和讯网，采集时间是2018年12月17日。读者若想了解原素材，可参见北京日报《职业年金涉及哪些法律关系》，2015年4月，和讯网（http://news.hexun.com/2015-04-22/175184509.html）。

有，应作为夫妻共同财产分割。

一审法院审理认为，根据《机关事业单位职业年金办法》第二条规定，职业年金是指机关事业单位及其工作人员在参加机关事业单位基本养老保险的基础上，建立的补充养老保险制度。非财政全额供款单位的职业年金实行个人账户实账积累制度。参加职业年金的机关事业单位工作人员只有在达到以下三个条件之一时才可以领取职业年金待遇：达到国家规定的退休条件并依法办理退休手续后、出国（境）定居人员、在职期间死亡（继承人或被赠予人领取）。如果机关事业单位工作人员未达到上述职业年金领取条件之一的，不得从职业年金个人账户中提前申领职业年金资金。本案例中，孙敏梅与付浩峰离婚时，付浩峰尚不具备领取职业年金的条件，付浩峰的职业年金尚未转化为夫妻共同财产。孙敏梅提供的《A省机关事业单位职业年金办法》中的相关条款也不能证明付浩峰的职业年金已经转化为夫妻共同财产。因此，孙敏梅主张对付浩峰的职业年金作为夫妻共同财产予以分割，缺乏事实和法律依据。但职业年金中，职工在夫妻关系存续期间的个人缴费部分属于夫妻共同财产，可予分割。最后，法院判决孙敏梅分割付浩峰职业年金的个人缴费部分，金额为 8724.56 元。

【争议问题】

1. 职业年金个人账户资金是不是夫妻共有财产？

2. 夫妻离婚时，职业年金个人账户资金如何分割？

【案例评析】

1. 职业年金个人账户资金是不是夫妻共有财产？《中华人民共和国婚姻法》遵循的是法定婚后所得共同制，即除另有约定或财产本身具有特定人身专属性外，夫妻双方在婚姻关系存续期间获取的全部财产都是夫妻共有财产。《中华人民共和国婚姻法》第十七条规定了夫妻共有财产的类型：工资与奖金；生产与经营的收益；知识产权的收益；继承或赠予所得的其他财产；其他应当归共同所有的财产。付浩峰的职业年金个人账户资金很显然不属于前四者之一，那么是否属于"其他应当归共同所有的财产"呢？《婚姻法司法解释（二）》第十一条规定，以下三种财产属于夫妻共有财产：夫妻一方以个人财产投资取得的收益；夫妻双方实际取得或者应当取得的住房补贴、住房公积金；夫妻双方实际取得或者应当取得的养老保险金、破产安置补偿费。从这三点可以看出，付浩峰的职业年金个人账户资金也不属于"其他应当归共同所有的财产"。其中，唯一能引发进一步讨论的是"养老保险金"，那么职业年金个人账户资金是不是《婚姻法司法解释（二）》第十一条所指的"养老保险金"呢？由于我国现有法规使用了"职业年金"这一法律术语，表明"职业年金"和"养老保险金"不同。那么，付浩峰的职业年金个人账户资金到底是不是夫妻共有财产呢？《机关事业单位职业年金办法》规定，职业年金的缴费主体是用人单位及其工作人员。付浩峰职业年金个人缴费资金来源于夫妻共同财产。因此，付浩峰和孙敏梅离婚时，付浩峰职业年金个人账户中的现有余额应当作为夫妻共同财产分割。

2. 夫妻离婚，职业年金如何分割？如上分析，付浩峰的职业年金个人账户中余额属于付浩峰和孙敏梅共同财产，但是两人在离婚时却不可以分割。原因为：一是付浩峰和孙敏梅离婚时，付浩峰不符合领取职业年金待遇的法定条件，尚未开始领取的职业年金实际上还没有取得。2015 年 4 月 6 日，国务院发布了《机关事业单位职业年金办法》，明确规定了机关事业单位工作人员领取职业年金的三个法定条件。对此，法院的表述正确，判定也正确。二是根据《中华人民共和国婚姻法》关于离婚时夫妻共有财产分割的立法思想和原则，分割的夫妻共有财产必须客观存在、且是确定的。如果所称的夫妻共有财产实际上并不是客观存在、也不确定，则无论在法理上还是司法实践中都无法操作。也就是说，付浩峰和孙敏梅离婚时，双方没有客观存在、可以分割的夫妻共有的职业年金财产。

尽管如此，孙敏梅依然可以分割付浩峰的职业年金个人账户余额，权益归属和具体分割方式为：付浩峰职业年金个人账户余额归付浩峰所有，付浩峰向孙敏梅相应折价。综上分析，法院判决付浩峰向孙敏梅支付折价现金 8724.56 元是正确的。

案例十二 事业单位转企改制，职工的企业年金追溯补缴要求合法？[①]

【案情介绍】

1998 年 12 月，刘元元（女）与 KH 市交通局直管事业单位 KH 市港口管理分局电子口岸中心签订劳动合同，工作岗位是专业技术人员。劳动合同约定，电子口岸中心对刘元元的工资实行年薪制，每年 12 万元。2009 年，KH 市交通局实行直管事业单位转企业改革，刘元元从电子口岸中心转入 KH 市交通局直管的事业单位 KH 市智能交通信息研发中心工作，此时 KH 市智能交通信息研发中心已经被 KH 市交通局确定为转企单位，刘元元与 KH 市智能交通信息研发中心建立了劳动关系，KH 市智能交通信息研发中心为其缴纳企业年金。2010 年 9 月 29 日，KH 市智能交通信息研发中心正式更名为 KH 市智能交通信息开发有限公司（以下简称信息开发公司）。2015 年 9 月 20 日，刘元元年满 55 周岁，达到法定退休年龄，依法办理了退休手续。刘元元在办理企业年金待遇领取手续时提出，自己的企业年金个人账户金额不对，认为信息开发公司在双方劳动关系存续期间没有按照相同岗位职工的标准为自己缴纳企业年金，侵犯了自己的合法权益，要求信息开发公司为自己补缴企业年金、利息、红利，但遭到信息开发公司拒绝。之后，双方多次协商未果。2016 年 1 月 9 日，刘元元向当地劳动人事仲裁委员会申请仲裁，请求裁决信息开发公司向 KH 市企业年金管理中心补缴 1998 年 12 月 1 日至 2011 年 12 月 31 日期间的企业年金、利

---

① 本案例素材采集至天眼查网，原素材采集时间是 2018 年 12 月 17 日。读者若想了解原素材，可参见中国裁判文书网《刘元元与 KH 市环境工程科学技术中心有限公司劳动合同纠纷一案二审民事裁定书》，2014 年 6 月，天眼查网（https://www.tianyancha.com/lawsuit/3005e7d1a-19411e788a5008cfaf8725a）。

息、红利580211.25元。2016年5月7日，劳动人事仲裁委员会做出裁决书，驳回刘元元的所有仲裁请求。刘元元对劳动人事仲裁委员会的裁决不服，在法定期限内向人民法院提起诉讼。刘元元诉称，信息开发公司为自己缴纳过企业年金，现账户余额为34319.16元。企业年金制度是国家为保障退休职工基本生活而引导企业建立的辅助性质的、补充性质的养老保险制度，企业年金中企业缴费计入个人账户的部分具有工资属性。依据是《国家税务总局关于企业年金个人所得税征收管理有关问题的通知》（国税函〔2009〕694号）和《国家税务总局关于做好企业年金职业年金个人所得税征收管理工作的通知》（税总发〔2013〕143号）。《国家税务总局关于企业年金个人所得税征收管理有关问题的通知》第二条规定，企业缴费划入职工的企业年金个人账户的资金是职工个人因受聘、受雇、任职所得，在划入职工的企业年金个人账户时，应视为职工个人一个月的工资、薪金。"根据2014年1月1日起执行的《国家税务总局关于做好企业年金职业年金个人所得税征收管理工作的通知》（税总发〔2013〕143号）第三条第一款的规定，达到法定退休年龄的企业职工在本通知实施后按月领取的企业年金，全额按照"工资、薪金所得"项目适用的税率计征个人所得税。请求判令信息开发公司向A市企业年金管理中心补缴1998年11月至2011年12月31日间的企业年金、利息、红利580211.25元。关于这个金额的计算方式、标准，刘元元诉称自己不了解信息开发公司企业年金的标准和计算方法，只是按照信息开发公司的同时期、同工资级别、同岗位的其他职工的工资额估算得出。

信息开发公司辩称：公司的企业年金方案是为所有参加企业年金的职工建立的方案，不是刘元元一个人的企业年金方案，刘元元不是企业年金方案纠纷的适格诉讼主体，而且刘元元的诉讼请求已经超过了法定时效。刘元元主张企业年金待遇的原因是将自己和其他岗位职工周伟丽对比，周伟丽是行政管理岗，刘元元是专业技术岗，刘元元和周伟丽的基本工资和薪酬总额等都不相同。信息开发公司主张，公司给刘元元缴纳过企业年金，提交了《KH市智能交通信息开发有限公司企业年金方案》和《KH

市劳动和社会保障局关于 KH 市智能交通信息开发有限公司企业年金方案备案的复函》。信息开发公司还提交了公司企业年金缴费的计算方法：年度缴费额 = 职工月工资额 × 8% × 工龄系数 × 12。其中，工龄系数的确定方法是：职工在信息开发公司满一年的，工龄系数为 1.1；职工在信息开发公司满两年的，工龄系数为 1.2；职工在信息开发公司满三年的，工龄系数为 1.3……，工龄系数每年增加 0.1；职工在信息开发公司满十一年的，工龄系数为 2.1。信息开发公司一直是按照公司的企业年金方案规定为刘元元缴纳企业年金。由于 2009 年之前，刘元元在 KH 市交通局工作，2009 年事业单位转企改制后才到信息开发公司工作，信息开发公司从 2009 年起未依法依规刘元元缴纳企业年金；信息开发公司每年为刘元元缴纳的企业年费计算依据为：年度缴费额 = 每月工资额 × 8% × 工龄系数 × 12，这个计算方法与公司的企业年金方案中规定的计算方法相同，信息开发公司并没有算错。信息开发公司实际为刘元元缴费只有 2009 年、2010 年、2011 年三个年度。2009 年度，刘元元的企业年金缴费基数为 9796 元，工龄系数为 1.1，2009 年度的缴费额 = 9796 元 × 8% × 1.1 × 12 个月 = 10344.58 元；2010 年度，刘元元的工龄系数为 1.2，2010 年度的缴费额是 11284.99 元；2011 年度，刘元元的工龄系数为 1.3，2011 年度的缴费额是 12689.59 元，2011 年的企业年金缴费是由信息开发公司下属公司 KH 市交通调度中心代为缴纳。2011 年后，信息开发公司经营亏损，全部在岗在册职工均停止缴费。2009—2011 年度，刘元元的企业年金缴纳额合计 34319.16 元。

【争议问题】

1. 刘元元是不是企业年金方案纠纷的适格诉讼主体？

2. 刘元元的诉讼请求是否已经超过了法定仲裁时效？

3. 法院是否应支持刘元元要求信息开发公司为其补缴企业年金、利息、红利的诉讼请求？

4. 作为事业单位转企改制职工，刘元元的企业年金追溯补缴要求是否合法？

【案例评析】

1. 刘元元是不是企业年金方案纠纷的适格诉讼主体？分析这个问题需要厘清以下两点。首先，需要厘清刘元元与信息开发公司签订的是劳动合同还是集体合同。信息开发公司主张刘元元不是适格诉讼主体，目的旨在证明刘元元没有资格起诉信息开发公司。那么，什么是适格诉讼主体？刘元元究竟是不是适格诉讼主体？诉讼主体适格是指诉讼案件的起诉人能够以自己的名义成为当事人的资格。适格诉讼主体是具有诉讼实施权的人，法院只对适格诉讼主体做出裁判。刘元元个人虽然与信息开发公司签订的是劳动合同，但是在参加企业年金方面，刘元元个人没有资格与信息开发公司签订企业年金合同，《企业年金试行办法》及相关规章制度都不允许职工个人与用人单位签订企业年金合同，职工只能通过工会或职工代表与企业签订集体合同。刘元元与信息开发公司之间关于补缴企业年金的纠纷只能按照集体合同争议处理规定执行。对此，《企业年金试行办法》第二十二条有明确规定。

其次，需要厘清签订集体合同的职工是否具有直接向人民法院起诉的权能。《中华人民共和国劳动合同法》第五十六条规定，用人单位与职工因履行集体合同发生争议，经协商解决不成的，工会可以依法申请仲裁、提起诉讼，为职工维权。这也就是说，第五十六条规定工会具有起诉的权力，没有明确规定职工可以自己的名义起诉。然而，第五十六条也并没有明确规定职工不能以自己名义起诉的权力。故刘元元可以直接向人民法院提起诉讼。由此可知，刘元元是适格诉讼主体。

2. 刘元元的诉讼请求是否已经超过了法定仲裁时效？刘元元办理退休手续的日期是 2015 年 9 月 20 日，从这个时点开始认为自己的权益受到侵害，随后不间断地和信息开发公司协商沟通，一直处于维权过程中。刘元元申请劳动仲裁的日期是 2016 年 1 月 9 日，从 2015 年 9 月 20 日开始计算，到 2016 年 1 月 9 日，时间间隔没有超过 1 年。故刘元元要求信息开发公司向 KH 市企业年金管理中心为自己补缴 1998 年 11 月至 2011 年 12 月

31 日期间的企业年金、利息、红利没有超过仲裁时效。

3. 法院是否应支持刘元元要求信息开发公司为其补缴企业年金、利息、红利的诉讼请求？一是刘元元在信息开发公司任职的起点年份应该从 2009 年开始计算，刘元元要求信息开发公司从 1998 年 11 月开始为其缴纳企业年金没有事实依据，因为 2009 年改制前，刘元元在 KH 市交通局工作，不在信息开发公司工作，信息开发公司拒绝其要求没有过错。二是自 2009 年至 2011 年，信息开发公司为刘元元实际缴纳的企业年金额是 34319.16 元，而且是足额缴纳，不存在不足额缴纳问题，对此信息开发公司也没有过错。三是刘元元要求信息开发公司按照工龄系数 2.1 计算企业年金缴费的要求也没有事实依据。刘元元从 2009 年开始在信息开发公司工作，按照信息开发公司企业年金方案规定，工龄系数的确定方法是：职工在信息开发公司满一年的，工龄系数为 1.1；职工在信息开发公司满两年的，工龄系数为 1.2；职工在信息开发公司满三年的，工龄系数为 1.3……，工龄系数每年增加 0.1；职工在信息开发公司满十一年的，工龄系数为 2.1。信息开发公司实际只为刘元元缴了 2009—2011 年的企业年金。刘元元的工龄系数不可能是 2.1，其要求没有事实依据。故对刘元元要求信息开发公司补缴企业年金、利息、红利的主张，不应得到支持。

4. 作为事业单位转企改制职工，刘元元的企业年金追溯补缴要求是否合法？如上所述，刘元元在信息开发公司任职的起点年份应该从 2009 年开始计算，2009 年改制前，刘元元在 KH 市交通局工作，不在信息开发公司工作，信息开发公司没有义务为其从 1998 年开始缴纳企业年金。

【法院判决】

2018 年 7 月 22 日，法院依照《中华人民共和国民事诉讼法》第六十四条第一款的规定，驳回了刘元元的全部诉讼请求。

【总结与反思】

在本案例中，信息开发公司没有过错，法院的判决正确。刘元元存在以下几点过错：一是刘元元依据《国家税务总局关于企业年金个人所得税征收管理有关问题的通知》证明企业年金具有工资属性是错误的，因为《国家税务总局关于企业年金个人所得税征收管理有关问题的通知》生效时间是 2009 年。2013 年国家税务总局执行《关于做好企业年金职业年金个人所得税征收管理工作的通知》时，《国家税务总局关于企业年金个人所得税征收管理有关问题的通知》同时废止。二是企业年金不是工资组成部分。《企业年金试行办法》对企业年金有明确定义，企业年金制度是补充性的养老保险制度。我国实行的是 EET 税收模式，用人单位及其职工参加企业年金制度虽然可以享受税收优惠政策，但是企业年金绝对不是工资。三是刘元元主张的工龄系数存在错误问题，和其他岗位上的职工对比也是不合适的，毕竟不同岗位上的职工在工龄、贡献等方面存在差异。四是刘元元要求信息开发公司超范围承担责任是不对的，2009 年以上，刘元元的工作单位是事业单位，不是建立企业年金制度的主体。2009 年工作的单位是企业，符合建立企业年金制度的合法主体。信息开发公司没有法定义务为其追溯到转制前补缴企业年金。综上分析，任何参加企业年金制度的职工都应依法争取、维护自己的权益，不能提出无理的、违法的要求。

案例十三　企业年金待遇可以通过约定替代方式予以补偿？[①]

【案情简介】

2007 年 4 月 2 日，莫廖宏（男）与 WY 市博达自动化仪器仪表有限公司（以下简称博达公司）签订书面劳动合同，出任博达公司总经理。由于莫廖宏工作业绩突出，博达公司董事会研究决定延长莫廖宏的工作期限。

[①] 本案例素材采集至新浪网，原素材采集时间是 2018 年 12 月 17 日。读者若想了解原素材，可参见南京大学劳动法律援助《莫廖宏与 WY 市某材料有限公司企业年金纠纷上诉案》，2015 年 8 月，新浪网（http://blog.sina.com.cn/s/blog_4c70fff50102v8ny.html）。

2016 年 2 月 11 日，博达公司与莫廖宏正式补签书面合同，约定将莫廖宏的工作期限延长至 65 周岁。2017 年 3 月 17 日，博达公司与莫廖宏协商解除劳动合同，约定：双方劳动关系自签订解除合同协议之日起解除，博达公司向莫廖宏支付一次性经济补偿金 90 万元（税前），这笔经济补偿金包括了与劳动关系有关的博达公司应付的、莫廖宏可能享有的任何及所有法定及约定的权利、费用和利益（博达公司代扣代缴莫廖宏的个人所得税），博达公司不再向莫廖宏支付任何补偿金，莫廖宏不得再向博达公司主张任何其他请求；协议是双方终止劳动关系、权利、责任、义务的最后约定。2017 年 3 月 27 日，博达公司用银行转账方式向莫廖宏支付了全部约定款项。2018 年 6 月，莫廖宏在居住地办理退休手续。

2006 年 5 月，博达公司建立企业年金制度，为部分职工提供企业年金保障，莫廖宏是参加企业年金制度的职工之一。2015 年 6 月 29 日，博达公司将《WY 市博达自动化仪器仪表有限公司企业年金方案》上报 WY 市劳动和社会保障局备案。8 月 10 日，WY 市劳动和社会保障局复函博达公司，同意博达公司实施企业年金方案。2017 年 10 月 31 日，博达公司将企业缴费划入莫廖宏个人账户内的 312587.32 元转入企业缴费未归属账户。

2018 年 9 月 18 日，莫廖宏向所在地劳动人事争议仲裁委员会申请仲裁，要求博达公司支付企业年金。同日，仲裁委员会做出不予受理通知书。莫廖宏不服该裁决，起诉至法院，要求博达公司返还企业缴费划入莫廖宏个人账户内的 312587.32 元。莫廖宏诉称，《协商解除劳动合同协议》由博达公司制定，博达公司和自己商议解除劳动合同只有 1 天，第二天就要求自己签字，由于时间紧迫，自己仅作了部分改动就签字了，当时曾要求博达公司解释部分条款，但认为企业年金在个人账户内，所以就没有对企业年金待遇问题提出异议。

博达公司辩称，公司与莫廖宏终止劳动关系是双方基于自愿、平等达成的共识，博达公司没有过错；将企业缴费划入莫廖宏个人账户内的 312587.32 元转入企业缴费未归属账户是根据企业年金方案执行；博达公司支付的一次性补偿款包括了企业年金。

一审法院审理后认为：一是企业年金制度是企业自愿建立、职工自愿参与的养老保险制度，博达公司有权在企业年金方案中规定企业缴费划入莫廖宏个人账户的资金比例以及企业缴费部分的归属。二是莫廖宏达到了法定退休年龄，并办理了退休手续，符合领取企业年金待遇的法定资格。三是莫廖宏申请仲裁未超过法定时效。根据《劳动争议调解仲裁法》规定，劳动争议申请仲裁的时效期间为一年，仲裁时效期间从当事人知道或者应当知道其权利被侵害之日起计算。博达公司于 2017 年 10 月 31 日将由企业缴费计入莫廖宏个人账户内的 312587.32 元转入企业缴费未归属账户，莫廖宏于 2018 年 6 月办理退休手续，之后于 2018 年 9 月 18 日申请仲裁，尚未超过法律规定的时效。五是博达公司不存在强迫莫廖宏签订解除劳动合同协议违法行为。根据《劳动合同法》规定，用人单位与劳动者可以协商解除劳动合同。莫廖宏认为博达公司给自己的时间短、部分条款属于霸王条款、被迫签字的主张，不应被认同。《协商解除劳动合同协议》没有违反国家法律、行政法规的强制性规定，也没有证据证实博达公司存在欺诈、胁迫或乘人之危等情形，《协商解除劳动合同协议》合法有效。《协商解除劳动合同协议》明确载明，博达公司支付莫廖宏 90 万元补偿款以后不再承担任务义务，莫廖宏也不得再向博达公司提出任何要求，博达公司认为 90 万元中包括企业年金的意见，有事实和法律依据。莫廖宏要求博达公司返还企业年金个人账户金额的诉讼请求，缺乏事实和法律依据。最后，一审法院依照《中华人民共和国劳动合同法》第三十六条、《中华人民共和国民事诉讼法》第六十四条第一款的规定，做出判决：驳回莫廖宏要求博达公司返还企业年金个人账户金额 312587.32 元的诉讼请求。

莫廖宏不服一审判决，在法定时间内提起上诉。诉称：一是企业年金个人账户权益应归属莫廖宏所有。博达公司 2015 年 6 月 29 日实施的《A市博达自动化仪器仪表有限公司企业年金方案》规定，职工在博达公司的工作时间满 5 年的，个人账户中博达公司划入的企业年金资金归属职工个人。WY 市劳动和社会保障行政部门实施的《关于 WY 市实施企业年金制度若干问题的意见》也规定，劳动合同期满终止劳动关系的，企业缴费已划入职工企业年金个人账户的资金归属职工个人。二是《协商解除劳动合同协议》不包含企业年金，自己与博达公司签订《协商解除劳动合同协议》时，双方尚未就企业年金归属问题发生纠纷，因此《协商解除劳动合同协议》中约定的 90 万元一次性经济补偿金并不包括企业年金。三是《协商解除劳动合同协议》中的部分条款属于霸王条款，这些霸王条款等于免除了博达公司的责任、加重了自己的责任、排除了自己的主要权利，是无效的。一审法院忽视了企业年金的性质，判决结果有失公平，是错误的，故请求二审法院支持自己在一审时提出的所有诉讼请求。

博达公司辩称：一是博达公司最早制定企业年金方案的时间是 2006 年，当时的方案明确，如果职工个人与博达公司解除劳动关系，博达公司缴费划入职工个人账户的资金归入博达公司的企业年金基金。莫廖宏入职后，博达公司一直是按照这样的规定执行的，莫廖宏是博达公司总经理，应知晓此规定和实际执行情况。2015 年，博达公司向 WY 市劳动和社会保障部门再次申请备案新修订的《WY 市博达自动化仪器仪表有限公司企业年金方案》。此后，莫廖宏个人账户内的博达公司划入的企业年金资金实际已经实际支付给了莫廖宏。新修订的《WY 市博达自动化仪器仪表有限公司企业年金方案》对 2015 年以前博达公司划入到莫廖宏个人账户内的企业年金资金并不具有溯及力。二是双方签订《协商解除劳动合同协议》时，莫廖宏距离法定退休年龄还有 14 个月，博达公司考虑到莫廖宏的历史贡献才决定一次性补偿莫廖宏 90 万元，这个标准远远高于当时法定的标准，对莫廖宏是利大于弊。双方签订《协商解除劳动合同协议》是基于各自真实意思表达，合法有效，并无莫廖宏诉称的免除了博达公司的责任，也不存在排除了莫廖宏的主要权利的事实。三是《协商解除劳动合同协议》约定的 90 万元补偿款包括博达公司应支付的、莫廖宏可能享受的任何、所有法定的权利、费用、利益以及约定的权利、费用、利益。莫廖宏也承诺博达公司无须再向自己支付任何费用或经济补偿金。同时还明确《协商解除劳动合同协议》是最终和全部解决双方劳动关系的依据，双方对此都无异议。莫廖宏在与博达公司签订《协商解除劳动合同协议》并领取 90 万元补偿费以后，两方所有基于劳动关系产生的权利、义务、责任均已了结，莫廖宏提出的企业年金补偿要求没有事实依据和法定依据，故要求二审法院驳回莫廖宏的全部诉讼请求。

【争议问题】

1. 莫廖宏的企业年金待遇可以通过约定替代方式予以补偿？

【案例分析】

在本案例中，莫廖宏和博达公司争议的焦点问题是《协商解除劳动合同协议》的有效性及《协商解除劳动合同协议》涉及的一次性经济补偿款是否包含了莫廖宏主张的企业缴费划入莫廖宏个人账户的企业年金部分。《协商解除劳动合同协议》约定，博达公司使用经济补偿替代方式向莫廖宏支付了企业年金待遇，这种方式合法合规。理由如下：一是莫廖宏和博达公司都有自由处理双方权利、义务、责任的权力。《协商解除劳动合同协议》是解除劳动关系的协议，和建立劳动关系的协议不同。莫廖宏在签订《协商解除劳动合同协议》时为完全民事行为能力人，知道或应当知道签订《协商解除劳动合同协议》对自己的影响，也应该对自己的民事行为承担法律后果。在庭审中，莫廖宏诉称，《协商解除劳动合同协议》无效缺乏依据，不应得到支持。二是《协商解除劳动合同协议》已经明确，博达公司支付莫廖宏的 90 万元经济补偿金包括博达公司应付的全部法定的义务、责任以及约定的义务，博达公司不再向莫廖宏支付任何补偿金，莫廖宏也不得再主张任何其他请求。莫廖宏签订《协商解除劳动合同协议》后，其与博达公司已再无任何关系。一审法院驳回莫廖宏的诉讼请求是正确的。

【二审法院判决】

二审法院在审理后认为，博达公司并无过错，莫廖宏的诉讼请求缺乏事实依据及法律依据，一审法院认定事实清楚，适用法律正确，驳回莫廖宏的诉讼请求，维持原判。

【总结与反思】

在案例中，莫廖宏与博达公司签订的《协商解除劳动合同协议》合法有效。《协商解除劳动合同协议》是双方意愿的自由表达，在签订《协商解除劳动合同协议》时，莫廖宏虽然对《协商解除劳动合同协议》中部分条款提出过异议，但是并没有对博达公司划拨的企业年金资金归属提出过任何异议，莫廖宏其后主张自己不知道90万元的经济补偿款中包括企业年金待遇，是单方面主张，没有拿出有效证据证明自己的主张是正确的，不能将责任推给博达公司。从理论上推断分析，莫廖宏作为博达公司总经理，无论是根据管理能力、职场经验还是对博达公司事务知情度，他都应该能够知道《协商解除劳动合同协议》标志着自己与博达公司终止了一切关系，关于90万元补偿款包含范围的文字表述已经很明确地说明，补偿款中已经包括了企业年金，而且《协商解除劳动合同协议》已然明确，自己在领取博达公司支付的一次性经济补偿款以后不得再向博达公司主张任何权益。因此，不排除莫廖宏主观上了解《协商解除劳动合同协议》内涵，却故意利用《协商解除劳动合同协议》没有提及企业年金，进而再向博达公司索要企业年金待遇。莫廖宏还主张博达公司同自己商量解除劳动合同以及给自己修改《协商解除劳动合同协议》的时间太短，自己没有思考和反应时间，这是莫廖宏自己的事儿，和博达公司无关，其主张不应得到支持，如果莫廖宏感觉自己没有弄清楚《协商解除劳动合同协议》约定条款或为自己留取时间，完全可以就签订《协商解除劳动合同协议》的最后时间与博达公司协商，而不应归因于博达公司给自己的时间太短。莫廖宏是完全民事行为能力人，只要自己是自愿签字，就不应该把责任推给博达公司。《协商解除劳动合同协议》虽然由博达公司起草，但是博达公司将《协商解除劳动合同协议》交由莫廖宏，让他修改，这是尊重莫廖宏的做法，莫廖宏实际上上也做了部分修改，表明他对《协商解除劳动合同协议》的内容是了解的。博达公司起草的《协商解除劳动合同协议》并没有违反国家法律、行政法规的强制性规定，也没有证据证实存在欺诈、胁迫或乘人之危等情形，应当认定为合法有效，莫廖宏应当切实履行，而不应在《协商解除劳动合同协议》之外再提要求，否则就是违反《协商解除劳动合同协议》的行为。如果博达公司起草的《协商解除劳动合同协议》违反国家法律、行政法规的强制性规定，存在欺诈、胁迫或乘人之危等情形，莫廖宏在阅读、修改时为什么不反对呢？这表明莫廖宏并没有认为《协商解除劳动合同协议》有何不妥。综上分析，如果企业和职工双方都愿意，企业年金待遇可以通过约定替代方式予以支付或补偿。

案例十四　企业年金个人所得税和企业所得税如何计缴？

【案情简介】

辽宁省沈阳市金斯利商贸有限公司（以下简称金斯利公司）职工穆胜闻2018年度每个月实发工资额为6650元[1]，其中包括金斯利公司已经代缴的穆胜闻应缴纳的"险金"2000元（含企业年金850元）。2018年度，金斯利公司按本单位上年度职工工资总额1200万元缴费基数，以8%缴费比例为全体职工缴纳企业年金费96万元。2018年为穆胜闻本人缴纳的企业年金费合计8300元。金斯利公司认为职工缴纳的企业年金属于免税项目，每个月按照实发工资6650元扣缴穆胜闻个人所得税210元，计算公式为：［（6650－3500）×10%－105］＝210[2]。金斯利公司按照这种计算方法扣缴公司其他职工的个人所得税。在计缴企业所得税时，将为全体员工缴纳的96万元企业年金在应纳税所得额中全额扣除。

---

[1]　2018年2月1日《企业年金办法》施行，穆胜闻在2018年1月份和2月份的工作按照6650元计算。

[2]　2018年10月1日（含）后起征点改为5000元。本案例考察的是2018年度的企业年金个人所得税和企业所得税如何计缴，所以仍按改革前的3500元起征点计算。

【焦点问题】

1. 穆胜闻的企业年金缴费个人所得税应如何缴纳？

2. 金斯利公司的企业年金缴费所得税应如何计缴？

【案例解析】

1. 穆胜闻的企业年金缴费个人所得税应如何缴纳？穆胜闻每个月实际缴纳的险金总额为 2000 元，按照缴费工资计税基数 4% 计算，可在税前扣除的金额为（6650 + 2000）× 4% = 346 元，2000 元险金中减去企业年金 850 元后剩余的 1150 元险金符合扣除标准。穆胜闻每个月实领工资与超标准缴纳的企业年金个人部分合计应缴纳的个人所得税金额为（6650 + 2000 − 1496 − 3500）× 10% − 105 = 260.4 元。2018 年全年应扣缴税款额为 260.4 × 12 = 3124.8 元。在本案例中，金斯利公司每个月代扣穆胜闻个人所得税 210 元，全年代扣总额为 210 × 12 = 2520 元，则 2018 年全年少代扣税款额为 3124.8 − 2520 = 604.8 元。如果按照金斯利公司 2018 年度在岗职工 1000 人估算，且其他职工企业年金缴费额与穆胜闻的企业年金缴费额相同，粗略估算可知，2018 年度金斯利公司少缴税款 604800 元。至于金斯利公司为穆胜闻本人缴纳的 2018 年度企业年金费 8300 元，穆胜闻依法无须缴纳个人所得税，所以本案例未将 8300 元缴费纳入计算①。

针对上述计算，进一步解释三个问题。一是金斯利公司按照 8% 缴费比例计缴企业年金费用以及穆胜闻以 4% 缴费比例计缴企业年金费用符合企业年金制度规定和企业年金实践。《企业年金办法》规定，企业缴费每年不超过本企业职工工资总额的 8%。企业和职工个人缴费合计不超过本企业职工工资总额的 12%。在实践中，很多单位按照 8% 比例缴费，由此推算，职工个人缴费比例最高为 4%。二是职工个人缴费工资计税基数。

---

① 金斯利公司为其他职工缴付的企业年金缴费，在计入职工企业年金个人账户时，职工也无须缴纳个人所得税。

财政部、人力资源社会保障部、国家税务总局联合发布的《关于企业年金、职业年金个人所得税有关问题的通知》（财税［2013］103号）规定，企业年金个人缴费工资计税基数为上一年度按国家统计局规定列入工资总额统计的项目计算的本人月平均工资；职业年金个人缴费工资计税基数为职工岗位工资和薪级工资之和。个人缴费工资计税基数超过其工作地所在设区城市上一年度职工月平均工资300%以上的部分，不计入个人缴费工资计税基数。在本案例中，穆胜闻每个月实发工资额为6650元，沈阳市2018年度上年职工全市月平均工资为5991元[①]，6650元未超过5991元的3倍。进一步假设，穆胜闻2018年度月工资收入为50000元，超过了5991元3倍17973元。则穆胜闻企业年金个人缴费税前扣除限额为：$50000 \div 12 \times 300\% \times 4\% = 499.9$（元）。按照2018年穆胜闻企业年金个人缴费工资计税基数4%计算，计入穆胜闻企业年金个人账户的扣除项为：$50000 \times 4\% = 2000$（元），可以扣除499.9元，超过的1500.1元不可以扣除。则穆胜闻需缴纳的企业年金个人所得税月度额为$(50000 - 499.9 - 3500) \times 30\% - 2755 = 11045.03$（元）。三是企业年金个人所得税计税方式。财税［2013］103号文件规定，从2014年1月1日开始，职工企业年金个人缴费在不超过本人缴费工资计税基数4%的部分可以税前扣除；单位缴费依法划入职工个人账户的部分，职工个人无须缴纳个人所得税。综上分析，金斯利公司的计算方法错误，应补缴少扣的穆胜闻应缴税款604.8元。同时也应补缴少扣的其他职工应缴的税款。

2. 金斯利公司的企业年金缴费所得税应如何计缴？2018年度，金斯利公司为包括穆胜闻在内的所有职工缴付企业年金96万元，依法可在税前扣除的金额上限为$1200 \times 5\% = 60$万元，超出的36万元不可以在税前扣除。在本案例中，金斯利公司在计缴2018年度企业所得税时，把缴付的96万元企业年金费在应纳税所得额中全额扣除，计算方法错误。《企业所得税

---

① 2019年6月29日沈阳市发文，将社会保险缴费基数从原执行的2017年度的全市职工月平均工资（5991）调整为全口径工资（5244）。本案例发生在本时间点之前，所以仍采用上年职工全市月平均工资计算。

法实施条例》第三十五条第二款规定，企业为职工缴纳的企业年金费可在法定范围和标准内扣除。不过，《实施条例》没有规定具体的扣除标准。那么，扣除标准是多少呢？2009 年 6 月 2 日，国家财政部、国家税务总局下发的《关于补充养老保险费、补充医疗保险费有关企业所得税政策问题的通知》（财税〔2009〕27 号）规定，企业为职工缴纳的企业年金费在不超过职工工资总额5%标准内的部分可在税前扣除，超额部分不可以在税前扣除。综上可知，企业可享受的扣除标准上限5%。2013 年实施的《关于企业年金、职业年金个人所得税有关问题的通知》只规定了职工个人企业年金缴费扣税标准上限是 4%，没有规定企业年金中的企业缴费部分的税前扣除标准上限，企业年金中的企业所得税部分应按照5%还是8%比例上限在税前扣除呢？2019 年 1 月 1 日实施的《中华人民共和国个人所得税法》也没有规定企业年金中的企业缴费部分的税前扣除标准上限。综上分析，本案例采用5%扣除比例计缴金斯利公司 2018 年度为所有职工缴付的企业年金费60 万元。

【案例总结】

1. 区分两个标准。一个标准是企业年金中的企业缴付标准；另一个标准是企业年金中的企业所得税计缴时准予税前扣除的标准。这两个标准不同。企业缴付标准高于企业所得税扣除标准。在计算企业所得税扣除，超过扣除标准以上的企业缴费部分应缴纳企业所得税。

2. 区分递延纳税和免税。我国的企业年金税收制度是 EET 制度模式。参保职工在缴费环节免缴个人所得税，企业年金基金投资收益免税，职工只有在领取企业年金待遇时才缴税。企业年金个人所得税是"递延纳税"，并非始终都免税，只不过是"暂时"不用缴纳个人所得税，即将缴费环节的纳税时间延迟到了企业年金待遇领取时。

3. 扣税标准存在上限规定。在企业年金缴费环节，国家只是给予优惠税收待遇，这并不意味着全部缴费额都允许税前扣除，而不征收个人所得税。职工个人和所在单位的缴费超过国家优惠上限的部分，在计入个人账户时仍需依法缴纳个人所得税。企业缴纳的企业年金费也并非全额税前扣除，而只能按不超过职工工资总额5%的标准扣除，超额部分仍需依法缴税。

4. 区分新旧政策差别。本案例发生时间是2018年，所得税扣减计算应依据《财政部 人力资源社会保障部 国家税务总局关于企业年金职业年金个人所得税有关问题的通知》（财税〔2013〕103号）。从2019年1月1日起，新《中华人民共和国个人所得税法》正式实施，国家财政部在2018年制定实施了《关于个人所得税法修改后有关优惠政策衔接问题的通知》（财税〔2018〕164号），所得税扣减计算应依据164号文件。164号文件规定，职工个人依法领取的企业年金待遇，符合《关于企业年金职业年金个人所得税有关问题的通知》规定的，不并入综合所得，全额单独计算应纳税款。其中，按月领取的年金待遇，适用月税率计税；按季领取的年金待遇需均摊到各月（领取额除以12个月），按每月领取额适用月税率计税；按年领取的年金待遇，适用综合所得税率计税。职工个人因出境定居而一次性领取的企业年金个人账户资金；或职工个人死亡后，指定受益人或法定继承人一次性领取的企业年金个人账户余额，适用综合所得税率计税。对职工个人除上述特殊原因外一次性领取企业年金个人账户资金或余额的，适用月税率计税。

5. 过渡期企业年金个人所得税征缴实务做法。"过渡期"并非国家立法或政策规定的过渡期，而是地方各级税务部门等待企业年金个人所得税征缴实施细则的期限。新《个人所得税法》施行时间是2019年1月1日。2018年国家颁布新《个人所得税法》以后，国家财政部和国家税务总局印发了164号文件。但是，截至2019年6月末，国家财政部和国家税务总局依然没有制定实施企业年金个人所得税征缴实施细则。有些地区税务部门没有征税细则做依据，便以2018年10月1日为起点，采取"预征－退税制"做法，即在2019年初预征2019年全年的企业年金个人所得税，由当地社保经保部门代扣代缴，到2019年底汇算清缴，如果达不到缴纳企业年金个人所得税的标准，则做退税处理。这种"预征－退税制"做法一直将会延续至国家财政部和国家税务总局制定实施企业年金个人所得税征缴实施细则为止。"预征－退税制"做法不过是地方税务部门权宜之计。本例题不考虑这一现状，仍按照164号文件的规定计算本例题。

案例十五　借调期间的企业年金谁负责？[①]

【案情简介】

赵宇辉是 LR 省飞跃建设机械集团有限公司（以下简称飞跃集团）下设的 LR 省飞跃建设机械集团设备租赁有限公司的市场开发部部长（以下简称租赁公司）。2005 年 5 月 13 日，飞跃集团研究决定，将赵宇辉从租赁公司借调到飞跃集团下设的 LR 省飞跃建设机械集团工程机械股份有限公司（以下简称工程公司）业务部，担任业务二部部长。2008 年 4 月 29 日，租赁公司与工程公司签订了借调协议，双方就主要事项做出如下约定：一是人事关系。赵宇辉的人事关系不作转移，仍然保留在租赁公司。二是薪酬待遇。赵宇辉在工程公司工作期间的工资、奖金及有关补贴福利待遇等均由工程公司负责。三是离职退休。赵宇辉达到法定退休年龄后，需回租赁公司办理退休手续。2009 年 6 月 18 日，飞跃集团人力资源部同时给工程公司和租赁公司下发纸质版文件通知，要求赵宇辉回租赁公司退休，赵宇辉的企业年金由租赁公司按照相关规定办理。2009 年 12 月 25 日，飞跃集团实施了《LR 省飞跃建设机械集团有限公司机关职工企业年金管理办法》，对飞跃集团机关职工企业年金如何办理作了规定。工程公司与租赁公司同是飞跃集团下属企业。赵宇辉借调至工程公司工作期间，租赁公司为赵宇辉缴纳了 2005 年和 2006 年的企业年金。2010 年 4 月，赵宇辉在租赁公司办理了退休手续。然而，赵宇辉在办理企业年金待遇领取手续时，

---

① 本案例素材来源于法律图书馆网。原标题为"LR 烟草物业管理有限公司因与赵宇辉纠纷案"（民事判决书终字第 1122 号）。原素材采集时间是 2018 年 12 月 17 日。读者若想了解原素材，可登录网址：http://m.law-lib.com/cpws/cpws_view.asp?id=200401292098&page=1

工程公司与赵宇辉就其借调期间的企业年金应该由租赁公司负责还是工程公司负责的问题发生了争议，工程公司认为，赵宇辉在借调期间的企业年金应该由租赁公司负责，赵宇辉却认为，自己在借调期间的企业年金应该由工程公司负责，但工程公司不同意赵宇辉的主张，让其回租赁公司办理企业年金待遇领取等相关事宜。期间，赵宇辉也多次和租赁公司沟通协商。2010 年 9 月 5 日，租赁公司管理层召开会议，讨论确定了赵宇辉的企业年金。根据工程公司此前制定的职工养老保险实施细则规定，工程公司将赵宇辉应领取的企业年金待遇一次性向商业保险公司投保补充养老保险，赵宇辉表示同意。根据档案记载信息，赵宇辉参加工作的时间是 1967年，2005 年借调到工程公司工作，连续工龄 38 年。租赁公司依据这些信息，和商业保险公司签订保险合同，合同约定，投保金额为 20 万元，保险期间 2010 年 11 月 29 日至赵宇辉亡故，保险费从 2010 年 11 月 29 日起开始支付，采取按年支付保险费方式。但是，赵宇辉对工程公司的决定表示不满，认为工程公司没有履行义务。因为，工程公司已退休的中层干部的企业年金待遇标准为每月 1723 元，自己也是工程公司中层干部，工程公司应按照每月 1723 元标准为自己支付企业年金待遇。租赁公司虽然已经为自己投保了商业性的补充养老保险，但是自己每个月实际可以领取的金额低于 1723 元，因此工程公司应该为自己补充差额部分。工程公司拒绝了赵宇辉的要求。赵宇辉在与工程公司多次协商未果后发生争执。2010 年 12 月29 日，赵宇辉向当地劳动争议仲裁委员会申请劳动仲裁，劳动争议仲裁委员会认为，赵宇辉的仲裁请求已经超过了法定仲裁时效，与 2010 年 12 月29 日做出不予受理案件通知书。之后，赵宇辉向当地人民法院起诉，请求法院判令：一是撤销劳动争议仲裁委员会不予受理案件通知书。二是判令工程公司按照本单位同等工资、同等职位中层干部的企业年金标准确定其企业年金待遇为每月 1723 元人民币。三是判令工程公司为其办理借调期间的企业年金，并支付因违约给其造成的损失 15423 元人民币。四是本案诉讼费由工程公司承担。

工程公司辩称，赵宇辉只是借调到工程公司工作，与工程公司没有劳动合同关系，与租赁公司才存在劳动合同关系，工程公司没有义务为赵宇辉缴纳企业年金。租赁公司已经给赵宇辉投保了商业性质的补充养老保险，工程公司如果再给赵宇辉支付企业年金待遇，则赵宇辉就属于重复受益。因此，赵宇辉的诉讼请求没有法律和事实依据，不能成立，故请求法院驳回赵宇辉的诉讼请求。

法院经审理后认为，赵宇辉的诉讼请求并没有超过法定仲裁时效，判决工程公司于判决生效之日起十日内以工程公司中层干部的企业年金待遇标准（每月1723元）为赵宇辉办理2006年至2008年期间的企业年金待遇，即1723元乘以36个月，等于62028元；驳回赵宇辉其他诉讼请求。工程公司不服一审法院判决，在法定时间内上诉至当地中级人民法院。工程公司上诉称：一是原审法院对案件的诉讼时效认定错误。赵宇辉知道自己的企业年金权益受到侵害的时间是2010年5月，直到2010年12月29日才向仲裁机构提出仲裁申请，已经超过了法定的时效。二是原审法院判令工程公司为赵宇辉办理2006年至2008年期间企业年金的义务是错误的。租赁公司和工程公司签订的借调协议约定，赵宇辉在借调期间的人事关系保留在租赁公司，而不是工程公司。如今，赵宇辉已经退休，不再属于劳动者，工程公司无法为赵宇辉办理其退休后的企业年金待遇事宜。双方签订的借调协议约定的赵宇辉在借调期间的福利待遇是有限制条件的，限定词是"有关的"福利待遇，不是"所有的"的福利待遇，如今原审法院判令工程公司承担赵宇辉的所有福利待遇是错误的，因为借调协议约定的福利待遇不包含企业年金待遇。按照法律规定，赵宇辉只能同时与一家公司存在劳动关系，不应也不能以借调为由重复取得两份企业年金待遇。三是原审法院判决工程公司按照每月1723元的标准为补偿企业年金赵宇辉没有法律依据。根据国家在2004年施行的《企业年金试行办法》和LR省劳动厅在2007年施行的《LR省城镇企业职工企业年金实施办法》的规定，工程公司具有自主决定是否为赵宇辉缴纳企业年金的权力，如果工程公司没有给赵宇辉缴纳企业年金，赵宇辉无权要求工程公司必须为其缴纳企业年金，也不能以缴纳的企业年金数额低为由，要求工程公司重复为其补缴企业年金。赵宇辉未能领取 2010 年 5 月至 2010 年 11 月的企业年金待遇是因为赵宇辉虚报年龄造成，赵宇辉对此应付全责。故请求二审法院判决：依法撤销原判，驳回赵宇辉的诉讼请求；判令赵宇辉承担一审诉讼费和二审诉讼费。

赵宇辉答辩称：一是工程公司存在故意侵权行为。虽然工程公司没有给自己缴纳企业年金并非工程公司侵害自己权益的开始，但是工程公司一直告知自己公司领导层正在协商中，从未告知不给自己办理企业年金，现如今工程公司不予支付企业年金待遇，侵害了自己的权益，主观上存在侵权过意，自己并没有提出无理要求。二是工程公司偷换概念，曲解借调协议约定条款内容。租赁公司和工程公司签订的借调协议明确规定，赵宇辉的人事关系保留在租赁公司，并没有约定赵宇辉的行政关系保留在租赁公司，人事关系和行政关系不同，自己的人事档案由飞跃集团人力资源部保管，行政关系和工资关系等已经转到了工程公司。借调协议虽然没有提到福利待遇中包括企业年金，但是也没有约定福利待遇中不包括企业年金待遇。工程公司自称是按照飞跃集团人力资源部的通知要求做出决定的，但是自己从未接收到该通知，无法知晓"通知"规定内容，也无法验证工程公司所述内容的真实性，而且飞跃集团人力资源部属于第三方，无权干涉租赁公司和工程公司两个法人组织自行签订的有效协议。三是工程公司承认企业年金是内部职工福利，自己在借调期间属于工程公司内部职工，是企业年金覆盖范围内的职工，工程公司将自己排除在企业年金方案之外是错误的。

【焦点问题】

1. 赵宇辉的诉讼请求是否已超过仲裁时效？
2. 赵宇辉借调期间的企业年金待遇资格应如何认定？
3. 赵宇辉借调期间的企业年金应如何处理？

【案例评析】

1. 赵宇辉的诉讼请求是否已经超过了法定的仲裁时效。工程公司和仲裁机构都认为，赵宇辉的诉讼请求已经超过了法定的仲裁时效。然而，一审法院和二审法院却没有认为赵宇辉的诉讼请求已经超过了法定的仲裁时效。赵宇辉的诉讼请求真的已经超过仲裁时效了吗？如果上述各方存在错误，那么究竟是哪方或哪几方错了呢？原劳动部《关于贯彻执行〈中华人民共和国劳动法〉若干问题的意见》（劳部发〔1995〕309号）第八十五条规定："'劳动争议发生之日'"是指当事人知道或者应当知道其权利被侵害之日。"赵宇辉在2010年4月份办理企业年金待遇领取手续时才发现自己的企业年金待遇受到侵害，2010年12月29日向劳动争

议仲裁委员会申请劳动仲裁，时间长度约9个月，并没有超过一年期法定仲裁时效。

2. 赵宇辉借调期间的企业年金待遇资格应如何认定。赵宇辉和工程公司的分歧在于赵宇辉是否有享受企业年金待遇的资格。在赵宇辉看来，工程公司有义务为自己缴纳企业年金，也有义务为自己办理企业年金待遇领取事宜；在工程公司看来，公司没有给赵宇辉缴纳企业年金的义务，也没有为赵宇辉办理企业年金待遇领取事宜的义务；在租赁公司看来，赵宇辉实际是为工程公司工作，工程公司理应负责赵宇辉的企业年金；在一审法院看来，工程公司有义务为赵宇辉办理企业年金相关事宜。那么，上述四方谁对谁错呢？赵宇辉借调期间的企业年金到底应该由工程公司负责还是租赁公司负责？亦或由赵宇辉本人负责呢？综合而言，赵宇辉借调期间的企业年金应该由工程公司负责。一是赵宇辉的主张有理有据。赵宇辉强调，依据两家公司签订的借调协议，赵宇辉在工程公司工作期间的工资、奖金以及有关福利待遇等均由工程公司负责，企业年金属于职工福利，自己是工程公司内部职工，有权力享受企业年金待遇，故工程公司应当给予自己在2005年5月至2010年4月期间的企业年金。赵宇辉的主张符合法律规定，合乎情理。二是赵宇辉主张企业年金待遇符合飞跃集团的规定。飞跃集团明确规定，企业年金待遇的覆盖范围是飞跃集团所有机关干部，赵宇辉是飞跃集团中层干部，无论其当时在飞跃集团下设的哪一家公司工作，都有参加企业年金的资格。三是工程公司的主张违法背理。工程公司认为，赵宇辉与工程公司之间没有劳动合同关系，工程公司没有义务为赵

宇辉办理企业年金，而且企业年金是赵宇辉退休以后才可以享受的福利待遇，是与退休相关的事宜，和赵宇辉在工程公司的工作无关，如今赵宇辉已经退休，企业年金待遇自然也应该由负责其退休事宜的租赁公司负责。由于赵宇辉的企业年金已经由租赁公司向商业保险公司投保了商业补充性养老保险，工程公司不可能再为赵宇辉支付企业年金待遇。工程公司的主张有些不讲道理，赵宇辉在借调期间一直在为工程公司工作，赵宇辉与工程公司之间具有实质性的劳动关系；企业年金缴纳和赵宇辉退休以后享受的企业年金待遇不可以割裂开来讨论，企业年金待遇是赵宇辉在工作期间积累而在退休后领取的养老保险待遇，工程公司否定赵宇辉退休后的企业年金待遇和退休前的工作无关，既违反了《企业年金试行办法》和有关法律规定，也是无理的做法。四是工程公司的做法违背了借调协议。工程公司强调，工程公司与租赁公司在 2008 年 4 月 29 日签订的借调协议约定赵宇辉在工程公司工作期间的工资、奖金及有关补贴福利待遇由工程公司负责。工程公司认为其只负责赵宇辉的工资、奖金及有关补贴福利待遇，借调协议并没有约定赵宇辉的企业年金由工程公司负责。借调协议虽然没有明确约定工程公司必须负责赵宇辉的企业年金，但是也没有明确约定福利待遇中不包括企业年金，工程公司不能玩儿文字游戏，单凭协议约定的文字是"有关"而非"所有"来否定自己的义务。五是工程公司的主张违反了本省的政策措施。2005 年 4 月，LR 省人民政府发布的《LR 省企业年金和个人储蓄性养老保险暂行办法》规定，企业年金缴费资金来源为本单位的奖励资金、职工福利基金、单位效益工资。2007 年，原 LR 省劳动厅下发的《LR 省城镇企业职工企业年金实施办法》规定，企业年金缴费资金来源为本单位的年度新增效益工资或历年节余工资。赵宇辉对工程公司的年度新增效益工资或历年节余工资积累是有贡献的，工程公司使用年度新增效益工资或历年节余工资为中层干部缴纳企业年金应该覆盖赵宇辉。工程公司实际上也是依据《LR 省企业年金和个人储蓄性养老保险暂行办法》和《LR 省城镇企业职工企业年金实施办法》提取企业年金缴费资金，然而却在赵宇辉企业年金权益上否定"有关补贴福利待遇"包含企业年金，这实际是违反了该省的上述两个《办法》。六是赵宇辉没有再向租赁公司主张权利的做法是正确的。2009 年 12 月 25 日，飞跃集团下发的《LR 省飞跃建设集团有限公司机关职工企业年金管理办法》规定，2008 年 12 月 31 日以后入职的职工为"新人"，31 日之前入职的员工只要符合以下两项条件即为"老人"：行政关系和工资关系同时在册、连续工龄满 5 年。"老人"的企业年金待遇以投保商业保险的方式领取。2009 年 6 月 18 日，飞跃集团人力资源部要求赵宇辉的企业年金由租赁公司按其规定办理，租赁公司也实际履行了一次性趸缴保费义务。

从租赁公司和工程公司签订的协议方面分析，赵宇辉从租赁公司借调到工程公司工作，其人事关系虽然保留在租赁公司，但是其工资、奖金及有关补贴福利待遇由工程公司承担，租赁公司为赵宇辉办理企业年金时就没有对赵宇辉 2005 年以后的工龄进行测算，租赁公司对此也没什么过错或过失。由于租赁公司与工程公司在借调协议中作了特别约定，飞跃集团决定为在职职工办理企业年金时赵宇辉尚未退休，在此期间赵宇辉的企业年金所需费用应该由工程公司支付，工程公司负有为赵宇辉办理借调期间企业年金的约定义务。

一审法院在归纳赵宇辉、工程公司、租赁公司三方的主张后判令工程公司负责赵宇辉在借调期间的企业年金是正确的。

3. 赵宇辉借调期间的企业年金权益应如何处理。一审法院认为，飞跃集团及下属各公司为"老人"办理企业年金以 2008 年 12 月 31 日为限，因此工程公司只应当为赵宇辉办理 2007 年至 2008 年期间的企业年金，计算额度为每月 1723 元（工程公司中层干部标准）。其实，一审法院在补偿时间段和额度上计算错误。在时间段上，工程公司既要负责 2007 年至 2008 年期间的企业年金，又要负责 2010 年 11 月 29 日起至 2018 年 2 月（二审法院判决时间）止的企业年金，同时还要负责二审法院判决以后（2018 年 3 月）的企业年金待遇。在额度上，工程公司应给付赵宇辉自 2010 年 11 月 29 日起至 2018 年 2 月止每月赵宇辉所领取的商业补充性养老保险与工程公司中层干部企业年金标准（每月 1723 元人民币）的差额部分。由于租赁公司在 2016 年已被飞跃集团内部撤销，因此工程公司还要自 2018 年 3 月起每月为赵宇辉给付当月赵宇辉所领取的商业补充性养老保险与工程公司中层干部企业年金标准（每月 1723 元人民币）的差额部分。

【二审法院判决】

二审法院审理后认为，双方争议的焦点是赵宇辉的企业年金待遇应该如何处理。虽然上诉人工程公司提出被上诉人赵宇辉在 2010 年 5 月已经知道其企业年金待遇受到侵害，但是上诉人工程公司并没有提供充分的证据，表明工程公司以及工程公司的上级主管部门飞跃集团已经明确答复不给予办理。因此，一审法院认定被上诉人赵宇辉的仲裁时效没有超过法定期限并无不当。根据 LR 省劳动厅在 2007 年下发的《LR 省城镇企业职工企业年金实施办法》规定，企业年金缴费资金来源为该用人单位年度新增效益工资或当年、历年的节余工资，企业可以自主决定企业年金的覆盖范围、差异化待遇等事项。企业年金是职工福利制度。租赁公司和工程公司签订的借调协议约定，赵宇辉在借调期间的福利待遇由工程公司负责，赵宇辉的企业年金缴费自然应该由工程公司承担，由于租赁公司已经被飞跃集团内部撤销且赵宇辉已经退休，赵宇辉已经不再具有向政府企业年金管理部门补交企业年金的资格，赵宇辉在借调期间应该缴纳的企业年金由于工程公司没有给予缴纳而导致赵宇辉在退休后领取到的商业补充性养老保险待遇减少，其差额部分应该由工程公司给予适当补偿。一审法院的判决确有不当，应依法予以纠正。2018 年 3 月，二审法院依照《中华人民共和国劳动法》第七十三条第一项、第七十五条、《中华人民共和国民事诉讼法》第一百五十三条第一款第二项、第三项及第一百零七条第一款的规定，做出如下判决：一是撤销一审法院民事判决。二是由工程公司于本判决生效之日起十五日内为赵宇辉给付其自 2010 年 11 月 29 日起至 2018 年 2 月止每月赵宇辉所领取的企业年金与中层干部企业年金待遇标准（每月 1723 元人民币）的差额部分。三是由工程公司自 2018 年 3 月起每月为赵宇辉给付当月赵宇辉所领取的企业年金与中层干部企业年金待遇标准（每月月1723元人民币）的差额部分。四是一审案件受理费和二审案件受理费300元人民币，由工程公司负担。

【总结与反思】

1. 赵宇辉要求工程公司支付因违约造成的损失15423元人民币没有事实依据和法律依据。赵宇辉要求工程公司支付因违约造成的经济损失15423元人民币，理由是自己在2010年4月退休，租赁公司在2010年11月29日为自己投保商业性补充养老保险，导致自己没有及时领取补充养老保险待遇，工程公司应当按每月1723元的标准向其支付违约金15423元。但是，在庭审中，赵宇辉并没有提供充分的证据来证明工程公司负有在自己退休后每月向其支付1723元补充养老金的法律义务，15423元违约金的诉讼请求没有事实依据。一审判令工程公司向赵宇辉支付因违约造成的经济损失15423元是错误的。

2. 一审法院及争议双方将企业年金定性为职工福利制度是错误的。关于企业年金的法律性质，学术界确实存在争议，有的观点将其定性为职工福利制度，有的观点将其定性为激励机制，有的观点将其定性为延期工资制度。然而，我国制定施行的《企业年金试行办法》将其定性一种具有补充性质的养老保险制度。一审法院应依据《企业年金试行办法》第二条的规定解释企业年金的法定性质。赵宇辉和一审法院、工程公司的认识是错误的。

3. 处理企业年金待遇纠纷应遵循"谁受益、谁担责"的指导思想。职工和用人单位之间形成的劳动关系分为两种，一种是依据劳动合同确定的劳动关系，另一种是事实劳动关系。无论是哪种劳动关系，职工都有享受工资、奖金和福利待遇的权利。用人单位不应根据"人事档案关系"所在处决定职工的工资、奖金和福利待遇，应看职工实际上为哪家单位效力。本案例中，赵宇辉的人事关系在租赁公司，但其实际上为工程公司工作。所以，处理企业年金纠纷应坚持"谁受益、谁担责"的指导思想。

参考文献

巴曙松、华中炜：《企业年金投资监管模式比较及我国的路径选择》，《中国金融》2005 年第 5 期。

曹伟、丁阅越：《商业银行企业年金业务发展展望》，《新金融》2017 年第 8 期。

陈泽、陈秉正：《中国的年金谜题与养老金领取行为研究——基于企事业年金领取偏好的调查》，《经济学报》2018 年第 2 期。

董志强：《延期报酬理论及其在我国的应用》，《经济管理》2001 年第 1 期。

董克用、孙博：《从多层次到多支柱：养老保障体系改革再思考》，《公共管理学报》2011 年第 1 期。

董登新：《中美两国社会保障负担比较》，《中国社会保障》2012 年第 12 期。

董登新、邓先凤：《中国企业年金的发展机遇与对策——基于税收优惠政策和养老金并轨改革》，《财会月刊》2015 年第 1 期。

郭磊、苏涛永：《企业年金缩小企业与机关事业单位职工养老金差距的政策仿真研究——工资异质性的视角》，《社会保障研究》2013 年第 2 期。

郭磊、苏涛永：《企业年金对养老金差距的双重影响研究》，《公共管理学报》2014 年第 1 期。

郭磊、苏涛永：《人力资源、税收、所有制与企业年金参保——基于家庭金融微观数据的实证研究》，《公共管理学报》2015 年第 1 期。

郭磊、周岩：《企业年金参保和缴费的扩散研究》，《公共行政评论》2017 年第 4 期。

郭磊：《基本养老保险挤出了企业年金吗——基于政策反馈理论的实证研究》，《社会保障评论》2018 年第 1 期。

胡继晔：《欧债危机的教训及其对中国发展个人养老金的启示》，《行政管理改革》2013 年第 9 期。

胡继晔：《养老金融：理论界定及若干实践问题探讨》，《财贸经济》2013 年第 6 期。

胡继晔：《国际养老金制度发展的现状与趋势》，《中国社会保障》2014 年第 4 期。

何伟：《我国职业年金制度的演变与发展（下）》，《中国劳动保障报》2015 年 8 月 14 日第 4 版。

何伟：《我国职业年金制度的演变与发展（下）》，《中国劳动保障报》2015 年 9 月 18 日第 4 版。

洪霞：《企业年金实施问题研究》，《现代国企研究》2016 年第 2 期。

胡继晔：《金融服务养老的理论、实践和创新》，《西南交通大学学报》2017 年第 4 期。

何文炯：《改革开放以来中国社会保险之发展》，《保险研究》2018 年第 12 期。

韩冰洁、周志凯：《延迟退休年龄对职工养老金财富的作用研究——基于个体生命周期精算视角》，《社会保障研究》2018 年第 2 期。

黄一丹：《企业年金制度研究》，《中国集体经济》2019 年第 1 期。

金维刚：《养老保障体系的顶层设计》，《中国金融》2014 年第 12 期。

金维刚：《十三五：社保改革发展面临的形势与重点》，《中国社会保障》2015 年第 12 期。

金维刚：《"十三五"时期社保改革与创新》，《保险理论与实践》

2016 年第 1 期。

贾倩：《基层职业年金制度运行初探——以晋北 A 人社局为例》，《经济研究导刊》2019 年第 1 期。

李长远：《我国事业单位养老保险制度改革中政府责任及定位》，《上海保险》2013 年第 2 期。

陆明涛：《中国养老金双轨制并轨改革的成本测算》，《老龄科学研究》2013 年第 7 期。

李珍、王海东：《养老金替代水平下降的制度因素分析及对策》，《中国软科学》2013 年第 4 期。

龙玉其：《公务员养老保险制度改革的探索——基于八省市改革方案的比较》，《现代经济探讨》2014 年第 6 期。

林东海：《试论公共部门职业年金和廉洁年金的一体化——国际经验和中国的现实》，《中国软科学》2014 年第 9 期。

林东海、郎明月：《双层退休体系：雇主退休政策的意义》，《社会保障研究》2014 年第 4 期。

林东海：《公务员养老改革：问题、议程和交易费用分析》，《厦门大学学报》2014 年第 3 期。

刘艺戈：《建立中国特色的职业年金制度研究》，博士学位论文，武汉大学，2014 年。

吕惠娟、刘士宁：《对我国企业年金和职业年金制度的比较研究》，《当代经济》2015 年第 22 期。

罗娟、汪泓、吴忠：《养老保险城乡统筹创新模式设计及研究》，《上海管理科学》2015 年第 6 期。

龙玉其：《国外职业年金制度比较与启示》，《中国行政管理》2015 年第 9 期。

吕学静、康蕊：《我国机关事业单位建立职业年金的几点思考》，《社会保障研究》2015 年第 1 期。

李连仁：《企业年金发挥养老保险专业作用》，《中国人力资源社会保障》2015 年第 1 期。

吕惠娟、刘士宁：《我国养老保险制度的替代率问题研究——基于 OECD 国家的比较分析》，《当代经济》2016 年第 2 期。

龙玉其、刘莹：《机关事业单位职业年金制度的回顾、评析与展望》，《河北大学学报》2017 年第 6 期。

龙玉其：《论公务员养老保险制度的公平性与效率性》，《理论月刊》2017 年第 9 期。

林义：《中国多层次养老保险的制度创新与路径优化》，《社会保障评论》2017 年第 3 期。

李伟：《关于建立与完善企业年金制度的观点综述》，《经济研究参考》2018 年第 18 期。

龙玉其：《老年相对贫困与养老保险制度的公平发展——以北京市为例》，《兰州学刊》2018 年第 11 期。

龙玉其：《英国职业年金制度的现状、改革及其启示》，《北京行政学院学报》2018 年第 6 期。

李连仁：《构建个人"养老三支柱"迫在眉睫》，《中国人力资源社会保障》2018 年第 8 期。

李连仁：《养老保险公司助力新时代养老保障改革》，《中国社会保障》2018 年第 4 期。

李连仁：《36 号令新政解读及对企业年金市场的影响分析》，《中国人力资源社会保障》2018 年第 2 期。

牟达泉：《企业年金方案如何设计》，《社会保障制度》2002 年第 12 期。

马群：《企业年金制度对养老保险体系的完善作用》，《企业改革与管理》2017 年第 3 期。

米红：《多支柱社会养老金关联性特征与政策仿真研究》，《清华金融评论》2017 年第 S1 期。

牛海、侯亚辉：《我国职业年金发展与政府税惠政策选择——兼论

"阶梯 TEE"税制》，《经济问题探索》2014 年第 10 期。

齐传钧：《中国企业年金的发展历程与展望》，《开发研究》2017 年第 4 期。

孙守纪、周志凯：《事业单位改制的社会保障政策衔接与配套改革》，《重庆社会科学》2012 年第 9 期。

孙守纪、周志凯：《英国：公共部门养老金制度改革进行时》，《中国社会保障》2012 年第 8 期。

孙守纪、赖梦君：《英国工党政府养老金制度改革述评：公平和效率的视角》，《社会保障研究》2012 年第 4 期。

孙守纪、周赛：《金融危机背景下的公共部门养老金改革——以加拿大公共部门雇员养老金债务危机为例》，《天津行政学院学报》2015 年第 3 期。

孙守纪、房连泉：《美国公务员职业年金债务风险及其借鉴》，《探索》2016 年第 1 期。

孙健夫、李孟亚：《我国企业年金发展的现状及其制约因素》，《劳动保障世界》2017 年第 3 期。

唐钧：《养老金并轨不能陷入"乌托邦"》，《学习月刊》2014 年第 17 期。

童素娟、米红、王国隆：《机关事业单位养老保险制度改革财政压力的预测仿真分析——以浙江省为例》，《老龄科学研究》2015 年第 4 期。

文跃然、欧阳杰：《高校教师职业特点及其收入分配改革研究》，《中国高教研究》2004 年第 S1 期.

王珊珊：《上海市事业单位职业年金制度初探》，《劳动保障世界》，2010 年第 2 期。

文太林：《我国企业年金 20 年发展的历程、现状及趋势分析》，《海南金融》2011 年第 11 期。

席恒、翟绍果：《从理想模式到顶层设计：中国养老保险制度改革的思考》，《武汉科技大学学报》2012 年第 6 期。

薛惠元、邓大松：《我国养老保险制度改革的突出问题及对策》，《经济纵横》2015 年第 5 期。

薛惠元、宋君：《机关事业单位养老保险改革降低了工作人员的养老待遇吗？——基于替代率水平的测算与分析》，《经济体制改革》2015 年第 6 期。

薛文广、张英明：《中小企业年金需求影响因素探析——基于灰色关联分析法》，《保险职业学院学报》2015 年第 4 期。

许鼎、敖小波：《机关事业单位基本养老保险制度财务可持续性研究——基于精算公平的视角》，《经济问题》2016 年第 7 期。

席恒：《养老金机制：基本理论与中国选择》，《社会保障评论》2017 年第 1 期。

袁树军：《企业年金的核心：契约性》，《中国社会保障》2005 年第 4 期。

杨燕绥、鹿峰：《中国养老金市场的公共治理——企业年金市场恶性竞争成因分析》，《西安交通大学学报》2011 年第 3 期。

杨燕绥、鹿峰、王梅：《事业单位养老金制度的帕累托改进条件分析》，《公共管理学报》2011 年第 1 期。

闫俊、杨燕绥：《企业年金 EET 型延税政策分析》，《财会月刊》2015 年第 2 期。

闫俊、杨燕绥：《公职人员养老权益状况个案分析》，《社会保障研究》2015 年第 4 期。

闫俊、李海明、杨燕绥：《公职人员养老权益状况的 Excel 测算》，《财会月刊》2015 年第 2 期。

闫俊：《年金计划及其 EET 型个人所得税优惠政策分析》，《公共治理评论》2015 年第 1 期。

袁少杰、韩鸿蕊：《浅析构建我国事业单位职业年金制度》，《法制与社会》2015 年第 7 期。

俞贺楠：《深化事业单位改革中养老保险问题研究》，《中国劳动》

2016 年第 6 期。

杨长汉：《养老基金投资风险调整收益衡量方法与应用》，《管理世界》2016 年第 12 期。

杨长汉：《中国企业年金：发展评估、关键问题与政策建议》，《地方财政研究》2017 年第 11 期。

杨燕绥：《我国企业年金仍处在初创期》，《中国人力资源社会保障》2017 年第 6 期。

杨燕绥、妥宏武、杜天天：《国家养老金体系及其体制机制建设》，《河海大学学报》2018 年第 4 期。

杨燕绥、路锦非：《积极财政政策与养老保险发展》，《中国金融》2019 年第 8 期。

郑秉文：《建立社会保障"长效机制"的 12 点思考——国际比较的角度》，《管理世界》2005 年第 10 期。

郑秉文：《中国企业年金何去何从——从〈养老保险管理办法（草案）〉起》，《中国人口科学》2006 年第 2 期。

郑秉文：《中国企业年金的治理危机及其出路——以上海社保案为例》，《中国人口科学》2006 年第 6 期。

郑秉文、黄念：《试论美国 DB 型企业年金的财务风险及其不可持续性》，《社会保障研究》2007 年第 1 期。

郑秉文：《社保基金违规的制度分析与改革思路》，《中国人口科学》2007 年第 4 期。

朱铭来、陈佳：《企业年金税收政策的国际经验与借鉴》，《保险研究》2007 年第 5 期。

郑秉文、齐传君：《美国企业年金"三驾马车"监管体制的运行与协调》，《辽宁大学学报》2008 年第 2 期。

郑秉文、孙守纪：《强制性企业年金制度及其对金融发展的影响——澳大利亚、冰岛和瑞士三国案例分析》，《公共管理学报》2008 年第 2 期。

郑秉文：《事业单位养老金改革路在何方》，《河北经贸大学学报》

2009 年第 5 期。

郑秉文、孙守纪：《公务员参加养老保险统一改革的思路——"混合型"统账结合制度下的测算》，《公共管理学报》2009 年第 1 期。

郑秉文：《企业年金税优困境出路：部分 TEE 模式》，《中国社会保障》2010 年第 6 期。

郑秉文：《中国企业年金发展滞后的政策因素分析——兼论"部分 TEE"税优模式的选择》，《中国人口科学》2010 年第 2 期。

曾蓉：《我国事业单位职业年金制度发展困境与改革思路》，《中山大学研究生学刊》2014 年第 2 期。

曾海军：《企业年金突破"瓶颈"待有时》，《21 世纪经济报道》2014 年 12 月 1 日第 31 版。

张英明：《中小企业年金制度国内研究现状及其述评》，《财会通讯》2014 年第 33 期。

朱铭来、季成：《企业年金发展与税收优惠政策——基于 OECD 国家面板数据的实证分析》，《财经论丛》2014 年第 7 期。

周志凯：《机关事业单位养老保险的制度模式应如何选择?》，《天津社会保险》2014 年第 5 期。

朱铭来、于新亮、程远：《企业年金决策影响因素研究——基于上市公司避税动机的实证分析》，《保险研究》2015 年第 1 期。

曾海军：《企业年金发展呈区域性分化 东、中部增长减速西部回升》，《21 世纪经济报道》2015 年 4 月 13 日第 10 版。

郑秉文：《从做实账户到名义账户——可持续性与激励性》，《开发研究》2015 年第 3 期。

朱恒鹏、高秋明、陈晓：《与国际趋势一致的改革思路——中国机关事业单位养老金制度改革述》，《国际经济评论》2015 年第 2 期。

张盈华：《机关事业单位养老保险名义账户改革——方案设计与可持续性》，《开发研究》2015 年第 3 期。

张继民：《浅析我国事业单位职业年金的设计》，《管理观察》2015 年第 33 期。

郑伟：《美国 TSP 计划及其对中国机关事业单位职业年金制度的借鉴启示》，《经济社会体制比较》2015 年第 3 期。

曾海军：《促进职业年金保值增值的时间之窗已打开》，《上海证券报》2016 年 5 月 4 日第 8 版。

张盈华：《机关事业单位养老保险改革：进程、发展与制度评价》，《北京工业大学学报》2016 年第 6 期。

张锐：《为养老市场化安装金融助推器》，《上海证券报》2016 年 12 月 28 日第 8 版。

张绍白：《关于个人税延型养老保险试点工作的思考》，《中国财政》2016 年第 8 期。

张绍白：《个人税延养老保险试点工作及其他》，《中国保险》2016 年第 2 期。

郑秉文：《职业年金"委托代理"：风险与博弈》，《新理财》2017 年第 10 期。

郑秉文：《机关事业单位职业年金"委托代理"中的风险与博弈》，《开发研究》2017 年第 4 期。

张学斌：《职业年金记账制度下的财政负担及替代率测算——以北京市为例》，《中国物价》2017 年第 12 期。

郑秉文：《扩大参与率：企业年金改革的抉择》，《中国人口科学》2017 年第 1 期。

张盈华：《中国职业年金制度的财政负担预测与"实账运行"必要性》，《开发研究》2017 年第 4 期。

张锐：《赋予地方政府专项债券高效发行创新量能》，《证券时报》2018 年 8 月 30 日第 A03 版。

张锐：《企业年金"扶上马"还需"送一程"》，《经济日报》2018 年 2 月 7 日第 9 版。

郑秉文：《企业年金参与率将触底反弹吗》，《人民论坛》2018 年第

6 期。

邓大松、刘昌平：《中国企业年金制度研究》，人民出版社 2004 年版。

邓大松、刘昌平：《改革开放 30 年中国社会保障制度改革回顾、评估与展望》，中国社会科学出版社 2009 年版。

李连仁、盛晨：《企业年金 100 问》，中国劳动社会保障出版社 2018 年版。

孙德圣：《大师小传：1969—2003 年诺贝尔经济学奖获得者全景》，山东人民出版社 2004 版。

王瑞华、杨长汉：《企业年金基金运营与监管创新》，经济管理出版社 2015 年版。

杨燕绥、李学芳：《职业养老金实务与立法》，中国劳动社会保障出版社 2009 年版。

杨长汉：《中国企业年金投资运营研究》，经济管理出版社 2010 年版。

杨长汉、王瑞华：《企业年金投资管理》，经济管理出版社 2015 年版。

杨长汉、王瑞华：《企业年金计划管理》，经济管理出版社 2015 年版。

郑功成：《社会保障学》，中国劳动社会保障出版社 2005 年版。

张云野、刘婉华：《职业年金制度研究》，清华大学出版社 2014 年版。

［美］爱利克·埃里克森（Erik H. Erikson）：《童年与社会》，高丹妮，李妮译，世界图书出版公司北京分公司 2018 年版。

［英］艾尔弗雷德·马歇尔：《经济学原理》，朱志泰译，商务印书馆 1964 年版。

［美］埃佛里特·T. 艾伦等：《退休金计划——退休金、利润分享和其他延期支付》，杨燕绥等译，经济科学出版社 2003 年版。

［美］戴维·罗默：《高级宏观经济学（第二版）》，王根蓓译，上海财经大学出版社 2003 年版。

［美］亨利·福特：《向前进：亨利·福特自传》，张杨译，当代中国出版社 2002 年版。

［美］约瑟夫·斯蒂格利茨：《经济学（第二版）》，梁小民译，中国

人民大学出版社 2000 年版。

[法] 莱昂·瓦尔拉斯:《纯粹经济学要义》, 蔡受百译, 商务印书馆 1989 年版。

[英] 亚当·斯密:《国富论 (上卷)》, 郭大力译, 商务印书馆 1983 年版。

Edward P. Lazear, *Personnel Economics For Managers*, Hoboken: John Wiley & Sons, Inc. , 1998, pp. 45.

Franco Modigliani & Richard Brumderg, *Utility analysis and the consumption function: An interpretation of cross-section data*, London: Allen and Unwin, 1955, pp. 388 – 436.

Franco Modigliani & Richard Brumderg: *Utility analysis and aggregate consumption functioons: an attempt at integration*, Massachusetts: MIT Press, 1980, pp. 79 – 127.

John Maynard Keynes, *The General Theory of Employment, Interest and Money*, London: Macmillan Cambridge University Press, 1936.

Milton Friedman, *A Theory of the Consumption Function*, New Jersey: Princeton University Press, 1957.

Simon Smith Kuznets, *National product since 1869*, New York: National Bureau of Economic Research, Inc. , 1946.

Victor H. Vroom, *Work and Motivation*, San Francisco: Jossey-Bass Publishers, 1964, pp. 610 – 630.

Albert Ando and Franco Modigliani. "The Life – Cycle's Hypothesis of Saving: Aggregate Implications and Tests". *American Economic Review*, Vol. 53, No. 1, 1963, pp. 55 – 84.

Modigliani, Franco, Merton H. Miller. The Cost of Capital, Corporation Finance and the Theory of Investment. *The American Economic Review*, vol. 48, No. 3, 1958, pp. 261 – 297.

Peter. A. Diamond. A Framework for Social Security Analysis. *Journal of Polit-*

ical Economics, Elsevier, vol. 8, No. 3, 1977, p. 275 – 298.

George A. Akerlof: Gift Exchange and Efficiency-Wage Theory: Four Views, *American Economic Review* (Paper sang Proceedings of the 96 annual Meeting of the American Economic Association), No2 (May 1984), pp. 79 – 83.

褚福灵:《我国企业养老金替代率已跌破国际警戒线 退休差距有扩大之势 (3)》, 2013 年 11 月, 人民网 (http: //politics. people. com. cn/n/2013/1101/c1001 – 23394210 – 3. html)。

贵州省公路工程集团总公司:《关于印发〈贵州省公路工程集团总公司企业年金方案实施细则〉的通知》, 2012 年 4 月, 百度文库 (https: //wenku. baidu. com/view/7221dd24bcd126fff7050bb1. html)。

国家发展和改革委员会:《我国企业年金发展情况概述》, 2006 年 10 月, 国家发展和改革委员会官网 (http: //www. ndrc. gov. cn/fzgggz/jyysr/zhdt/200610/t20061024_89530. html)。

华为投资控股有限公司:《华为投资控股有限公司 2018 年年度报告》, 2018 年 3 月, 华为投资控股有限公司官网 (https: //www. huawei. com/cn/press-events/annual-report)。

中国养老金网:《2006 年一季度中国企业年金市场报告》, 2006 年 10 月, 新浪网 (http: //finance. sina. com. cn/fund/jjsy/20060406/20112480786. shtml)。